高职高专土建类专业"互联网+"数字立体化创新教材

建筑识图与构造

孙 伟 王天佐 李 强 主编

机械工业出版社

本书根据教学大纲的特点和要求，突出以能力培养为目的的高等职业教育特色，采用国家现行的一系列制图标准和规范，反映我国建筑工程的一些新技术、新做法，组织各大高校老师编写而成。为了便于教学和学习，每章开始设有学习目标和教学要求，注重培养和提高学生的应用能力。

本书分为 14 章，首先介绍了制图基本知识、投影的基本知识、形体投影图、剖面图和断面图，在此基础上介绍了建筑施工图的识读、结构施工图的识读，以及民用建筑、基础与地下室、墙体、楼板与地面、楼梯、门窗和屋顶等内容，同时还介绍了变形缝、建筑防火构造措施等内容。教材配有习题，每章后设置了"实训练习"，供学生课后练习使用，帮助学生巩固所学内容。

本书可作为高职高专、成人高校及民办高校的建筑工程技术、工程管理、工程造价、工程监理等土建施工类专业和房地产经营与管理、物业管理等相关专业的教材，同时也可作为结构设计人员、施工技术人员、工程监理人员等相关专业技术人员、企业管理人员业务知识学习培训用书。

图书在版编目（CIP）数据

建筑识图与构造／孙伟，王天佐，李强主编.
北京：机械工业出版社，2025.3. --（高职高专土建类专业"互联网+"数字立体化创新教材）. -- ISBN 978-7-111-77909-4

Ⅰ. TU2
中国国家版本馆 CIP 数据核字第 2025V47Y21 号

机械工业出版社（北京市百万庄大街 22 号　邮政编码 100037）
策划编辑：汤　攀　　　　　　　　责任编辑：汤　攀　张大勇
责任校对：孙明慧　王小童　景　飞　封面设计：张　静
责任印制：任维东
河北京平诚乾印刷有限公司印刷
2025 年 8 月第 1 版第 1 次印刷
184mm×260mm・14.75 印张・363 千字
标准书号：ISBN 978-7-111-77909-4
定价：49.00 元

电话服务　　　　　　　　　　网络服务
客服电话：010-88361066　　　机　工　官　网：www.cmpbook.com
　　　　　010-88379833　　　机　工　官　博：weibo.com/cmp1952
　　　　　010-68326294　　　金　书　网：www.golden-book.com
封底无防伪标均为盗版　　　　机工教育服务网：www.cmpedu.com

前　言

建筑识图与构造是建设工程专业的职业技能课程，是研究建筑识图基本知识和建筑各组成构件基本构造要求、方法的一门课程，具有实践性强、知识面广、综合性强等特点，必须结合实际工程中采用的新材料、新技术和新工艺，运用基本知识，解决生产实际问题。

本书根据高职高专建设工程专业人才培养目标、人才培养规格和相关现行国家规范规定编写而成。本书以建筑识图与构造的基本原理为主要内容，以掌握基本原理与实际动手能力和专业的基本技能训练相结合为目标。本书内容的设计是根据职业能力要求及教学特点，与建筑行业的岗位相对应，体现现行的国家标准和技术规范；注重实用为主，内容精选翔实，文字叙述简练，图文并茂，充分体现了项目教学与综合训练相结合的主流思路。

本书首先介绍了识图读图的基本方法；然后介绍了投影图、形体图以及剖面图和断面图的基本知识，施工图以及结构图的识读技巧；最后从常用的民用建筑物的基础与地下室、墙体、楼板与地面、楼梯、门窗及屋顶、变形缝和一些防火构造措施等方面介绍其识图与构造，层层推进，循序渐进，可以让同学们一步步学会建筑物施工图的识读与构造基本知识，内容由浅入深，图文并茂，力求把知识点简单化、生动化、形象化。

同时，本书将社会主义核心价值观和党的二十大精神融入"课程素质"教学目标，以素质目标、素质拓展的形式帮助学生了解相关行业的发展动态，引导学生的爱国主义情怀，培养学生树立正确的人生观、价值观与世界观，达到知识传授、能力培养与价值引领的有机统一。

本书与同类书相比具有以下显著特点。

（1）新：图文并茂，生动形象，形式新颖。

（2）全：知识点分门别类，包含全面，由浅入深，便于学习。

（3）系统：知识讲解前呼后应，结构清晰，层次分明。

（4）实用：理论和实际相结合，举一反三，学以致用。

（5）赠送：除了必备的电子课件，每章习题答案外，还相应地配套了大量的拓展图片、讲解音频、现场视频、模拟动画、AR增强现实技术教学资料等，通过扫描二维码的形式再次拓展建筑识图与构造的相关知识点，力求让初学者在学习时最大化地接受新知识，最快、最高效地达到学习目的。

本书由湖州职业技术学院的孙伟担任第一主编，绍兴文理学院王天佐任第二主编，沈阳建筑大学李强任第三主编，开封大学张莹莹任第一副主编，河南省福满园建设工程有限公司刘新望任第二副主编，河南玖玖建筑工程有限公司彭双雁任第三副主编，参加编写的还有开封大学谢楠、郑州大学综合设计研究院有限公司张淇、北京市轨道交通建设管理有限公司马立秋,具体的编写分工为:孙伟负责编写第1章和第2章,并对全书进行统筹,王天佐负责编写第3章和第7章,李强负责编写第4章和第6章,张莹莹负责编写第8章,刘新望负责编写第9章和第12章,彭双雁负责编写第5章,谢楠负责编写第10章,张淇与马立秋合编第11章、第13章、第14章。书中的动画、视频及配套的教案、课件、案例答案等由各章的编写人员负责制作和编辑,由孙伟负责统筹。

  本书在编写过程中,参考了国内外公开出版的许多书籍和资料,并得到了许多同行的支持与帮助,在此一并表示感谢。由于编者水平有限及编写时间仓促,书中难免有不妥和错漏之处,恳请广大读者批评指正。

编 者

目　录

前言

素质目标 …………………………………………………………………………………… 1

第1章　制图基本知识 …………………………………………………………………… 3
1.1　建筑制图的一般规定 …………………………………………………………… 3
1.1.1　图线 ………………………………………………………………………… 3
1.1.2　图纸幅面规格与图纸编排顺序 …………………………………………… 4
1.1.3　字体 ………………………………………………………………………… 5
1.1.4　比例 ………………………………………………………………………… 6
1.1.5　建筑施工图中常用符号 …………………………………………………… 6
1.1.6　定位轴线 …………………………………………………………………… 8
1.1.7　尺寸标注 …………………………………………………………………… 8
1.2　建筑图例 …………………………………………………………………………… 10
1.2.1　构造及配件图例 …………………………………………………………… 10
1.2.2　常用建筑材料图例 ………………………………………………………… 11
1.2.3　水平及垂直运输装置图例 ………………………………………………… 12
1.2.4　常用家具及设施图例 ……………………………………………………… 13
1.3　手工制图工具及用品 ……………………………………………………………… 15
1.3.1　铅笔 ………………………………………………………………………… 15
1.3.2　圆规、分规 ………………………………………………………………… 15
1.3.3　图板 ………………………………………………………………………… 15
1.3.4　丁字尺 ……………………………………………………………………… 15
1.3.5　三角板 ……………………………………………………………………… 16
1.3.6　比例尺 ……………………………………………………………………… 16
1.3.7　曲线板和建筑模板 ………………………………………………………… 17
素质拓展案例 ……………………………………………………………………………… 17
本章小结 …………………………………………………………………………………… 18
实训练习 …………………………………………………………………………………… 18

第2章　投影的基本知识 ………………………………………………………………… 21
2.1　投影的基本原理 …………………………………………………………………… 21
2.1.1　投影的概念 ………………………………………………………………… 21
2.1.2　投影法的分类 ……………………………………………………………… 22

| 2.1.3 正投影的特性 ··· 23
| 2.2 三面投影图 ·· 23
| 2.2.1 三面投影图的形成 ·· 23
| 2.2.2 三面投影的基本规律 ··· 24
| 2.2.3 三面投影图的作图方法 ··· 25
| 2.3 点、直线和平面的投影 ·· 26
| 2.3.1 点的投影 ·· 26
| 2.3.2 线的投影 ·· 27
| 2.3.3 面的投影 ·· 29
| 2.4 轴测投影 ·· 31
| 2.4.1 轴测投影的基本知识 ·· 31
| 2.4.2 轴测图的绘图方法 ·· 32
| 素质拓展案例 ·· 33
| 本章小结 ·· 33
| 实训练习 ·· 33

第3章 形体投影图 ·· 36
    3.1 基本形体的投影 ··· 36
        3.1.1 平面体的投影 ··· 36
        3.1.2 曲面体的投影 ··· 38
    3.2 建筑形体投影图的画法 ·· 41
        3.2.1 组合体的类型 ··· 41
        3.2.2 组合体的视图 ··· 41
        3.2.3 组合体视图的画法步骤 ··· 42
        3.2.4 组合体视图的识读 ·· 44
    3.3 形体（组合体）的尺寸标注 ··· 47
        3.3.1 基本体的尺寸标注 ·· 47
        3.3.2 组合体的尺寸标注 ·· 47
    素质拓展案例 ·· 49
    本章小结 ·· 49
    实训练习 ·· 49

第4章 剖面图和断面图 ·· 52
    4.1 剖面图 ·· 52
        4.1.1 剖面图的形成 ··· 52
        4.1.2 剖面图的种类 ··· 53
        4.1.3 剖面图的画法 ··· 55
    4.2 断面图 ·· 56
        4.2.1 断面图的形成 ··· 56

  4.2.2 断面图的种类 ··· 56
  4.2.3 断面图的画法 ··· 58
  4.2.4 剖面图与断面图的区别 ·· 59
素质拓展案例 ··· 59
本章小结 ·· 59
实训练习 ·· 59

第5章 建筑施工图的识读 ··· 62
5.1 概述 ··· 63
  5.1.1 房屋的组成 ·· 63
  5.1.2 建筑施工图的分类 ··· 64
  5.1.3 建筑施工图的特点 ··· 64
  5.1.4 建筑施工图的常用符号 ·· 65
  5.1.5 建筑施工图的识读方法和步骤 ··· 66
5.2 建筑总平面图与建筑平面图 ·· 66
  5.2.1 建筑总平面图的形成原理及内容 ··· 66
  5.2.2 建筑总平面图的图示方法与识读案例 ··· 67
  5.2.3 建筑平面图的形成原理及内容 ··· 69
  5.2.4 建筑平面图的图示方法与识读案例 ··· 70
5.3 建筑立面图 ·· 74
  5.3.1 建筑立面图的形成原理及内容 ··· 74
  5.3.2 建筑立面图的图示方法与识读案例 ··· 74
5.4 建筑剖面图 ·· 76
  5.4.1 建筑剖面图的形成原理及内容 ··· 76
  5.4.2 建筑剖面图的图示方法与识读案例 ··· 76
5.5 建筑详图 ··· 76
  5.5.1 建筑详图的内容 ··· 76
  5.5.2 墙身详图 ·· 76
  5.5.3 楼梯详图 ·· 78
  5.5.4 卫生间详图 ·· 81
素质拓展案例 ··· 82
本章小结 ·· 82
实训练习 ·· 82

第6章 结构施工图的识读 ··· 85
6.1 概述 ··· 85
  6.1.1 结构施工图的基本内容 ·· 86
  6.1.2 常用代号 ·· 86
6.2 钢筋混凝土结构图 ··· 87

  6.2.1 钢筋的分类及作用 ··· 87
  6.2.2 结构平面图 ··· 87
  6.2.3 钢筋混凝土构件详图 ····································· 88
 6.3 基础平面图和基础详图 ··· 94
  6.3.1 基础平面图 ··· 94
  6.3.2 基础详图 ·· 96
 6.4 梁平法施工图 ··· 100
  6.4.1 梁编号 ··· 100
  6.4.2 梁平法注写方式 ··· 101
 6.5 柱平法施工图 ··· 103
  6.5.1 列表注写 ·· 103
  6.5.2 截面注写 ·· 104
 6.6 板平法施工图 ··· 105
  6.6.1 板块集中标注 ·· 105
  6.6.2 板支座原位标注 ··· 106
 素质拓展案例 ··· 108
 本章小结 ··· 108
 实训练习 ··· 108

第 7 章 民用建筑概述 ·· 111

 7.1 建筑物的构造组成及其影响因素 ································ 111
  7.1.1 建筑物的构造组成和作用 ······························ 111
  7.1.2 建筑物构造的影响因素 ································· 113
 7.2 建筑的分类与等级划分 ··· 113
  7.2.1 建筑的分类 ··· 113
  7.2.2 建筑的等级 ··· 114
 7.3 建筑标准化和模数协调 ··· 116
 素质拓展案例 ··· 117
 本章小结 ··· 118
 实训练习 ··· 118

第 8 章 基础与地下室 ·· 121

 8.1 地基与基础概述 ··· 121
  8.1.1 地基 ·· 121
  8.1.2 地基对建筑物破坏的影响 ······························ 122
  8.1.3 对基础和地基的要求 ···································· 123
 8.2 基础的构造 ·· 123
  8.2.1 基础设计原理 ·· 123
  8.2.2 基础的类型和构造 ······································· 124

8.2.3　基础构造中的特殊问题 …………………………………………… 127
　8.3　地下室 ……………………………………………………………………… 127
　　　8.3.1　地下室的构造组成 …………………………………………………… 127
　　　8.3.2　地下室的防潮与防水 ………………………………………………… 128
　　　8.3.3　地下室特殊部位的处理 ……………………………………………… 129
　素质拓展案例 ……………………………………………………………………… 130
　本章小结 …………………………………………………………………………… 130
　实训练习 …………………………………………………………………………… 130

第9章　墙体 …………………………………………………………………… 133

　9.1　墙体概述 ……………………………………………………………………… 133
　　　9.1.1　墙体的作用和分类 …………………………………………………… 133
　　　9.1.2　墙体承重结构类型 …………………………………………………… 135
　　　9.1.3　对墙体的要求 ………………………………………………………… 136
　9.2　砖墙的构造 …………………………………………………………………… 136
　　　9.2.1　砖墙材料的尺寸及组砌方式 ………………………………………… 136
　　　9.2.2　砖墙的细部构造 ……………………………………………………… 137
　9.3　砌块墙的构造 ………………………………………………………………… 141
　　　9.3.1　砌块墙的特点 ………………………………………………………… 141
　　　9.3.2　几种常见砌块墙的种类和构造 ……………………………………… 141
　9.4　隔墙的构造 …………………………………………………………………… 142
　　　9.4.1　隔墙的特点 …………………………………………………………… 142
　　　9.4.2　几种常见隔墙的种类和构造 ………………………………………… 142
　9.5　墙面装修构造 ………………………………………………………………… 145
　　　9.5.1　墙面装修的特点 ……………………………………………………… 145
　　　9.5.2　几种常见墙面装修的种类和构造 …………………………………… 146
　9.6　墙体节能构造 ………………………………………………………………… 148
　　　9.6.1　墙体节能的特点 ……………………………………………………… 148
　　　9.6.2　几种常见墙体节能的种类和构造 …………………………………… 148
　素质拓展案例 ……………………………………………………………………… 150
　本章小结 …………………………………………………………………………… 150
　实训练习 …………………………………………………………………………… 151

第10章　楼板与地面 …………………………………………………………… 154

　10.1　楼板层的基本构成及分类 …………………………………………………… 154
　　　10.1.1　楼板层的作用及其设计要求 ………………………………………… 154
　　　10.1.2　楼板层的构成 ………………………………………………………… 155
　　　10.1.3　楼板的类型 …………………………………………………………… 155
　10.2　钢筋混凝土楼板的构造 ……………………………………………………… 157

  10.2.1 现浇整体式钢筋混凝土楼板 157
  10.2.2 预制装配式钢筋混凝土楼板 159
  10.2.3 预制装配整体式钢筋混凝土楼板 162
 10.3 地面的构造 163
 10.4 顶棚的构造 164
 10.5 阳台、雨篷 165
  10.5.1 阳台 165
  10.5.2 雨篷 166
 素质拓展案例 167
 本章小结 168
 实训练习 168

第 11 章　楼梯 170

 11.1 楼梯概述 171
  11.1.1 楼梯的组成 171
  11.1.2 楼梯的形式 172
 11.2 钢筋混凝土楼梯 173
  11.2.1 现浇式钢筋混凝土楼梯 173
  11.2.2 预制装配式钢筋混凝土楼梯 175
 11.3 台阶与坡道 178
  11.3.1 室外台阶 178
  11.3.2 坡道 179
 11.4 电梯与自动扶梯 180
  11.4.1 电梯 180
  11.4.2 自动扶梯 180
 素质拓展案例 183
 本章小结 183
 实训练习 183

第 12 章　门窗 186

 12.1 门窗的形式与尺度 186
  12.1.1 门的形式与尺度 186
  12.1.2 窗的形式与尺度 187
 12.2 木门窗的构造 188
  12.2.1 平开木窗的构造 188
  12.2.2 平开木门的构造 188
 12.3 新型门窗的构造 189
  12.3.1 彩板钢门窗 189
  12.3.2 铝合金门窗 189
  12.3.3 塑料门窗 190

12.4	建筑遮阳	190
素质拓展案例		190
本章小结		191
实训练习		191

第13章 屋顶、变形缝 …… 194

13.1	屋顶概述	195
13.2	平屋顶和坡屋顶的构造	196
	13.2.1 平屋顶的构造	196
	13.2.2 坡屋顶的构造	198
13.3	变形缝	200
	13.3.1 概述	200
	13.3.2 变形缝构造	202
素质拓展案例		206
本章小结		207
实训练习		207

第14章 建筑防火构造措施 …… 210

14.1	建筑防火的基本知识	211
	14.1.1 建筑物的耐火等级	211
	14.1.2 建筑物的防火分区和防烟分区	212
	14.1.3 建筑物的防火间距	213
	14.1.4 安全疏散	213
	14.1.5 建筑物的防火构造	214
14.2	民用建筑防火	216
	14.2.1 民用建筑的耐火等级、最多允许层数和防火分区最大允许建筑面积	216
	14.2.2 民用建筑的防火间距	217
	14.2.3 民用建筑的安全疏散	218
14.3	高层民用建筑防火	218
	14.3.1 高层民用建筑的分类和耐火等级	218
	14.3.2 高层民用建筑的防火间距	219
	14.3.3 高层民用建筑的防火分区和防烟分区	220
	14.3.4 高层民用建筑的安全疏散	220
素质拓展案例		221
本章小结		221
实训练习		221

参考文献 …… 224

素 质 目 标

　　课程素质目标的重点在"素质"。因为课程中融入好的"素质"元素，就有了灵魂和方向，就会使知识传授、能力培养与价值引领之间有机统一。因此，无论是从宏观架构上，还是在微观突进上，素质元素的选择，必然是课程素质建设的关键。

　　挖掘素质元素，推动学生将个人学习科学、文化的兴趣爱好与国家、民族的发展目标相结合，唤醒学生的责任意识和使命担当。

章节	案例形式	素质元素	问题索引
第1章	历史演变	文化自信 领域文化	1. 什么是工程图、工程制图？ 2. 工程制图是怎么演变来的？
第2章	结合现实	激发兴趣 古人智慧	1. 投影在现实生活中还有哪些应用？ 2. 太阳产生的投影和灯光产生的投影一样吗？
第3章	问题提出	善于观察 知识拓展 自主学习	1. 什么是建筑形体？ 2. 建筑形体和投影有什么联系？
第4章	名言引用	至理名言 自主思考 课外拓展	1. 什么是十年树木，百年树人？ 2. 如何得到建筑的剖面图？
第5章	建筑名人	国家使命感 民族自豪感 爱国情怀	1. 梁思成夫妇的事迹给了我们什么启示？ 2. 在建筑领域的学习和研究中，我们应具备怎样的精神？
第6章	地标性建筑	爱国主义精神 民族自豪感 国际展示	1. 鸟巢属于什么建筑结构？ 2. 钢结构的优点是什么？ 3. 鸟巢的成功标志着什么？
第7章	问题提出	环保意识 行业规范	1. 建筑垃圾是怎样产生的？ 2. 随着时代的发展，人们对房屋的需求是什么？ 3. 我们要如何减少建筑垃圾？
第8章	名胜古迹	世界奇迹 世界文化	1. 比萨斜塔为什么会倾斜？ 2. 地基对建筑物的作用？
第9章	绿色建筑	绿色低碳 科技发展 人们需求	1. 为什么会有绿色建筑？ 2. 绿色建筑的优点是什么？ 3. 墙体有哪些环保材料？
第10章	结合实际	职业素养 住宅质量	1. 为什么会有楼层噪声？ 2. 怎么提高建筑物的隔声性能？

（续）

章节	案例形式	素质元素	问题索引
第 11 章	问题提出	知识拓展 自主思考	1. 在生活中你见过的楼梯类型有哪些？ 2. 楼梯的尺寸要如何设计？
第 12 章	古建窗	文化底蕴 文化自信 艺术素养	1. 古代的窗户有什么特点和用途？ 2. 我国古代的窗户有哪些类型？ 3. 跟现代窗户进行对比。
第 13 章	地域文化	文化差异 文化认同 爱家乡	1. 南北方的屋顶设计有什么不同？为什么？ 2. 屋顶的作用是什么？
第 14 章	古代智慧	文化智慧 民族自信 防火意识	1. 古代建筑的防火措施有哪些？ 2. 为什么古人的防火思想意识那么强？ 3. 现代的防火措施有哪些？

第1章

制图基本知识

【学习目标】

1. 掌握建筑制图的一般规定。
2. 了解建筑中常用的构造、材料等图例。
3. 熟悉手工制图所采用的工具。

【素质目标】

了解工程制图的历史演变,学习制图历史文化,认识中国制图历史,增加文化自信,增加领域文化。

【教学要求】

本章要点	掌握层次	相关知识点
建筑制图的一般规定	掌握建筑制图的一般规定	图纸幅面规格、字体、比例
建筑图例	了解建筑中常用的图例	构配件图例、材料图例
手工制图工具及用品	熟悉手工制图所需要的工具及其他用品	铅笔、图板、比例尺

【项目案例导入】

某高校拟新建一栋教学楼,经招标后委托给一家具备相应资质的设计院进行设计。设计院在接受委托后,开始进行施工图绘制,为保证图样的精确度和规范性,设计院需要严格按照建筑制图规范进行绘制。项目施工时学校发现楼梯窗户高度过低,经调查发现是设计院图样标注的高度错误。

【项目问题导入】

请阅读项目案例,分析施工图中尺寸标注错误会给项目带来哪些损失。

1.1 建筑制图的一般规定

1.1.1 图线

1. 图线的宽度

在建筑工程图中,为了分清主次,绘图时必须采用不同线型和不同线宽的图线,图线的宽度 b,宜从 2.0mm、1.4mm、1.0mm、0.7mm、0.5mm、0.35mm 等线宽系列中选取。图线宽度不应小于 0.1mm。每个图样，应根据复杂程度与比例大小，先选定基本线宽组，再选用表 1-1 中相应的线宽组。

表 1-1 线宽组 （单位：mm）

线宽比	线宽组					
b	2.0	1.4	1.0	0.7	0.5	0.35
0.5b	1.0	0.7	0.5	0.35	0.25	0.18
0.25b	0.5	0.35	0.25	0.18		

2. 图线线型和用途

建筑工程图样采用的图线线型、线宽和主要用途，见表 1-2。

绘制图应注意的问题

表 1-2 图线线型、线宽和主要用途

名称		线型	线宽	主要用途
实线	粗		b	主要可见轮廓线
	中粗		0.7b	可见轮廓线
	中		0.5b	可见轮廓线、尺寸线、变更云线
	细		0.25b	图例填充线、家具线
虚线	粗		b	见各有关专业制图标准
	中粗		0.7b	不可见轮廓线
	中		0.5b	不可见轮廓线、图例线
	细		0.25b	图例填充线、家具线
单点长画线	粗		b	见各有关专业制图标准
	中		0.5b	见各有关专业制图标准
	细		0.25b	中心线、对称线、轴线等
双点长画线	粗		b	见各有关专业制图标准
	中		0.5b	见各有关专业制图标准
	细		0.25b	假想轮廓线、成型前原始轮廓线
折断线			0.25b	断开界线
波浪线			0.25b	断开界线

1.1.2 图纸幅面规格与图纸编排顺序

1. 图纸幅面规格

图纸幅面简称图幅，是指由图纸的宽度和长度组成的图面，即图纸的有效范围，通常用细实线绘出，称为图纸的幅面线或图框线，基本图纸幅面尺寸及图框尺寸见表 1-3。如基本幅面不能满足绘图时布图的需要，可采用加长幅面。加长幅面一般是由基本幅面的长边加上 A4 的短边或长边的整数倍而形成的，如 297mm×630mm 即 297mm×（420mm + 210mm），841mm×1783mm 即 841mm×（1189mm + 2×297mm）等。需要时，可查阅有关规定。

表 1-3 基本图纸幅面尺寸及图框尺寸　　　　　　　　　　（单位：mm）

幅面代号	A0	A1	A2	A3	A4
B（短边）×L（长边）	841×1189	594×841	420×594	297×420	210×297
a（非装订侧宽度）	25				
c（装订侧宽度）	10			5	

2. 图纸编排顺序

（1）房屋建筑工程

1）房屋建筑工程图纸应按专业顺序编排，应按图纸目录、设计说明、总图、建筑图、结构图、给水排水图、暖通空调图、电气图等排序。

2）各专业的图纸，应按图纸内容的主次关系、逻辑关系进行分类排序。

（2）道路工程

1）道路工程图纸应按封面、扉页、目录、说明、材料总数量、工程位置平面图、主体工程、次要工程等顺序排列。

2）扉页应绘制图框，各级负责人签署区应位于图幅上部或左部；参加项目的主要成员签署区、设计单位等级、设计单位证书号，应位于图幅的下部或右部，排列应力求匀称。

标题栏与会签栏 1

标题栏与会签栏 2

3）图样目录应绘制图框，目录本身不应编入图号与页号。

1.1.3 字体

1. 汉字

1）图样中书写的文字、数字、符号等，必须做到字体端正、笔画清楚、排列整齐；标点符号应清楚正确。

2）文字的高度，应从如下系列中选用：3.5mm、5mm、7mm、10mm、14mm、20mm。

3）图样及说明中的汉字，宜采用长仿宋体，其字高不得小于3.5mm，字体的宽高比应约为1.4，见表1-4。汉字的简化书写应符合规定。图1-1所示为长仿宋体汉字示例。大标题、图册封面、地形图等的汉字，也可使用其他字体，但应易于辨认。

表 1-4 长仿宋体字高字宽关系　　　　　　　　　　（单位：mm）

字高	20	14	10	7	5	3.5
字宽	14	10	7	5	3.5	2.5

10号字
字体端正笔画清楚排列整齐

7号字
横平竖直注意起落结构均匀填满方格

5号字
房屋建筑工程图土木结构设备给排水通风采暖供电基础门窗楼梯

3.5号字
地面墙体梁柱天花顶钢筋混凝土水泥砂浆夯实找平东南西北剖面断面布置

图 1-1 长仿宋体汉字示例

2. 字母和数字

1）字母和数字分 A 型（窄字体）和 B 型（一般字体），A 型字体的笔画宽度约为字高的十四分之一，B 型字体的笔画宽度约为字高的十分之一。

2）字母和数字可写成斜体或直体（常用斜体）。斜体字字头向右倾斜，与水平线成 75°。图 1-2 所示为阿拉伯数字与拉丁字母 A 型正体字的书写形式示例。

3）数量的数值注写，应采用正体阿拉伯数字，如 8 层楼、③号钢筋等。凡前面有量值的各种计量单位，均应采用国家颁布的单位符号注写，单位符号应采用正体字母，如 20mm、30℃、5km 等。

4）分数、百分数及比例的注写，应采用阿拉伯数字和数字符号，如 3/4、25%、1∶20 等。

5）当注写的数字小于 1 时，必须写出个位的"0"，小数点应采用圆点，齐基准线书写，如 -0.020、±0.000 等。

123456789abcdefgABCDEFG

图 1-2　阿拉伯数字与拉丁字母 A 型正体字的书写形式示例

1.1.4　比例

绘制图样时所采用的比例是指图样中的图形与其实物相对应的线性尺寸之比，即"图距∶实距 = 比例尺"。比值为 1 的比例称为原值比例，比值大于 1 的比例称为放大比例，比值小于 1 的比例称为缩小比例。需要按比例绘制图样时，应从表 1-5 规定的系列中选取适当的比例。

一般情况下，一个图样应选用一种比例。根据专业制图需要，同一图样可选用两种比例。特殊情况下可自选比例，这时除应注出绘图比例外，还必须在适当位置绘制出相应的比例尺。

表 1-5　绘图比例

种类	比例
常用比例	10∶1、5∶1、2∶1、1∶1、1∶2、1∶5、1∶10、1∶20、1∶50∶、1∶150
可用比例	8∶1、4∶1、3∶1、2.5∶1、1∶3、1∶4、1∶6

【例 1-1】以下比例中是缩小比例的是（　　　）。

A. 10∶1　　　　B. 1∶5　　　　C. 1∶1　　　　D. 2∶1

1.1.5　建筑施工图中常用符号

1. 剖切符号

1）剖视的剖切符号应由剖切位置线及剖视方向线组成，均应以粗实线绘制。剖视的剖切符号应符合下列规定：

①剖切位置线的长度宜为 6~10mm；剖视方向线应垂直于剖切位置线，长度应短于剖切位置线，宜为 4~6mm，如图 1-3 所示。也可采用国际统一和常用的剖视方法，如图 1-4 所示。绘制时，剖视剖切符号不应与其他图线相接触。

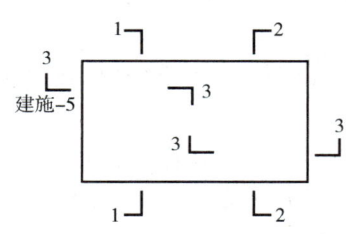
图 1-3 剖视剖切符号一

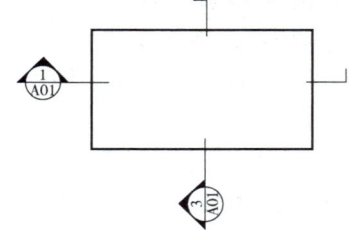
图 1-4 剖视剖切符号二

②剖视的剖切符号的编号宜采用粗阿拉伯数字，按剖切顺序由左至右、由下向上连续编排，并应注写在剖视方向线的端部。

③需要转折的剖切位置线，应在转角的外侧加注与该符号相同的编号。

④建（构）筑物剖面图的剖切符号应注在±0.000 标高的平面图或首层平面图上。

2）断面的剖切符号应符合下列规定：

①断面的剖切符号应只用剖切位置线表示，并应以粗实线绘制，长度宜为 6～10mm。

②断面剖切符号的编号宜采用阿拉伯数字，按顺序连续编排，并应注写在剖切位置线的一侧；编号所在的一侧应为该断面的剖视方向。

2. 索引符号与详图符号

1）图样中的某一局部或构件，如需另见详图，应以索引符号索引，如图 1-5a 所示。索引符号是由直径为 8～10mm 的圆和水平直径组成，圆及水平直径应以细实线绘制。索引符号应按下列规定编写：

①索引出的详图如与被索引的详图同在一张图纸内，应在索引符号的上半圆中用阿拉伯数字注明该详图的编号，并在下半圆中间画一段水平细实线，如图 1-5b 所示。

②索引出的详图如与被索引的详图不在同一张图纸内，应在索引符号的上半圆中用阿拉伯数字注明该详图的编号，在索引符号的下半圆中用阿拉伯数字注明该详图所在图纸的编号，如图 1-5c 所示。数字较多时，可加文字标注。

③索引出的详图如采用标准图，应在索引符号水平直径的延长线上加注该标准图集的编号，如图 1-5d 所示。需要标注比例时，文字在索引符号右侧或延长线下方，与符号下对齐。

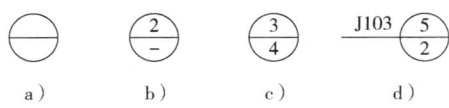
图 1-5 索引符号

2）当索引符号用于索引剖视详图时，应在被剖切的部位绘制剖切位置线，并以引出线引出索引符号，引出线所在的一侧应为剖视方向，如图 1-6 所示。

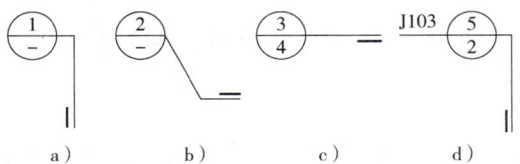
图 1-6 用于索引剖视详图的索引符号

3）详图的位置和编号应以详图符号表示。详图符号的圆应以粗实线绘制，直径为14mm。详图编号应符合下列规定：

①详图与被索引的图样同在一张图纸内时，应在详图符号内用阿拉伯数字注明详图的编号，如图1-7所示。

②详图与被索引的图样不在同一张图纸内时，应用细实线在详图符号内画一水平直径，在上半圆中注明详图编号，在下半圆中注明被索引的图纸的编号，如图1-8所示。

图1-7　与被索引的图样同在一张图纸内的详图符号

图1-8　与被索引的图样不在同一张图纸内的详图符号

1.1.6　定位轴线

1）房屋建筑的定位轴线应用细单点长画线绘制。

2）定位轴线应编号，编号应注写在轴线端部的圆内。圆应用细实线绘制，直径为8～10mm。定位轴线圆的圆心应在定位轴线的延长线上或延长线的折线上。

3）除较复杂需采用分区编号或圆形、折线形外，平面图上定位轴线的编号，宜标注在图样的下方或左侧，或在图样的四面标注。横向编号应用阿拉伯数字，从左至右顺序编写；竖向编号应用大写拉丁字母，从下至上顺序编写，如图1-9所示。

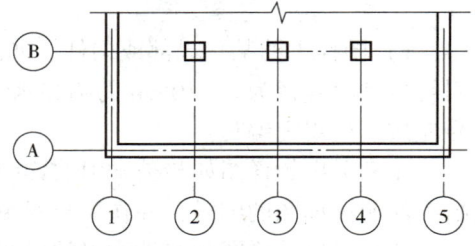

图1-9　定位轴线的编号顺序

【例1-2】横向编号顺序为（　　）。

　　A. 从左至右　　　　B. 从右至左　　　　C. 从上至下　　　　D. 从下至上

1.1.7　尺寸标注

1. 尺寸标注

图形主要表达工程形体的形状及结构，而工程形体的大小通常由标注的尺寸确定。标注尺寸是一项极为重要的工作，必须认真细致，一丝不苟。如果尺寸有遗漏或错误，将会给施工带来困难和损失。

2. 尺寸的组成

一个完整的尺寸一般应包括尺寸界线、尺寸线、尺寸起止符号和尺寸数字四个部分，如图1-10a所示。

（1）尺寸界线

尺寸界线应用细实线绘制，一般应与被注长度垂直，其一端应离开图样轮廓线不小于2mm，另一端宜超出尺寸线2～3mm。必要时，图样轮廓线或中心线也可用作尺寸界线。

(2) 尺寸线

尺寸线也用细实线绘制，应与被注长度平行。图样本身的任何图线均不得用作尺寸线。

(3) 尺寸起止符号

尺寸起止符号一般应用中粗斜短线绘制，其倾斜方向应与尺寸界线成顺时针 45°角，长度宜为 2~3mm，如图 1-10b 所示。半径、直径、角度与弧长的尺寸起止符号，宜用箭头表示。

绘图步骤

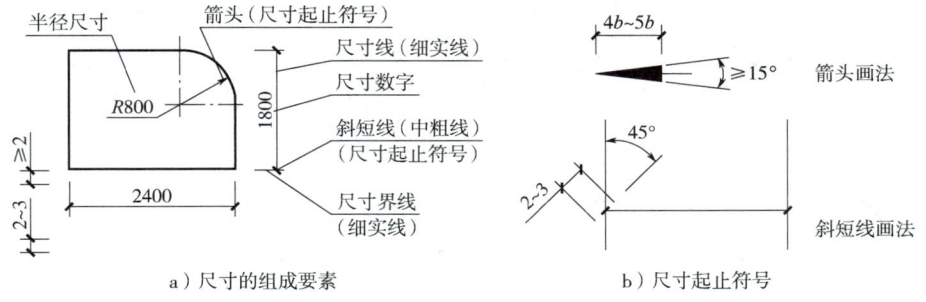

a) 尺寸的组成要素　　　　b) 尺寸起止符号

图 1-10　尺寸的组成标注示例

(4) 尺寸数字

图样上的尺寸，应以尺寸数字为准，不应从图上直接量取；所注写的尺寸数字与绘图所选用的比例及作图准确性无关。图样上的长度尺寸单位，除标高及总平面图以米为单位外，都应以毫米为单位。因此，图样上的长度尺寸数字不需注写单位。

尺寸数字的方向，应按图 1-11a 的规定注写。若尺寸数字在 30°斜线区内，宜按图 1-11b 所示的形式注写。尺寸数字一般应依据其方向注写在靠近尺寸线的上方中部，如没有足够的注写位置，最外边的尺寸数字可注写在尺寸界线的外侧，中间相邻的尺寸数字可错开注写，也可引出注写，如图 1-11c 所示。

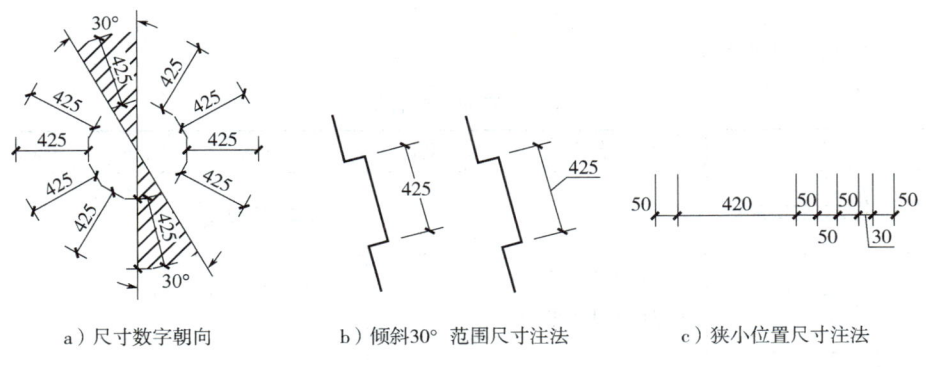

a) 尺寸数字朝向　　b) 倾斜 30°范围尺寸注法　　c) 狭小位置尺寸注法

图 1-11　尺寸数字的注写方向及位置

3. 尺寸的排列与布置

尺寸宜标注在图样轮廓线以外，不宜与图线、文字及符号等相交；如果图线不得不穿过尺寸数字时，应将尺寸数字处的图线断开。

互相平行的尺寸线，应从被注的图样轮廓线由近向远整齐排列，小尺寸应离轮廓线较近，大尺寸应离轮廓线较远。图样轮廓线以外的尺寸线距图样最外轮廓线之间的距离不宜小于10mm。平行排列的尺寸线的间距宜为7~10mm。

4. 直径、半径、角度的标注

大于半圆的圆弧或圆应标注直径，小于或等于半圆的圆弧应标注半径。标注角度时，尺寸数字一律水平注写。直径、半径、角度的标注示例如图1-12所示。

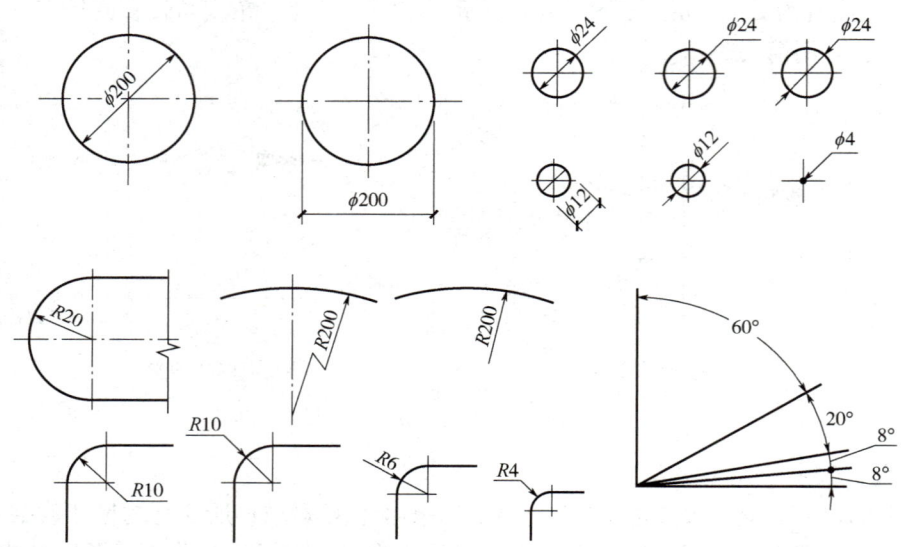

图1-12 直径、半径、角度的标注示例

1.2 建筑图例

1.2.1 构造及配件图例

构造及配件图例见表1-6。

表1-6 构造及配件图例

名称	图例	备注	名称	图例	备注
墙体			窗		
玻璃幕墙		幕墙龙骨是否表示由项目设计决定	门		
楼梯		中间层楼梯	隔断		
烟道			栏杆		
孔洞		阴影部分亦可填充灰度或涂色代替	检查口		左图为可见检查口，右图为不可见检查口

1.2.2 常用建筑材料图例

为简化作图，工程图样中采用各种图例表示所用的建筑材料，称为建筑材料图例，见表 1-7。

表 1-7 常用建筑材料图例

序号	名称	图例	备注
1	自然土壤		包括各种自然土壤
2	夯实土壤		—
3	砂、灰土		靠近轮廓线绘较密的点
4	砂砾石、碎砖三合土		—
5	石材		—
6	毛石		—
7	普通砖		包括实心砖、多孔砖、砌块等砌体。断面较窄不易绘出图例线时，可涂红
8	耐火砖		包括耐酸砖等砌体
9	空心砖		指非承重砖砌体
10	饰面砖		包括铺地砖、陶瓷锦砖、人造大理石等
11	焦渣、矿渣		包括与水泥、石灰等混合而成的材料
12	混凝土		1. 本图例指能承重的混凝土及钢筋混凝土 2. 包括各种强度等级、骨料、添加剂的混凝土 3. 在剖面图上画出钢筋，不画图例线 4. 断面图形小，不易画出图例线时，可涂黑
13	钢筋混凝土		
14	多孔材料		包括水泥珍珠岩、沥青珍珠岩、泡沫混凝土、非承重加气混凝土、软木、蛭石制品等
15	纤维材料		包括矿棉、岩棉、玻璃棉、麻丝、木丝板、纤维板等

(续)

序号	名称	图例	备注
16	泡沫塑料材料	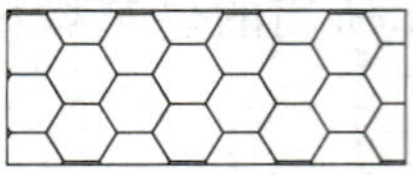	包括聚苯乙烯、聚乙烯、聚氨酯等多孔聚合物类材料
17	木材		1. 上图为横断面,上左图为垫木、木砖或木龙骨 2. 下图为纵断面
18	胶合板	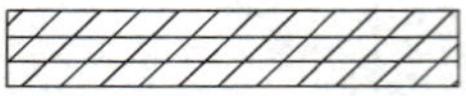	应注明为×层胶合板
19	石膏板	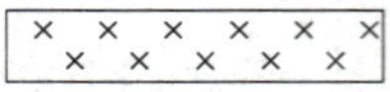	包括圆孔、方孔石膏板、防水石膏板等
20	金属	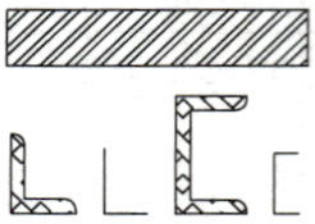	1. 包括各种金属 2. 图形小时,可涂黑
21	网状材料		1. 包括金属、塑料网状材料 2. 应注明具体材料名称
22	液体		应注明具体液体名称
23	玻璃	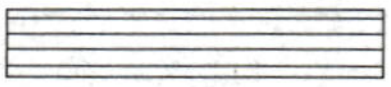	包括平板玻璃、磨砂玻璃、夹丝玻璃、钢化玻璃、中空玻璃、夹层玻璃、镀膜玻璃等
24	橡胶		—
25	塑料		包括各种软、硬塑料及有机玻璃等
26	防水材料		构造层次多或比例大时,采用上面图例
27	粉刷		本图例采用较稀的点

注:序号1、2、5、7、8、13、14、16、17、18、24、25图例中的斜线、短斜线、交叉斜线等一律为45°。

1.2.3 水平及垂直运输装置图例

水平及垂直运输装置图例见表1-8。

表1-8 水平及垂直运输装置图例

序号	名称	图例	备注
1	铁路		适用于标准轨及窄轨铁路,使用时应注明轨距
2	起重机轨道		—

（续）

序号	名称	图例	备注
3	梁式悬挂起重机	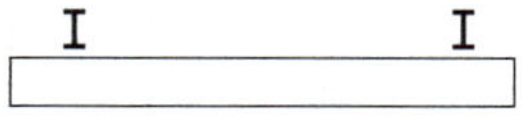	—
4	梁式起重机	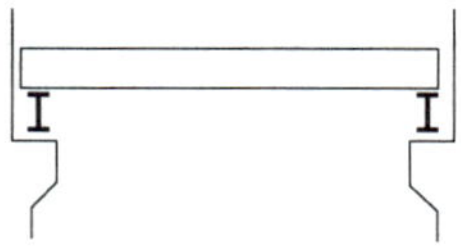	—
5	传送带	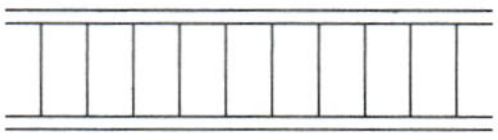	传送带的形式多种多样，项目设计图均按实际情况绘制，本图例仅为代表
6	电梯	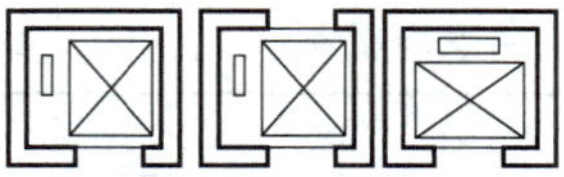	电梯应注明类型，并按实际绘出门和平衡锤或导轨的位置
7	自动扶梯	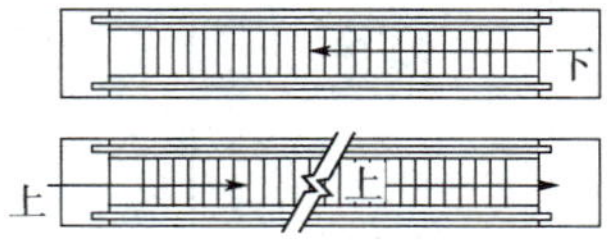	箭头方向为设计运行方向
8	自动人行道		箭头方向为设计运行方向

1.2.4 常用家具及设施图例

1. 常用家具

常用家具图例见表1-9。

表1-9　常用家具图例

名称	图例	名称	图例
单人沙发	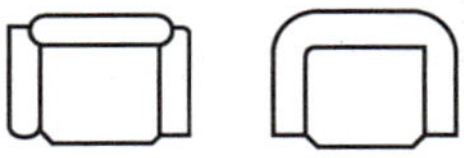	办公椅	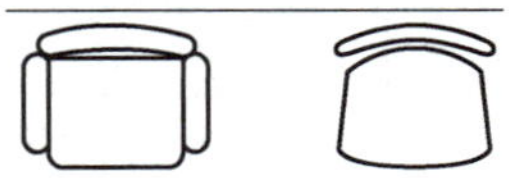
双人沙发		休闲椅	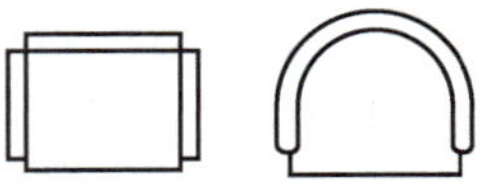
三人沙发		躺椅	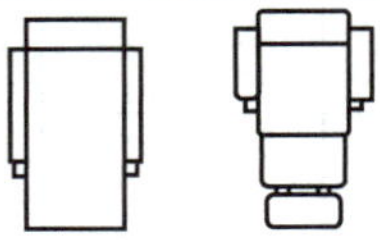
办公桌		衣柜	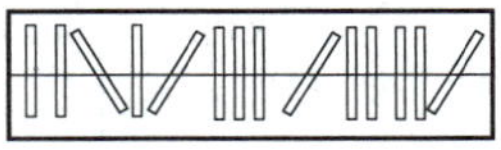

(续)

名称	图例	名称	图例
单人床	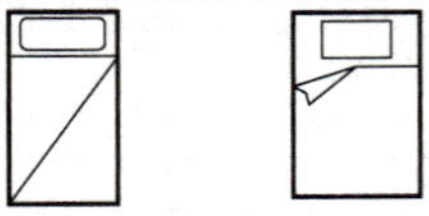	低柜	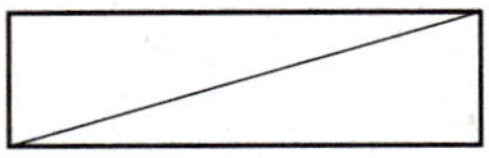
双人床	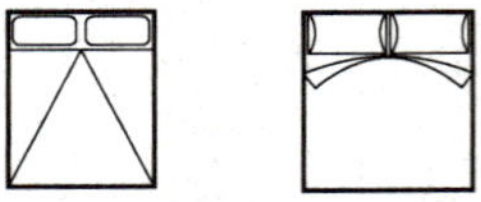	高柜	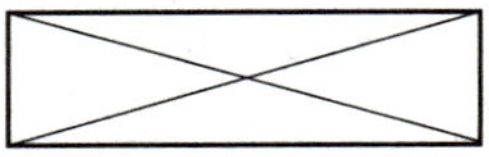

2. 常用家电

常用家电图例见表1-10。

表1-10 常用家电图例

名称	图例	名称	图例
电视	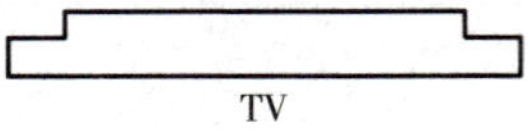 TV	冰箱	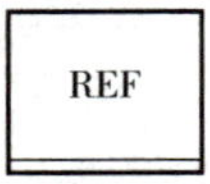 REF
空调	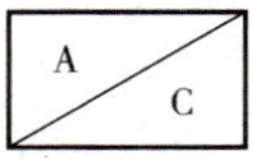 A/C	洗衣机	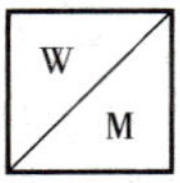 W/M
饮水机	 WD	计算机	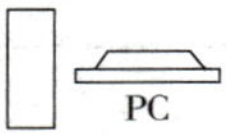 PC

3. 常用厨具

常用厨具图例见表1-11。

表1-11 常用厨具图例

序号	名称		图例	备注
1	灶具	单头灶	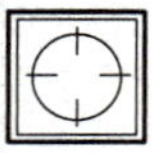	1. 立面样式根据设计自定 2. 其他厨具图例根据设计自定
		双头灶	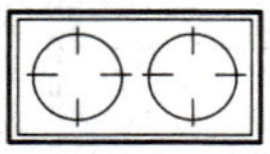	
		三头灶	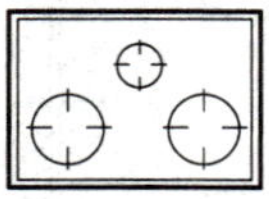	
2	水槽	单盆	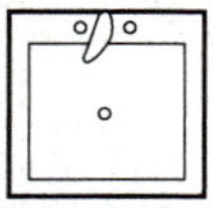	
		双盆	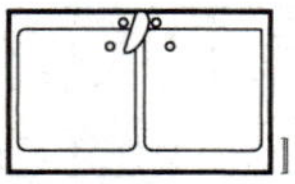	

第1章 制图基本知识

1.3 手工制图工具及用品

1.3.1 铅笔

铅笔用于绘制图线及写字，是手工绘图必不可少的工具。绘图铅笔的一端有铅芯软硬程度的标记，H、2H、3H……表示硬铅芯，H 前的数字越大，表示铅芯越硬；B、2B、3B 表示软铅芯，B 前的数字越大，表示铅芯越软。HB 表示铅芯软硬适中。画粗实线常用 B、2B 铅芯的铅笔，写字用 HB 或 H 铅芯的铅笔，画细实线用 H 或 2H 铅芯的铅笔。画粗实线的铅笔芯一般应磨成矩形，其余应磨成锥形，如图 1-13 所示。

擦图片

1.3.2 圆规、分规

圆规用于画圆及圆弧。使用前应先调整针脚，使针脚带阶梯的一端向下，并使针尖稍长于铅芯。

分规是用来截取线段、量取尺寸和等分线段或圆弧线的绘图工具。有两股，上端铰接，下端都是针脚，可以随意分开或合拢，以调整针尖间的距离。

分规可以分为弹簧分规和普通分规两种，如图 1-14 所示。

擦图片工具

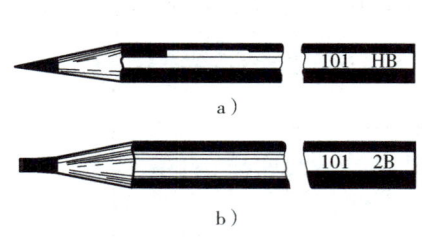

图 1-13 铅笔

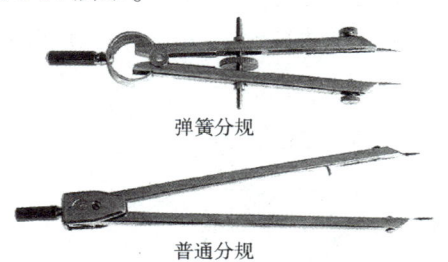

弹簧分规

普通分规

图 1-14 分规

使用分规时，应注意的事项是：
1）量取等分线时，应使两个针尖准确落在线条上，不得错开。
2）普通分规应调整到不紧不松、容易控制的工作状态。

建筑图板的特点

1.3.3 图板

图板是指制图时垫在图纸下面有一定规格的木板，其作用是方便绘图，尤其是在室外绘图。图板要求表面平整，重量轻，方便携带。图板有多种不同的规格，具体选择哪种规格应根据实际情况而定，如图 1-15 所示。

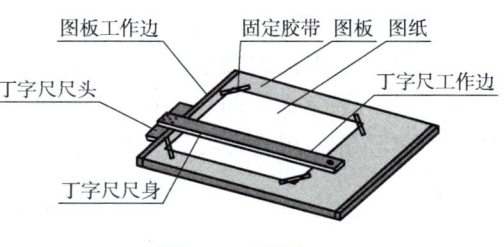

图 1-15 图板

1.3.4 丁字尺

丁字尺，又称 T 形尺，为一端有横档的"丁"字形直尺，由互相垂直的尺头和尺身构

15

成，一般采用透明有机玻璃制作，常在工程设计上绘制图样时配合图板使用。丁字尺为画水平线和配合三角板作图的工具，一般可直接用于画平行线或用作三角板的支承物来画与直尺成各种角度的直线，如图1-16所示。丁字尺一般有600mm、900mm、1200mm三种规格。

丁字尺正确使用方法：

1）应将丁字尺尺头放在图板的左侧，并与边缘紧贴，可上下滑动使用。

2）只能在丁字尺尺身上侧画线，画水平线必须自左至右。

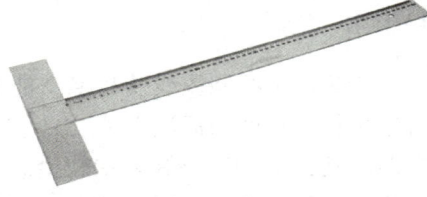

图1-16 丁字尺

3）画同一张图样时，丁字尺尺头不得在图板的其他各边滑动，也不能用来画垂直线。

4）过长的斜线可用丁字尺来画。

5）较长的直平行线组也可用具有可调节尺头的丁字尺来作图。

6）应保持工作边平直、刻度清晰准确、尺头与尺身连接牢固，不能用工作边来裁切图纸。

7）丁字尺放置时宜悬挂，以保证丁字尺自身的平直。

1.3.5 三角板

三角板是用以配合丁字尺画竖线和斜线的工具。绘图用的三角板是两块直角三角板，一块为45°×45°×90°，另一块为30°×60°×90°。画线时，使丁字尺尺头与图板工作边靠紧、三角板与丁字尺工作边靠紧，左手按住三角板和丁字尺，右手画竖线和斜线，如图1-17所示。

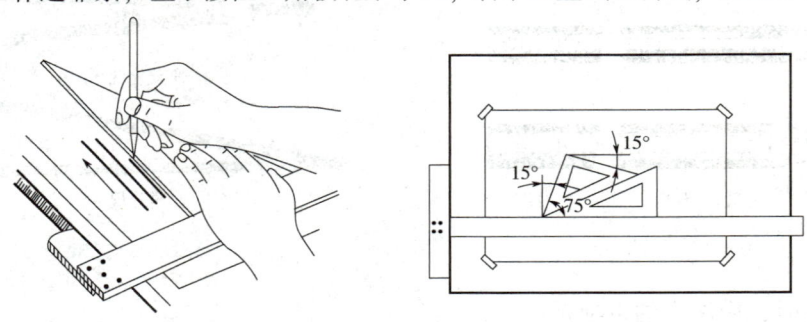

a）三角板和丁字尺配合使用画竖线　　b）三角板和丁字尺配合使用画斜线

图1-17 三角板与丁字尺的配合使用

1.3.6 比例尺

比例尺是直接用来放大或缩小图形用的绘图工具。常用的比例尺是三棱比例尺，上有六种不同的比例刻度，如1:100、1:200、1:300、1:400、1:500、1:600，如图1-18所示。使用时不需换算，可直接在比例尺上量取尺寸。比例尺不可用作三角板或丁字尺画线。

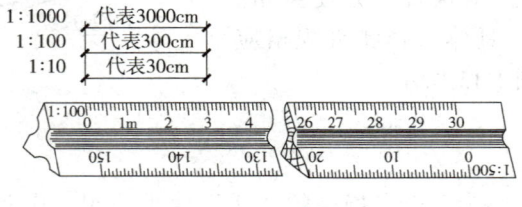

图1-18 比例尺

1.3.7 曲线板和建筑模板

1. 曲线板

曲线板是用来画非圆曲线的工具，如图 1-19 所示。画曲线时，首先要定出曲线上足够数量的点，徒手将各点连成曲线；然后选用适当的曲线板，找出曲线板上与所画曲线吻合的一段，沿曲线板边缘将该段曲线画出；最后依次连续画出其他各段。注意，相邻两段应有一部分的重合，曲线才显得圆滑。

图 1-19 曲线板

2. 建筑模板

为了提高制图速度和质量，将图样上常用的符号、图形刻在有机玻璃板上，做成模板，方便使用，如图 1-20 所示。

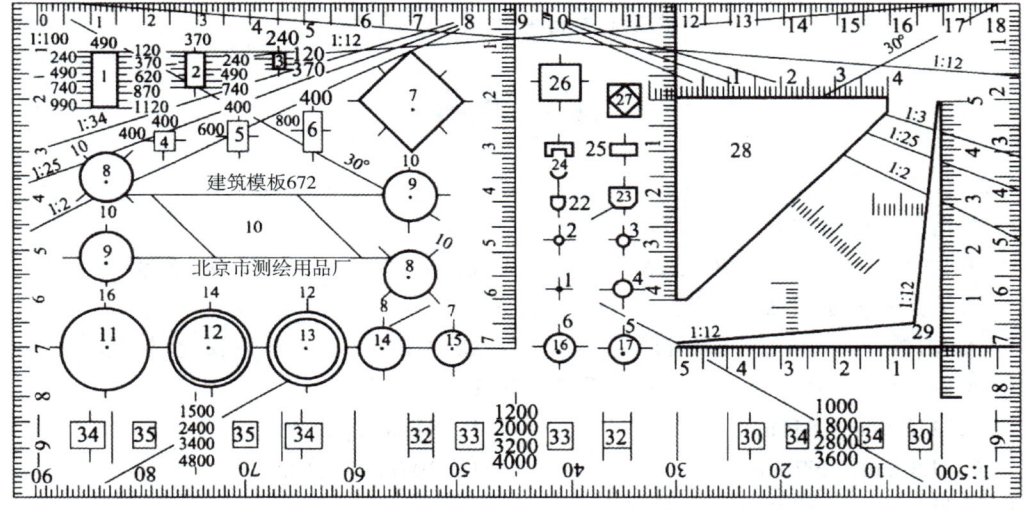

图 1-20 建筑模板

素质拓展案例

工程制图的历史演变

工程图样是我们日常生产制造离不开的一种技术文件，它能准确地反映产品的外观、尺寸、材料、颜色等各方面信息，指导我们依照设计要求准确完成生产制造。然而，成熟完善的现代工业基础文件，也是一步一步演化过来的，并且经过长时间的使用完善，才成为了我们现在所使用的工程图样。

从新石器时代，人们就开始刻画各种图案用以表示现实中的事物，我们能从当时流传的下来的各种器皿及石壁上的刻画看到当时人们丰富的日常生活。

经过长期的发展，人们开始不满足于用刻画的方式记录已有的事物，而是开始通过刻画的方式表达自己的设想，或者阐述自己发明的各种新事物；到了春秋战国时期，已经形成了相关的书籍，对当时的建筑业和手工制造业起到了积极的推动作用。而同一时期的古罗马帝国也已经出现了专门记录建筑样式的书籍，用以指导建造当时的建筑。

此后，国内外相关的文献记录越来越丰富，绘制的图形也越来越精美，但始终还是停留在仿形的层面上，没有从根本上把工程制图独立成一门学问，形成一套系统完整的制图方法。直到18世纪末，法国科学家蒙日创立了画法几何学，奠定了现在几何工程制图的基础，并在公开之后得到了全世界的广泛应用。

制图的演变

本章小结

通过学习本章的内容，使同学们掌握建筑制图的一般规定；了解建筑中常用的图例；了解手工制图所需要的工具及其他用品。通过本章的学习，同学们可以对建筑制图的基本知识有一定的认识，为以后继续学习建筑识图相关知识打下基础。

实训练习

一、单项选择题

1. 图纸幅面的简称是（　　）。
   A. 图幅　　　　　B. 图框　　　　　C. 标题栏　　　　　D. 会签栏
2. 图纸上限定绘图区域的线框称为（　　）。
   A. 图幅　　　　　B. 图框　　　　　C. 标题栏　　　　　D. 会签栏
3. 幅面代号为A0的图纸长、短边尺寸分别是（　　）。
   A. 1189mm、841mm　　　　　B. 841mm、594mm
   C. 420mm、297mm　　　　　D. 297mm、210mm
4. 绘制尺寸起止符号时应采用（　　）。
   A. 中粗长线　　　B. 波浪线　　　C. 中粗短线　　　D. 单点长画线
5. 尺寸起止符号倾斜方向与尺寸界线应成（　　）。
   A. 45°　　　　　B. 60°　　　　　C. 90°　　　　　D. 180°

二、多项选择题

1. 尺寸的组成包括（　　）。
   A. 尺寸界线　　　B. 尺寸线　　　C. 尺寸起止符号　　　D. 尺寸数字
   E. 尺寸字母
2. 定位轴线编号中（　　）。
   A. 横向编号应用阿拉伯数字　　　　　B. 竖向编号应用阿拉伯数字
   C. 竖向编号应用大写拉丁字母　　　　D. 横向编号应用大写拉丁字母
   E. 横向编号应用大写数字
3. 实线的线宽包含（　　）。
   A. b　　　　　B. $0.7b$　　　　　C. $0.5b$　　　　　D. $0.25b$
   E. $3b$

4. 下列比例是放大比例的有（　　）。
   A. 1∶20　　　　B. 100∶1　　　　C. 30∶1　　　　D. 1∶50
   E. 1∶30
5. 剖切符号包括（　　）。
   A. 剖切位置线　　B. 剖切线长度　　C. 剖视方向线　　D. 方向箭头
   E. 剖切线宽度

三、简答题

1. 图纸幅面的规格有几种？
2. 尺寸由哪几部分组成？尺寸的排列有什么规定？
3. 详图与被索引的图样不在同一张图纸内时，应如何标注？

实训工作单

班级		姓名		日期	
教学项目		制图基本知识			
学习项目	制图规定、建筑图例、制图工具		学习要求	掌握制图一般规定、了解建筑图例，熟悉制图工具及使用	
相关知识			学习其他图例		
其他内容					
学习记录					
评语				指导老师	

第 2 章

投影的基本知识

【学习目标】

1. 了解投影的基本原理。
2. 掌握三面投影的基本规律和作图方法。
3. 掌握点、直线、平面的投影。
4. 了解轴测投影。

【素质目标】

通过现实生活中投影的应用例子，更好地理解本章内容，提高学习兴趣，展现我国古人的思想智慧。

【教学要求】

本章要点	掌握层次	相关知识点
投影的基本原理	了解投影的概念、分类与特性	投影的概念、分类、特性
三面投影	掌握三面投影的基本规律和作图方法	三面投影的基本规律、作图方法
点、直线、平面的投影	掌握点、直线、平面的投影	点、直线、平面的投影
轴测投影	了解轴测投影	轴测投影的基本知识、绘图方法

【项目案例导入】

人站在阳光下会形成影子，这是由光照产生的。太阳的光线对于地球上的人及物品来说是平行光源，也就是面光源，那经太阳照射在地上形成的影子是人或物体某一面的投影。

【项目问题导入】

请阅读项目案例，思考影子与投影的关系？

2.1 投影的基本原理

2.1.1 投影的概念

1. 投影的概念

当物体在光线的照射下，地面或者墙面上会形成物体的影子，随着光线照射的角度以及光源与物体距离的变化，其影子的位置与形状也会发生变化。人们从光线、形体与影子之间的关系中，经过科学的归纳总结，形成了形体投影的原理以及投影作图的方法。

光线照射物体产生的影子可以反映出物体的外形轮廓。光线照射物体将物体的各个顶点和棱线在平面上产生影像，物体顶点与棱线的影像连线组成了一个能够反映物体外形形状的图形，这个图形为物体的影子。

在投影理论中，人们将物体称为形体，表示光线的线为投射线，光线的照射方向为投射线的投射方向，落影的平面称为投影面，产生的影子称为投影。用投影表示形体的形状与大小的方法称为投影法，用投影法画出的形体图形称为投影图。

形体产生投影必须具备三个条件：形体、投影面与投射线，三者缺一不可，称为投影的三要素。

2. 投影法的形成

光线（阳光或灯光）照射物体，在墙面或地面上就会产生影子，影子只能反映物体的外形轮廓，不能表达出物体的形状和内部结构，这就是日常生活中经常看到的影子现象。人们对这种自然现象进行科学的抽象总结，逐步形成了用投影来表示物体形状和大小的方法，即投影法。

2.1.2 投影法的分类

投影法分为平行投影法与中心投影法两大类，这两种方法主要区别是形体与投射中心距离的不同。

1. 中心投影法

当投射中心与投影面的距离有限远时，所有的投射线均从投射中心一点 S 发出，所形成的投影称为中心投影，这种投影的方法为中心投影法，如图2-1所示。

中心投影的大小由投影面、空间形体以及投射中心之间的相对位置来确定，当投影面和投射中心的距离确定后，形体投影的大小随着形体与投影面的距离而发生变化。中心投影法作出的投影图，不能够准确反映形体尺寸的大小，度量性较差。

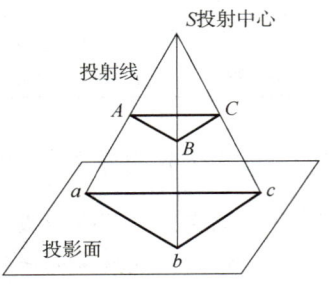

图 2-1　中心投影图

2. 平行投影法

当投射中心距离形体无穷远时，投射线可以看作是一组平行线，这种投影的方法称为平行投影法，所得的形体投影称为平行投影。根据投射线与投影面的相对位置不同，又可以分为正投影法与斜投影法，如图2-2所示。

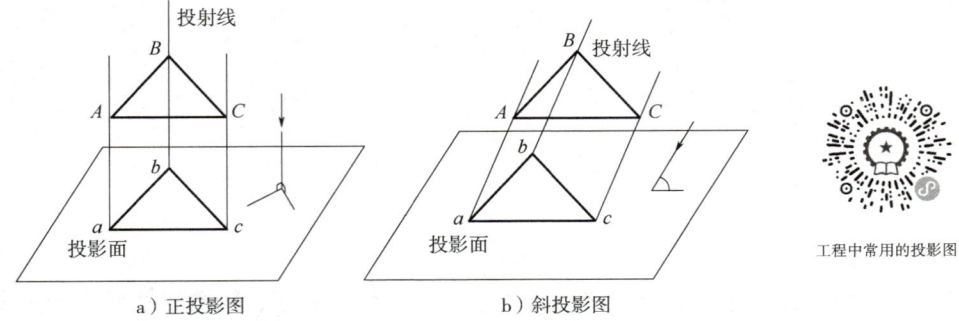

图 2-2　正投影图和斜投影图

(1) 正投影法

相互平行的投射线与投影面垂直的投影法称为正投影法。根据正投影法所画出的图形称为正投影图，简称正投影。

(2) 斜投影法

相互平行的投影线与投影面倾斜的投影法称为斜投影法。根据投影法所画出的图形称为斜投影图，简称斜投影。

2.1.3 正投影的特性

1. 点的正投影特性

点的正投影仍然是点，而且在过该点垂直于投影面的投影线的垂足处。若多个点位于同一条投影线上，其投影重合于一点（规定：空间点用大写字母表示，其投影用同名小写字母表示，不可见点投影加括号）。

2. 直线的正投影特性

直线与投影面有三种位置关系：

1) 直线与投影面垂直，投影在投影面上积聚为一点。
2) 直线与投影面平行，投影反映直线的实长。
3) 直线与投影面倾斜，投影仍为直线，但长度缩短。

3. 平面的正投影特性

平面与投影面也有三种位置关系：

1) 平面与投影面垂直投影，积聚为直线。
2) 平面与投影面平行投影，反映实形。
3) 平面与投影面倾斜投影，与真实图形类似但面积缩小。

三面投影体系1

2.2 三面投影图

2.2.1 三面投影图的形成

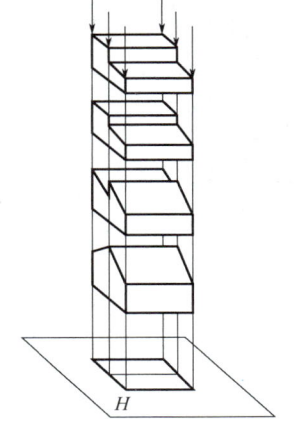

如图 2-3 所示为空间 4 个不同形状的形体，它们在同一投影面上的投影图却是相同的，由此可知，只用一个投影图无法完整地表示出形体的形状和大小。而有的形体用两个正投影图也不能反映其空间形状，如图 2-4 所示。

三面投影体系2

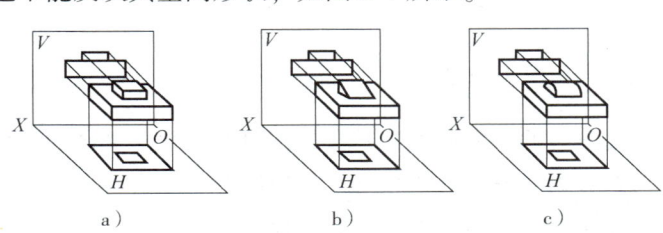

图 2-3 物体的一个正投影不能确定其空间形状

图 2-4 物体的两面投影不能反映其空间形状

通常将形体放在三个相互垂直相交的投影面所构成三面投影体系中，如图 2-5 所示，用正投影法分别作形体在三个投影面的投影，这样能比较准确地表达形体的空间形状。三面投影体系中：

水平位置的投影面称为水平投影面，简称水平面，用字母 H 表示。

正立位置的投影面称为正立投影面，简称正立面，用字母 V 表示。

侧立位置的投影面称为侧立投影面，简称侧立面，用字母 W 表示。

三个投影面两两垂直相交，其交线 OX、OY、OZ 称为投影轴，交点 O 称为原点。OX 轴可表示形体长度方向，OY 轴可表示宽度方向，OZ 轴可表示高度方向。

形体在三面投影体系中的正投影称为三面投影图，如图 2-6 所示。

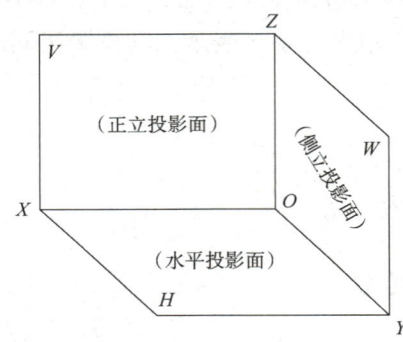
图 2-5 三面投影体系

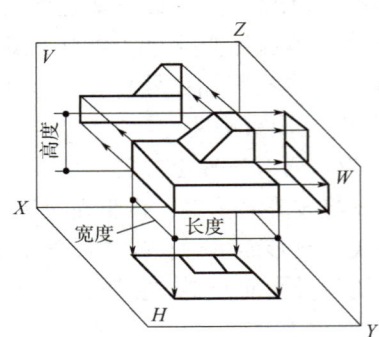
图 2-6 三面投影图

2.2.2 三面投影的基本规律

如图 2-7 所示，形体的水平投影反映形体的前后、左右关系，正面投影反映形体的上下、左右关系，侧面投影反映形体的上下、前后关系。

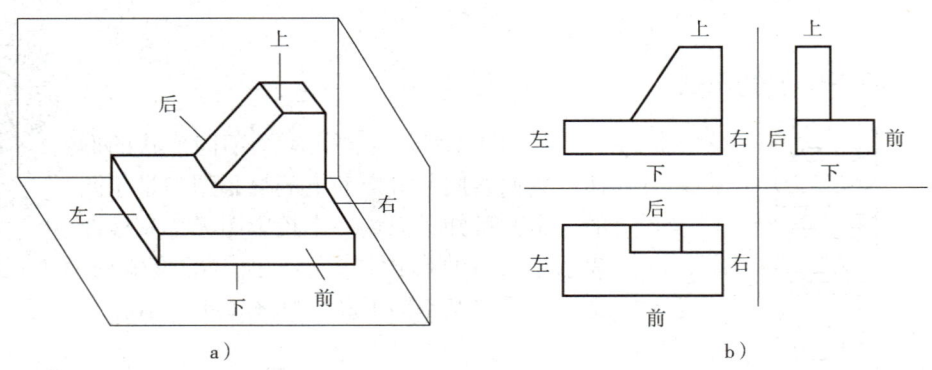
图 2-7 三面投影图中形体的方位关系

展开后的三面投影图具有如下投影规律，如图 2-8 所示：

长对正——正立投影与水平投影等长。

宽相等——水平投影与侧立投影等宽。

高平齐——正立投影与侧立投影等高。

即形体三面投影图规律符合三等关系"长对正、高平齐、宽相等"。

2.2.3 三面投影图的作图方法

绘制三面投影图时，一般先绘制 V 面投影图或 H 面投影图，然后再绘制 W 面投影图。具体步骤如下：

1）画出水平和垂直的十字相交线，作为投影轴，如图 2-9a 所示。

2）根据形体在三面投影体系中的放置位置，画出能够反映形体特征的 V 面投影图或 H 面投影图。

3）由"长对正"的投影规律，画出 H 面投影图或 V 面投影图，如图 2-9b 所示。

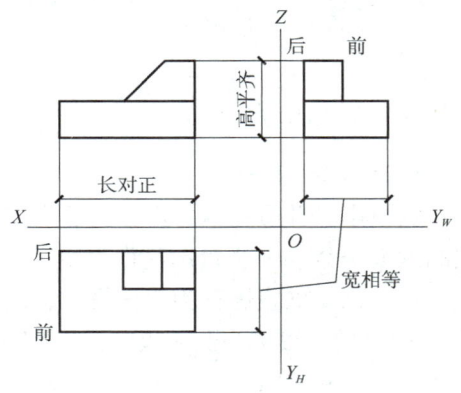

图 2-8 三面投影图的规律

4）由"高平齐""宽相等"（过原点 O 向右下方作 45°斜线或者以 O 为圆点画圆弧，将 H 面投影的宽度过渡到 W 面上）的投影规律，画出 W 面投影图，如图 2-9c、d 所示。

5）加深图线，即完成三面投影图的绘制。

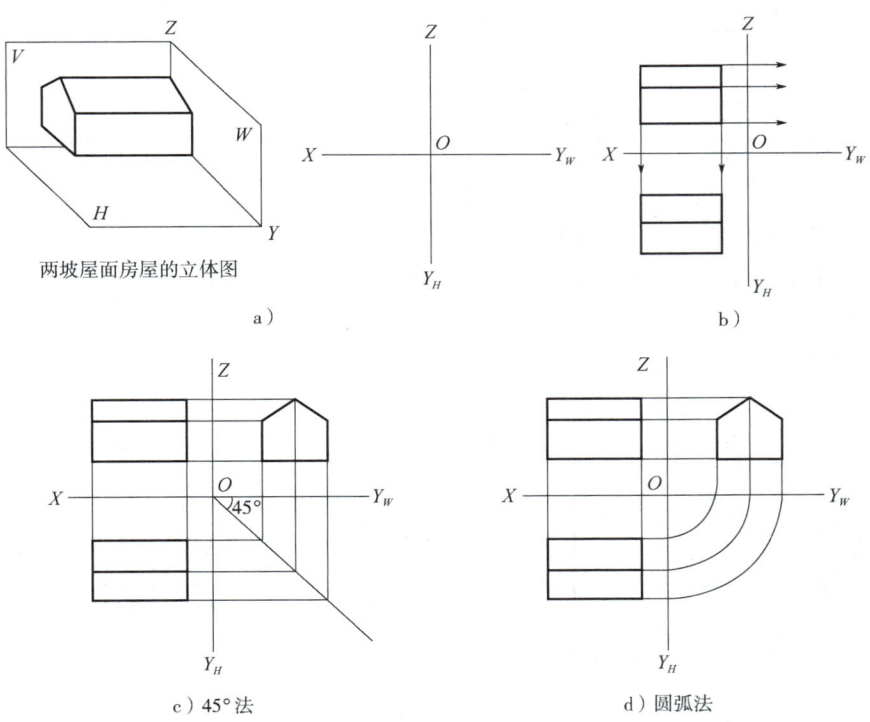

图 2-9 三面正投影作图

2.3 点、直线和平面的投影

2.3.1 点的投影

1. 点投影的概念

点投影一种最基本的投影,是指点的直角投影。如图 2-10 所示,在三投影面体系中由空间点 B 分别向三个投影面作垂线,垂线与各投影面的交点,称为点的投影。

在 V 面上的投影称为正面投影,以 b' 表示;在 H 面上的投影称为水平投影,以 b 表示;在 W 面上的投影称为侧面投影,以 b'' 表示。然后,将投影面进行旋转,V 面不动,H、W 面按箭头方向旋转 90°,即将三个投影面展成一个平面,从而得到点的三个投影的正投影图。

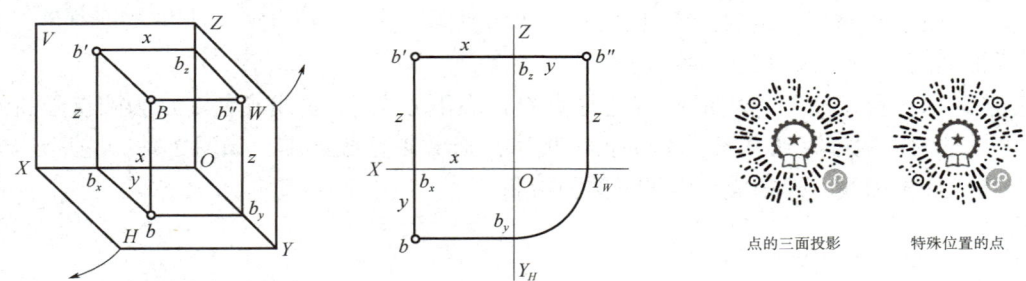

图 2-10 B 点投影三视图

2. 点的投影

如图 2-11 所示,A 点具有下述投影特性:

1) 点的投影连线垂直于投影轴。
2) 点的投影与投影轴的距离,反映该点的坐标,也就是该点与相应的投影面的距离。

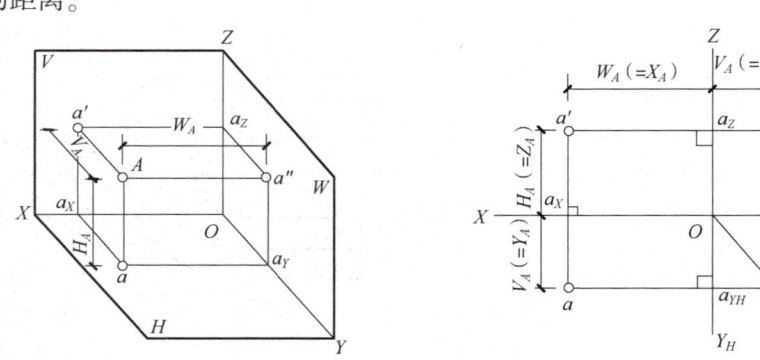

点的坐标

点的两面投影

图 2-11 A 点三视图特性

3. 两点的相对位置

1) 两点的相对位置是指空间两个点的上下、左右、前后关系,在投影图中,是以它们的坐标差来确定的。

2) 两点的 V 面投影反映上下、左右关系;两点的 H 面投影反映左右、前后关系;两点的 W 面投影反映上下、前后关系。

【例 2-1】 已知点 B 的坐标（4，6，5），作 B 点的三面投影图。

4. 重影点

若两个点处于垂直于某一投影面的同一投影线上，则两个点在这个投影面上的投影便互相重合，这两个点就称为对这个投影面的重影点，如图 2-12 所示。

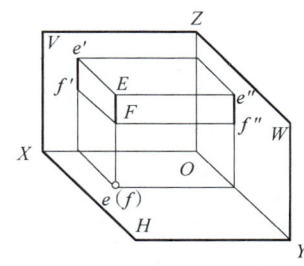
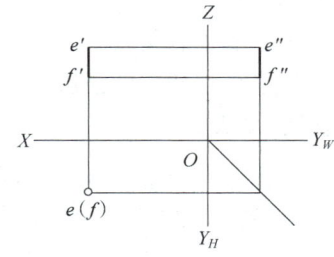

重影点

图 2-12　重影点的投影

2.3.2　线的投影

1. 直线投影的概念

两点确定一条直线，将两点的同名投影用直线连接，就得到直线的同名投影，如图 2-13 所示。

2. **直线投影的特性**，如图 2-14 所示。

1）直线倾斜于投影面时，投影是收缩的直线，具有收缩性。
2）直线平行于投影面时，投影是反映实长的直线，具有真实性。
3）直线垂直于投影面时，投影是一个点，具有积聚性。

一般位置直线

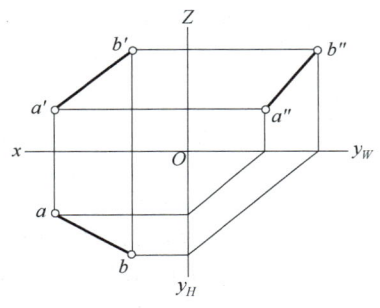
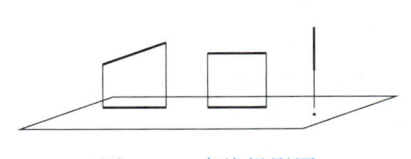

直线上点的投影

图 2-13　直线投影图　　　图 2-14　直线投影图

3. 直线投影的分类

根据直线与三个投影面的相对位置不同，可以把直线分为三种：
①一般位置直线：与三个投影面都倾斜的直线。
②投影面平行线：平行于一个投影面，倾斜于另外两个投影面的直线。
③投影面垂直线：垂直于一个投影面，同时必平行于另外两投影面的直线。
投影面平行线和投影面垂直线统称为特殊位置直线。

4. 投影面平行线

（1）投影面平行线的种类

1）水平线（平行于 H 面）。

2）正平线（平行于 V 面）。

3）侧平线（平行于 W 面）。

（2）投影面平行线的投影特性

1）在其平行的那个投影面上的投影反映实长。

2）另两个投影面上的投影平行于相应的投影轴。

投影面平行线的投影特性，见表 2-1。

表 2-1　投影面平行线的投影特性

名称	轴测图	投影图	投影特性
水平线			1）水平投影反映实长 2）水平投影与 X 轴和 Y 轴的夹角，分别反映直线与 V 面和 W 面的倾角 β 和 γ 3）正面投影和侧面投影分别平行于 X 轴及 Y 轴，但不反映实长
正平线			1）正面投影反映实长 2）正面投影与 X 轴和 Z 轴的夹角，分别反映直线与 H 面和 w 面的倾角 α 和 γ 3）水平投影及侧面投影分别平行于 X 轴及 Z 轴，但不反映实长
侧平线			1）侧面投影反映实长 2）侧面投影与 Y 轴和 Z 轴的夹角，分别反映直线与 H 面和 V 面的倾角 α 和 β 3）水平投影及正面投影分别平行于 Y 轴及 Z 轴，但不反映实长

5. 投影面垂直线

（1）投影面垂直线的种类

1）铅垂线（垂直于 H 面）。

2）正垂线（垂直于 V 面）。

3）侧垂线（垂直于 W 面）。

(2) 投影面垂直线的投影特性

1) 在其垂直的投影面上,投影有积聚性。

2) 另外两个投影,反映线段实长,且垂直于相应的投影轴。

投影面垂直线的投影特性,见表2-2。

表 2-2 投影面垂直线的投影特性

名称	轴测图	投影图	投影特性
铅垂线	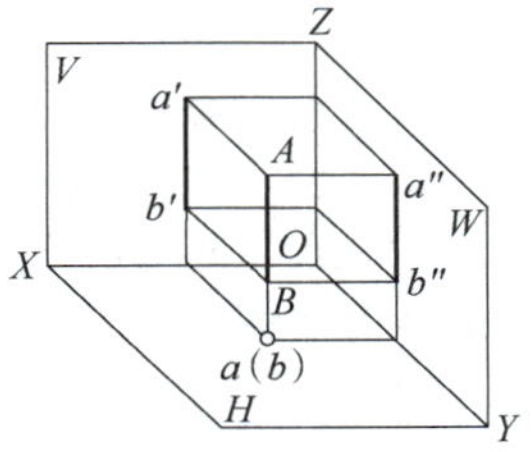	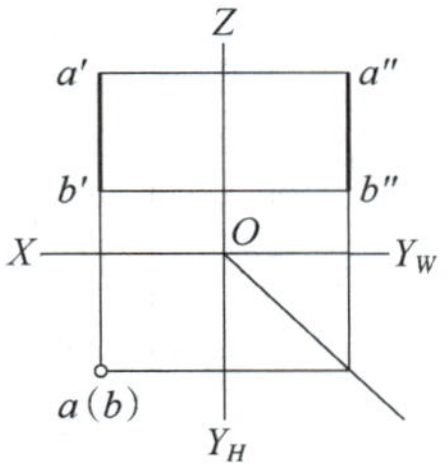	1) 水平投影积聚成一点 2) 正面投影及侧面投影分别垂直于 X 轴及 Y 轴,且反映实长
正垂线	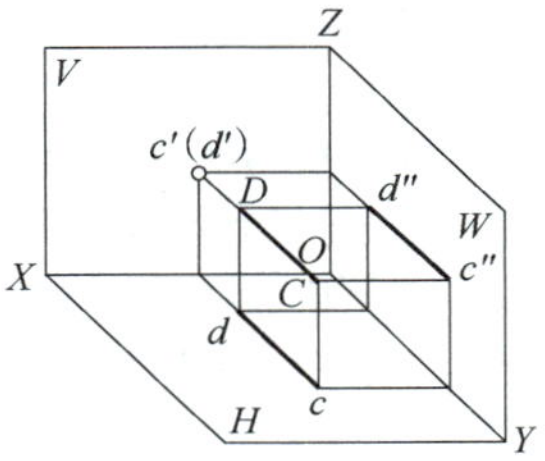	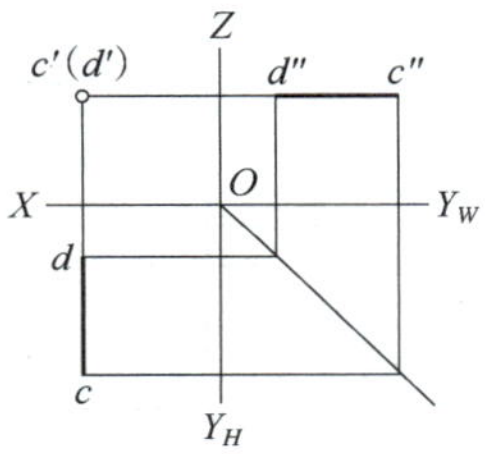	1) 正面投影积聚成一点 2) 水平投影及侧面投影分别垂直于 X 轴及 Z 轴,且反映实长
侧垂线	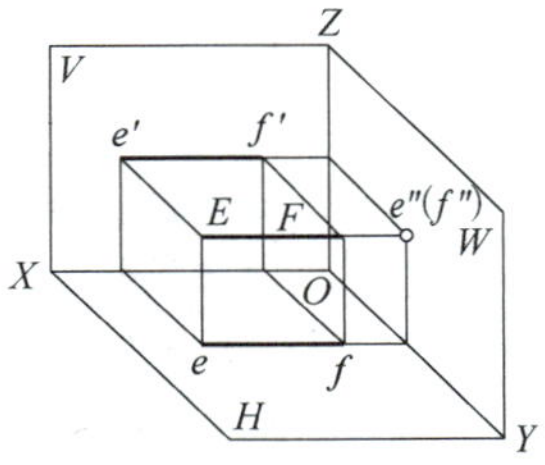	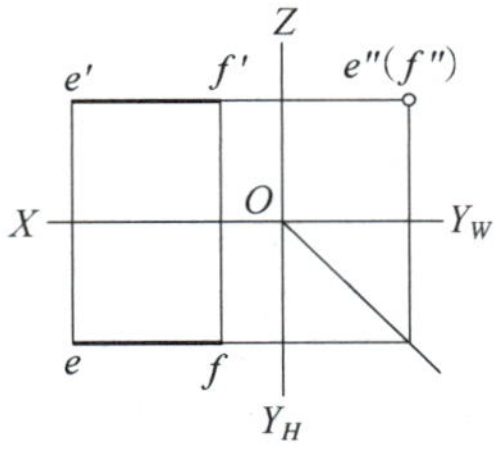	1) 侧面投影积聚成一点 2) 水平投影及正面投影分别垂直于 Y 轴及 Z 轴,且反映实长

2.3.3 面的投影

1. 平面的三面投影

将平面进行投影时,可根据平面的几何形状特点及其对投影面的相对位置,找出能够决定平面的形状、大小和位置的一系列点来,然后作出这些点的三面投影并连接这些点的同面投影,即得到平面的三面投影。

2. 投影面平行面

投影面平行面——平行于一个投影面,垂直于另外两个投影面的平面。

(1) 投影面平行面种类

1) 正平面:平行于 V 面的平面。

2) 水平面:平行于 H 面的平面。

3) 侧平面:平行于 W 面的平面。

（2）投影面平行面特性

1）在所平行的投影面上的投影反映实形。

2）在其他两投影面上的投影分别积聚成直线，且平行于相应的投影轴。

投影面平行面投影特性见表2-3。

表 2-3 投影面平行面投影特性

名称	轴测图	投影图	投影特性
正平面	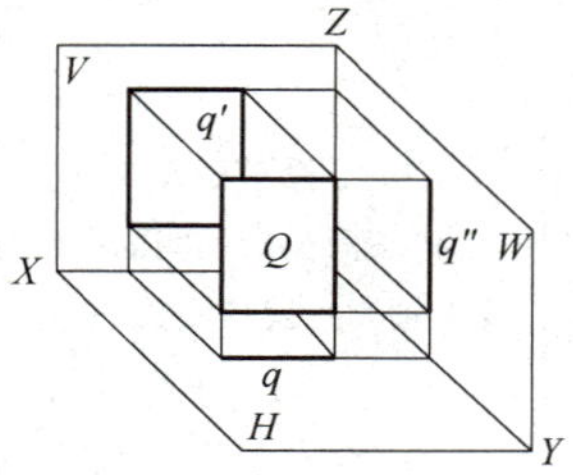	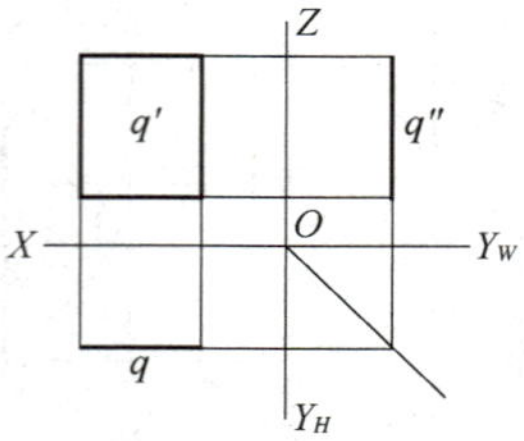	1）正面投影反映实形 2）水平投影及侧面投影积聚成一条直线，且分别平行于 X 轴及 Z 轴
水平面	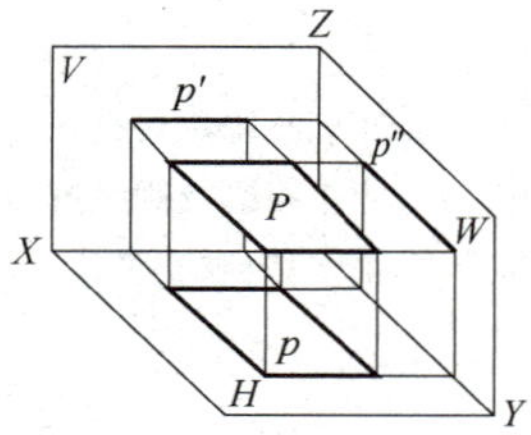	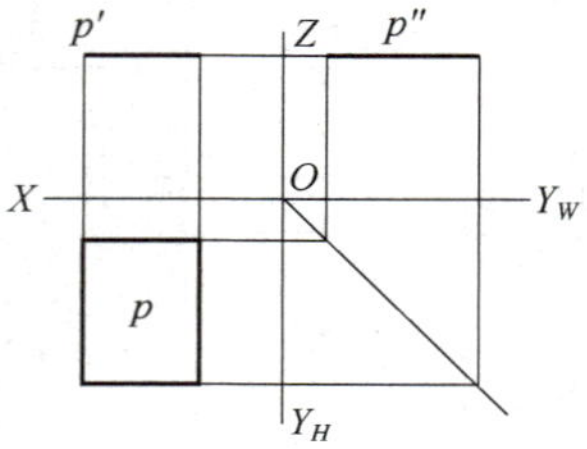	1）水平投影反映实形 2）正面投影及侧面投影积聚成一条直线，且分别平行于 X 轴及 Y 轴
侧平面	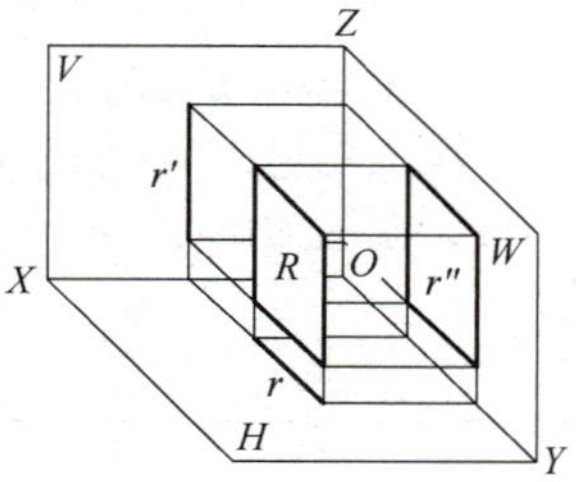	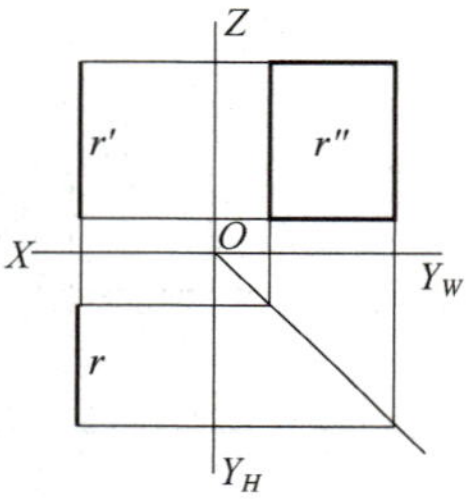	1）侧面投影反映实形 2）水平投影及正面投影积聚成一条直线，且分别平行于 Y 轴及 Z 轴

3. 投影面垂直面

投影面垂直面——垂直于一个投影面而倾斜于另外两个投影面的平面。

（1）投影面垂直面种类

1）铅垂面：垂直于 H 面的平面。

2）正垂面：垂直于 V 面的平面。

3）侧垂面：垂直于 W 面的平面。

（2）投影面垂直面特性

1）在所垂直的投影面上的投影积聚为一段斜直线。

2）在其他两投影面上的投影均为缩小的类似形。

投影面垂直面投影特性见表2-4。

表 2-4 投影面垂直面投影特性

名称	轴测图	投影图	投影特性
铅垂面			1) 水平投影积聚成一条斜直线 2) 水平投影与 X 轴和 Y 轴的夹角，分别反映平面与 V 面和 W 面的倾角 β 和 γ 3) 正面投影及侧面投影为平面的类似形
正垂面			1) 正面投影积聚成一条斜直线 2) 正面投影与 X 轴和 Z 轴的夹角，分别反映平面与 H 面和 W 面的倾角 α 和 γ 3) 水平投影及侧面投影为平面的类似形
侧垂面			1) 侧面投影积聚成一条斜直线 2) 侧面投影与 Y 轴和 Z 轴的夹角，分别反映平面与 H 面和 V 面的倾角 α 和 β 3) 水平投影及正面投影为平面的类似形

【例 2-2】 已知正方形 ABCD 平面垂直于 V 面以及 AB 的两面投影，求作此正方形的三面投影图，如图 2-15 所示。

4. 一般位置平面

一般位置平面——与三个投影面都处于倾斜位置的平面。在三个投影面上的投影，均为原平面的类似形，而形状缩小，不反映真实形状。

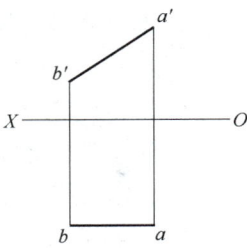

图 2-15 已知条件

2.4 轴测投影

2.4.1 轴测投影的基本知识

1. 轴测图的概念

用平行投影法将物体连同确定物体空间位置的直角坐标系一起投射到单一投影面，所得的投影图称为轴测图。轴测图是一种单一投影面视图，在同一投影面上能同时反映出物体三个坐标面的形状，并接近于人们的视觉习惯，形象、逼真，并富有立体感。但是轴测图一般不能反映物体单个表面的实形，因而度量性差，同时作图较复杂。因此，在工程上，常把轴测图作为辅助图样，来说明机器的结构、安装、使用等情况。

2. 轴测图的特性

由于轴测图是用平行投影法得到的，因此具有以下投影特性：

1) 空间相互平行的直线，它们的轴测投影互相平行。
2) 立体上凡是与坐标轴平行的直线，在其轴测图中也必与轴测轴互相平行。
3) 立体上两平行线段或同一直线上的两线段长度之比，在轴测图上保持不变。

3. 轴测图的分类

轴测图分为正轴测图和斜轴测图两大类。

当投影方向垂直于轴测投影面时，称为正轴测图；当投影方向倾斜于轴测投影面时，称为斜轴测图。由此可见：正轴测图是由正投影法得来的，斜轴测图则是用斜投影法得来的。

（1）正轴测图

正轴测图按三个轴向伸缩系数是否相等而分为三种：

1) 正等测图，简称正等测：三个轴向伸缩系数都相等。
2) 正二测图，简称正二测：只有两个轴向伸缩系数相等。
3) 正三测图，简称正三测：三个轴向伸缩系数各不相等。

（2）斜轴测图

斜轴测图也相应地分为三种：

1) 斜等测图，简称斜等测：三个轴向伸缩系数都相等。
2) 斜二测图，简称斜二测：只有两个轴向伸缩系数相等。
3) 斜三测图，简称斜三测：三个轴向伸缩系数各不相等。

2.4.2 轴测图的绘图方法

1. 基本作图方法

轴测图的基本作图方法有坐标法、叠加法和切割法，其中坐标法是基本方法。

（1）坐标法

对较简单的物体，可根据物体上一些关键点（如平面立体的顶点、曲线上的控制点）的坐标值作出这些点的轴测投影，再依次连线成图。

（2）切割法

对较复杂的物体，用形体分析法可将其看成是由一个形状简单的基本体逐步切割而成，先画出该简单形体的轴测图，再在其上逐步切割。

（3）叠加法

对较复杂物体，用形体分析法可将其看成是由几个简单的基本体叠加而成，把这些基本体的轴测图按照相对位置关系叠加即可得到整个物体的轴测图。

2. 基本作图步骤

绘制物体的轴测图时，应先选择确定要画哪种轴测图，从而确定各轴间角和轴向伸缩系数。轴测图可根据已确定的轴间角，按表达清楚和作图方便的原则，画出坐标原点和轴测轴，一般 Z 轴常作为铅垂位置。利用三种基本作图方法逐步画出各顶点或线段，用粗实线画出物体的可见轮廓线，在轴测图中，为了使画出的图形明显，且为了增强立体感，通常不画出物体的不可见轮廓线，但在必要时，可用虚线画出物体的不可见轮廓线。

素质拓展案例

投影的应用

皮影戏又名"灯影子",利用灯光照射所剪形象的纸板进行表演,是我国民间一种古老而特别的戏曲艺术,在关中地区很流行。皮影戏演出简便,表演领域广阔,演技细腻,活跃于广大农村,深受大众的欢迎。

北京故宫中的日晷闻名世界,是我国灿烂文化的瑰宝,是我国古代利用日影测定时刻的仪器,由"晷面"与"晷针"组成,当太阳光照在日晷中轴上产生投影,晷针的影子就会投向晷面,随着时间的推移,晷针的影子长度发生变化且在晷面上慢慢移动,聪明的古人以此来判断时刻。

皮影与日晷

本章小结

通过学习本章的内容,使同学们了解投影的概念、分类与特性,掌握三面投影的基本规律和作图方法,掌握点、直线、平面的投影,了解轴测投影的基本知识与绘图方法。通过本章的学习,同学们可以对投影的基本知识有一定的认识,为以后继续学习形体投影与建筑识图相关知识打下基础。

实训练习

一、单项选择题

1. 直线倾斜于投影面时,直线的投影具有(   )。
   A. 积聚性　　　　B. 真实性　　　　C. 收缩性　　　　D. 分散性
2. 当一个面平行于一个投影面时,必(   )于该平面的另外两个投影面。
   A. 平行　　　　　B. 垂直　　　　　C. 倾斜　　　　　D. 相交
3. 当一条直线垂直于一个投影面时,必(   )于该平面的另外两个投影面。
   A. 平行　　　　　B. 垂直　　　　　C. 倾斜　　　　　D. 相交
4. 两点的 V 面投影反映(   )关系。
   A. 上下、前后　　　　　　　　　　B. 上下、左右、前后
   C. 左右、前后　　　　　　　　　　D. 上下、左右

二、多项选择题

1. 下列投影法中属于平行投影法的有(   )。
   A. 中心投影法　　B. 正投影法　　　C. 斜投影法　　　D. 投影法
   E. 侧投影法
2. 正轴测图包含(   )。
   A. 正等测图　　　B. 正二测图　　　C. 斜轴测图　　　D. 正三测图
   E. 正四测图

3. 斜轴测图包含（　　）。
   A. 斜等测图　　　B. 斜二测图　　　C. 正二测图　　　D. 斜三测图
   E. 正三测图

三、绘图题

1. 已知空间点 B 的坐标为 $X=12$，$Y=10$，$Z=15$，也可以写成 B（12、10、15），单位为 mm（下同）。求作点 B 的三投影。

2. 已知空间点 C（15，8，12），点 D 在点 C 的右方 7，前方 5，下方 6。求作点 D 的三投影。

实训工作单

班级		姓名		日期	
教学项目		投影基本知识			
学习项目	投影原理,点、线、面、轴测的投影	学习要求		了解投影原理和轴测投影方法,熟悉并掌握点、线、面的投影方法	
相关知识			其他投影的知识,包括机械制图投影知识		
其他内容					
学习记录					
评语				指导老师	

第 3 章

形体投影图

【学习目标】

1. 了解基本形体的投影。
2. 掌握建筑形体投影图的画法。
3. 掌握形体（组合体）的尺寸标注。

【素质目标】

结合生活，带动思考，引导学生留心生活，善于观察生活，培养自主思考与学习的能力。

【教学要求】

本章要点	掌握层次	相关知识点
基本形体的投影	了解基本形体的投影	平面体投影、曲面体投影
建筑形体投影图的画法	掌握组合体视图的画法、识读	组合体视图的画法、识读
形体（组合体）的尺寸标注	掌握形体（组合体）的尺寸标注	基本体、组合体的尺寸标注

【项目案例导入】

不同形体可能会得到相同的投影图形，比如棱锥体、圆锥体、棱柱体等的投影中均包含三角形。通过分析我们可以发现这三种形体中有的包含三角形组成的面，有的则不包含。

【项目问题导入】

请阅读项目案例并思考投影的形状与形体的面是否有必然的联系？

3.1 基本形体的投影

3.1.1 平面体的投影

由若干个平面围成的立体称平面立体，如图 3-1 所示的棱柱、棱台、棱锥等。

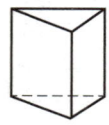 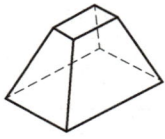 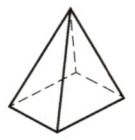

图 3-1　基本几何体

1. 长方体

将长方体放置在三面投影体系中，如图 3-2a 所示，使长方体的前、后面平行于 V 面，上、下面平行于 H 面，左、右面平行于 W 面。长方体的三面正投影均为矩形，如图 3-2b 所示。

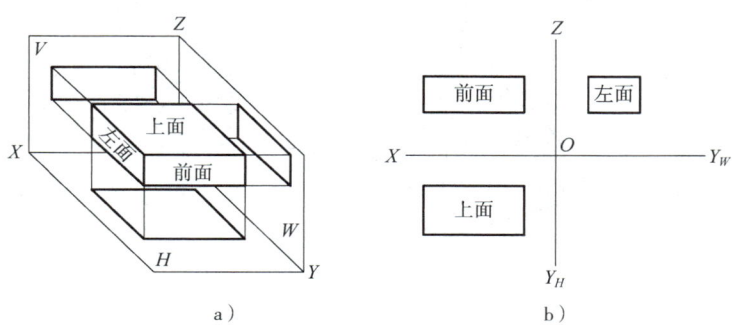

图 3-2 长方体的投影

V 面的矩形反映长方体前、后面的实形，矩形的边框是上、下、左、右四个面的积聚投影；H 面的矩形反映上、下面的实形，矩形的边框是左、右、前、后四个面的积聚投影；W 面的矩形反映左、右面的实形，矩形的边框是上、下、前、后四个面的积聚投影。

2. 棱柱体

棱柱体是由两个互相平行且全等的上、下底面和矩形侧面组成，如图 3-3 所示。

将棱柱体放置在三面投影体系中，使其上、下底面平行于 W 面，其余各面均垂直于 W 面，如图 3-4a 所示。作该三棱柱的投影，可先作其 W 面投影。作 V、H 面的投影时，可先作其上、下底面的积聚投影，再作出侧表面的投影，如图 3-4b 所示。

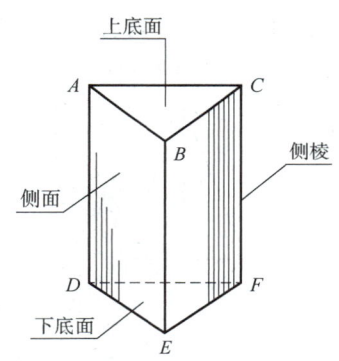

图 3-3 棱柱体

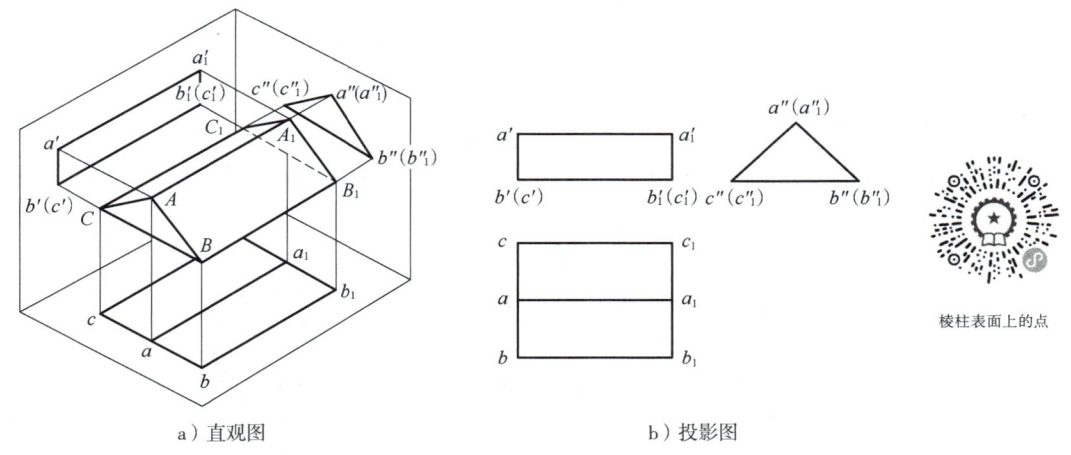

a）直观图   b）投影图

图 3-4 三棱柱的投影

3. 棱锥体

棱锥体是由一个底面和若干个侧面围成的，底面为多边形，侧面均为三角形，各条侧棱交于顶点，如图 3-5 所示。

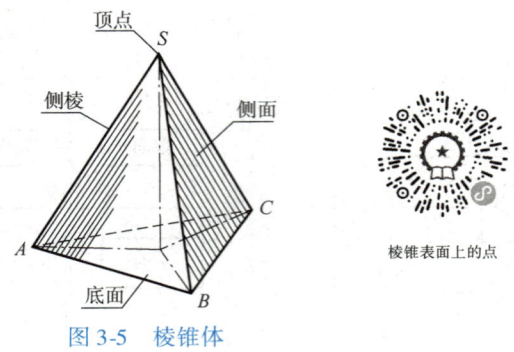

图 3-5 棱锥体

如图 3-6a 所示，将五棱锥放置于三面投影体系中，使其底面平行于 H 面。作五棱锥的投影时，先作出其 H 面投影。作 V 面、W 面的投影时，可先作其下底面的积聚投影和顶点投影，如图 3-6b 所示。

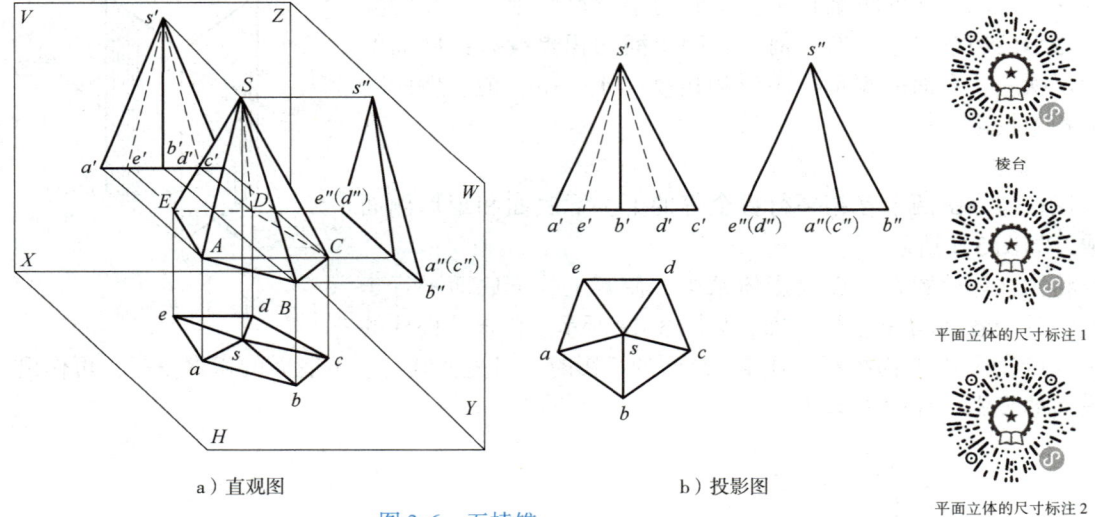

a）直观图　　　　　　　　　b）投影图

图 3-6 五棱锥

3.1.2 曲面体的投影

表面由曲面或由曲面和平面围成的形体称为曲面体。常见的曲面体有圆柱体、圆锥体、圆台、圆球等，如图 3-7 所示。

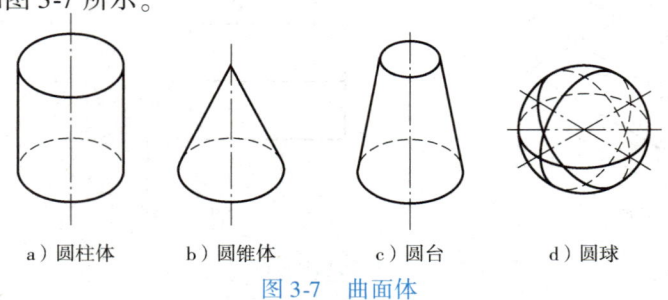

a）圆柱体　　b）圆锥体　　c）圆台　　d）圆球

图 3-7 曲面体

1. 圆柱体

圆柱体的表面是由上、下底面和圆柱面围成。上、下两个底面是两个相互平行且大小完全相同的圆；圆柱面可以看作是一直线与其平行的轴线旋转形成的曲面，旋转的直线称为母线，母线转到任意位置时的直线称为素线，每一条素线都垂直于上、下底面，如图3-8a所示。

将圆柱体放置在三面投影体系中，使其上、下底面平行于H面，圆柱面垂直于H面，如图3-8b所示。

圆柱体的H面投影是一个圆，该圆是圆柱体上、下底面的实形，圆周是圆柱面的积聚投影。圆柱体的V面投影是矩形，该矩形的上、下两条水平线分别是上、下底面的积聚投影；矩形的左、右两边分别是圆柱面上最左和最右两条素线的投影，这两条素线是圆柱正面投影的可见部分与不可见部分的分界线，称为轮廓素线。

圆柱体的W面投影也是矩形，该矩形的上、下两条水平线分别是上、下底面的积聚投影；矩形的左、右两边分别是圆柱面上前、后两条轮廓素线的投影，如图3-8c所示。

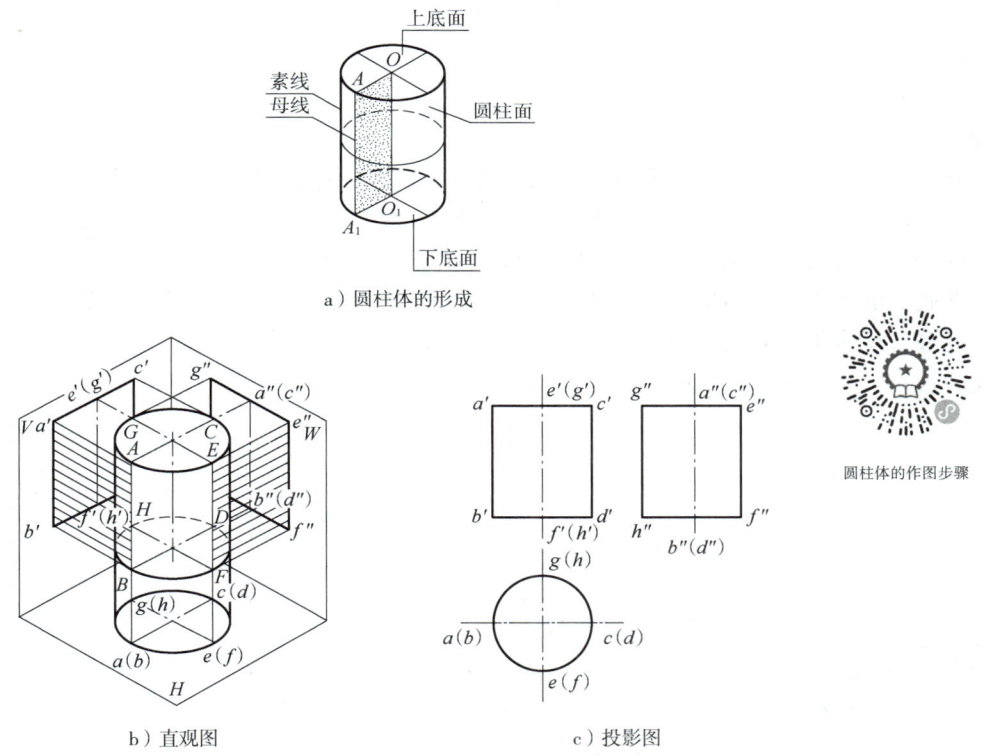

图3-8 圆柱体的形成及投影

2. 圆锥体

圆锥体是由一个底面和圆锥面围成。圆锥体的形成可以看作是直角三角形SAO绕其直角边SO旋转而成，斜边SA称为母线，S称为锥顶。圆锥表面上通过S点的任意直线称为圆锥面的素线，如图3-9a所示。

将圆锥体放置在三面投影体系中，如图3-9b所示，使其底面平行于H面。可先作圆锥的 H 面投影，即一个圆，这个圆可以表示圆锥体底面的投影，也可以表示圆锥面的投影，其圆心为圆锥顶 S 的投影。

圆锥体的 V 面、W 面投影均为等腰三角形，等腰三角形的两等边表示圆锥面两条轮廓素线的投影，另一边表示底面的积聚投影，如图 3-9c 所示。

圆锥体的作图步骤

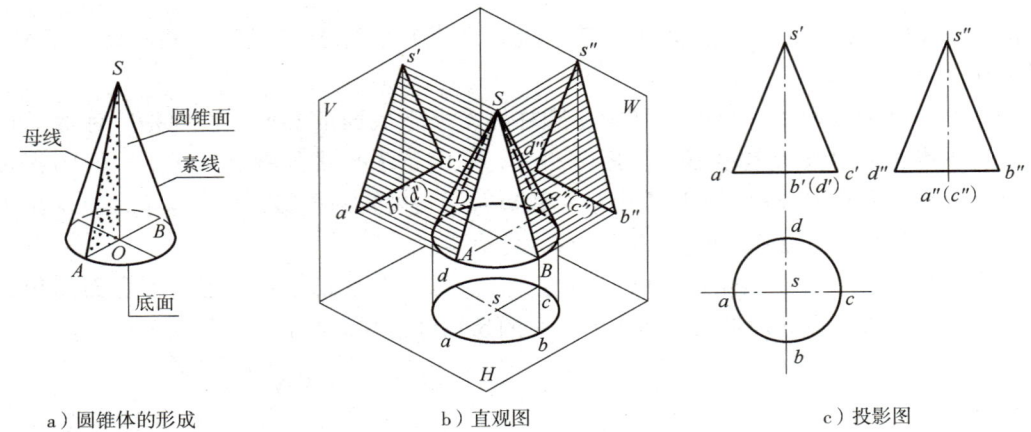

a）圆锥体的形成　　　　b）直观图　　　　c）投影图

图 3-9　圆锥体的形成及投影

3. 圆台

将圆锥体用平行于底面的平面切割去上部，余下的部分称为圆台，如图 3-10a 所示。圆台由上、下底面和圆台面围成。将圆台放置在三面投影体系中，使其上、下底面与 H 面平行，如图 3-10b 所示。圆台的 H 面投影为两个直径不等的同心圆，反映上、下底面的实形。圆台的 V 面、W 面投影都是等腰梯形，梯形的高为圆台的高，上底长度和下底长度分别是圆台，上、下底圆的直径，两对边为相应轮廓素线的投影，如图 3-10c 所示。

制作圆台投影图

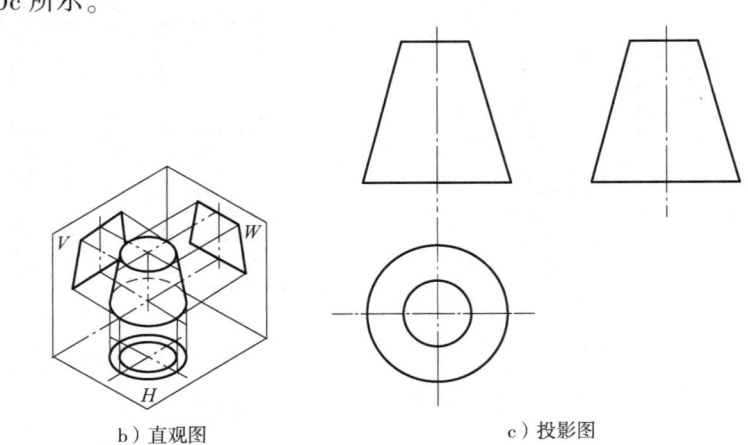

a）圆台的形成　　　　b）直观图　　　　c）投影图

图 3-10　圆台的形成及投影

4. 圆球

圆球是由球面组成的，如图 3-11a 所示。圆球面可以看作是由一条圆母线以其直径为回转轴旋转而成。将球体放置在三面投影体系中，其在三个投影面上的投影均为与圆球直径相等的圆，如图 3-11b 所示。

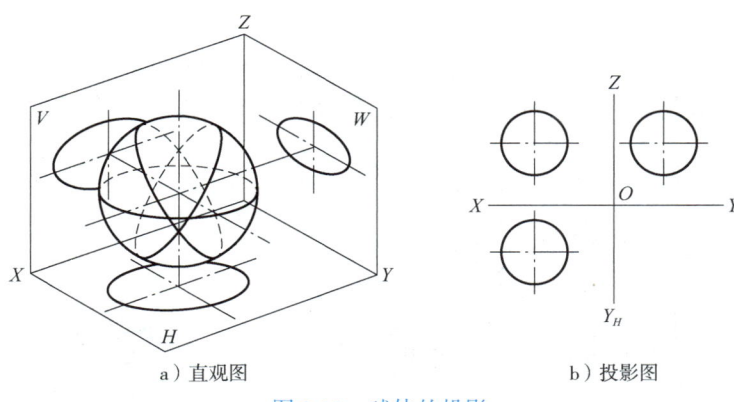

a）直观图 b）投影图

图 3-11　球体的投影

3.2　建筑形体投影图的画法

3.2.1　组合体的类型

常见的形体组合方式有三种：

1）叠加式。由两个或两个以上基本形体堆砌或拼合而成，如图 3-12 所示。
2）切割式。由一个基本形体切割掉某些部分而成，如图 3-13 所示。
3）混合式。由叠加式和切割式混合而成的组合体，如图 3-14 所示。

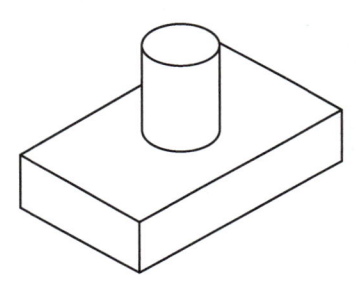

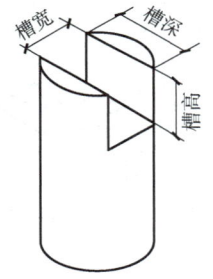

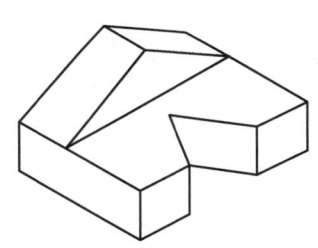

图 3-12　叠加式组合体　　　图 3-13　切割式组合体　　　图 3-14　混合式组合体

3.2.2　组合体的视图

1. 叠加式组合体

组合体的主要部分由若干个基本形体叠加而成。根据形体相互间的位置关系，叠加式组合体又分为叠合、相交、相切三种方式，如图 3-15 所示。

房屋的形体分析及
三面正投影图

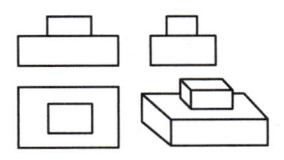　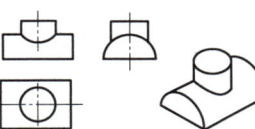　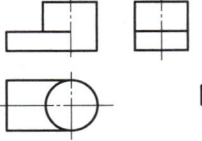

a）叠合式组合体　　　　b）相交式组合体　　　　c）相切式组合体

图 3-15　叠加式组合体

2. 切割式组合体

从一个基本形体上切割去若干基本形体而形成的组合体被称为切割式组合体。如图 3-16 所示的组合体可看成是在一个长方体 A 的左、右面中上部各挖去一个长方体 B 而形成的几何体。

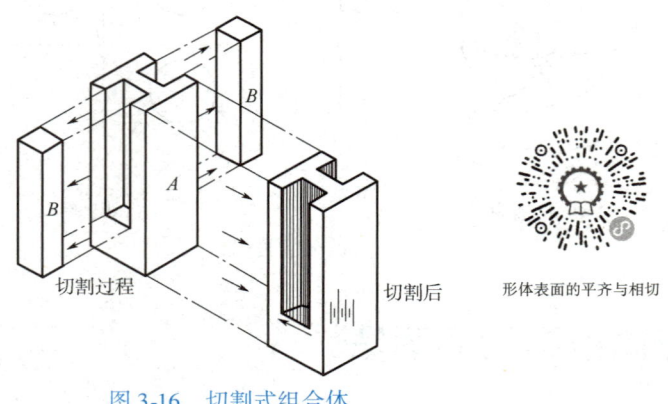

图 3-16 切割式组合体

3. 混合式组合体

既有叠加又有切割而形成的几何体，如图 3-17 所示。

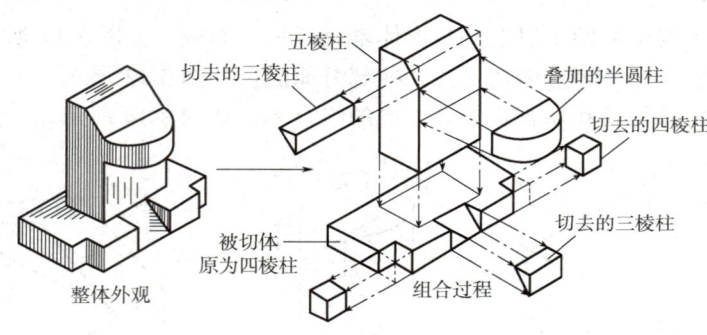

图 3-17 混合式组合体

3.2.3 组合体视图的画法步骤

画组合体的投影图时，可先将组合体分解成若干个基本形体或简单形体（包括被挖切的部分），并分析它们各自的形状和相互之间的位置关系，逐一解决它们的画图问题，然后再加以综合，完成该组合体的投影图。这种把一个形体分解成若干个基本形体或简单形体的方法，称为形体分析法。形体分析是画组合体投影图的首要步骤。

1. 形体分析

对组合体进行形体分析，就是对形成组合体的各个基本形体或简单形体（包括被挖切部分）的相对位置和组成特点进行分析，并根据作图方便的原则分解组合体。

如图 3-18 所示的小门斗，用形体分析的方法可以把它看成是由六个基本几何体组成的。主体部分由下而上分别是横放的长方体底板、竖放的四棱柱和横放的三棱柱，同时，长方体底板上切去了一个小长方体，中间的四棱柱上挖去了一个小四棱柱，上面的三棱柱上挖去了一个半圆柱。

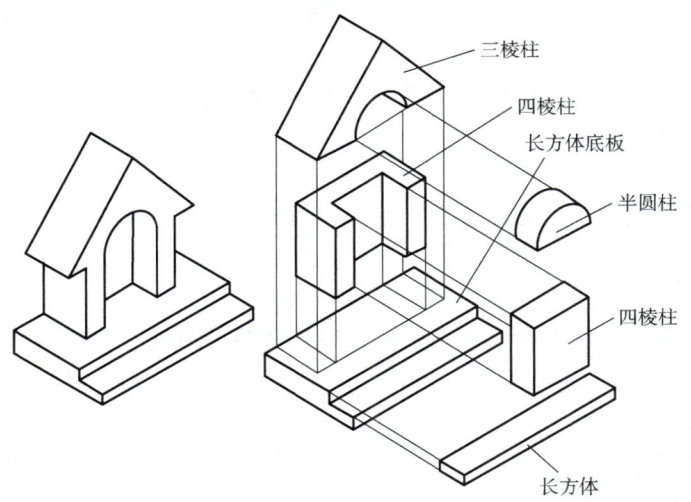

图 3-18 小门斗的形体分析

2. 视图选择

视图选择的原则是用较少的投影图把形体表达完整、清楚。形体的投影虽然与形体本身的形状有关，但更重要的在于形体与投影面的相对位置。因此，视图选择就是要确定形体在三投影面体系中放置的方位以选择其正面投影。

形体的正面投影应选择形体的主要面或特征面。因此，形体在三投影面体系中放置的方位，通常是按其正常工作的方位放置，比较符合人的视物习惯。同时，使形体的主要面或特征面平行于正立投影面，使形体的正面投影尽量反映形体各部分的形状和相对位置，这一步也称为定主视。

在完整表达形体形状的一组投影图中，正立投影图常作为主要的投影图，反映形体的形状特点，因而习惯称为主视图。

如图 3-19 所示为小门斗的视图选择。从 A 方向看到的形体面能够比较完整地反映形体的形状特征，且投影图不会出现虚线，可以作为形体的主视图方向。而从 B 方向看到的形体面不能真实表现形体的形状特点，并且投影图中还会出现虚线，因而不宜作为形体的主视图方向。

形体的正面投影一经确定，其他投影也会随之而定。当然，视图选择也不是绝对的，应根据具体情况进行综合分析。在完整表达形体的前提下，应尽量减少投影图数量，并使作出的图形清晰、虚线少。

3. 画图

在完成形体分析，选择正面投影后，就可以开始作图了。对分解后的形体作投影图，方法一般有两种：一是三个投影图同步进行；二是三个投影图逐个完成。两种方法各有优缺点，前者适用于复杂形体，便于单个线、面的对照作图，后者适用于简单形体，可加快作图速度，具体作图时，也可两者穿插进行。

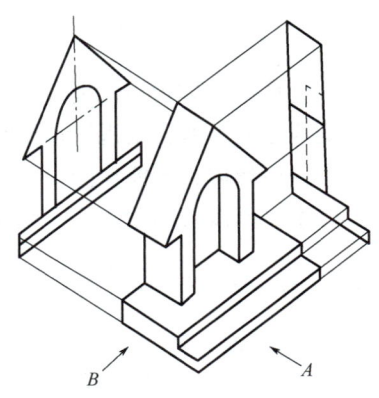

图 3-19 小门斗的视图选择

以图 3-20 所示的小门斗三面投影的画法为例，说明画组合体投影图的一般步骤：

（1）布置图面

根据绘图比例和投影图数量选定图幅，并用中心线、对称线或者基线，在图幅内定好各投影图的位置，如图 3-20a 所示。

（2）画底稿线

根据形体分析的结果，用细线顺次、逐个地画出各基本形体的三面投影，如图 3-20b~e 所示。

（3）加深图线

对底稿进行检查校对，经确认无误后按线型规格加深图线，如图 3-20f 所示。

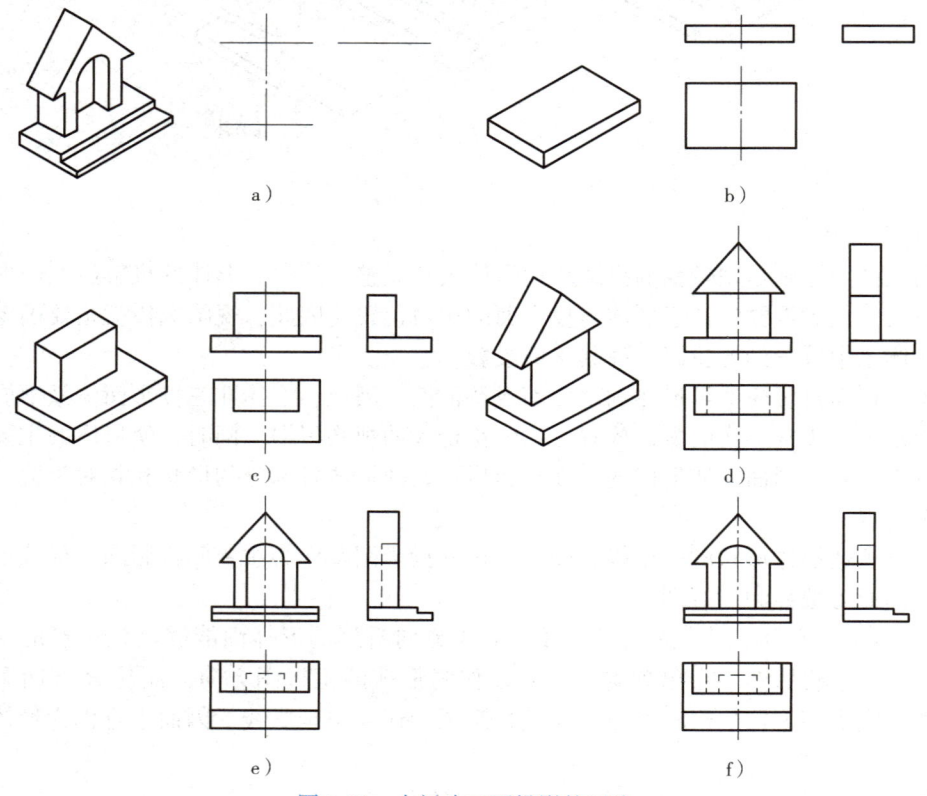

图 3-20 小门斗三面投影的画法

完成的形体投影图要注意正确表达各基本形体之间的表面连接关系，它们相互叠合时产生的交线是否保留，要视原形体结构具体对待。要注意组合体是一个完整的形体，分解组合体是为了分析形体，方便作图。为了保持组合体形体的完整性，其各个组成部分的结合处不能出现形体本身所没有的轮廓线。同时，还要注意保持各基本形体在组合体中的相对位置不能改变。

3.2.4 组合体视图的识读

1. 识读方法

（1）形体分析法

形体分析法是在组合体投影图上分析其组合方式、组合体中各基本体的投影特性、表面连接以及相对位置关系，然后综合起来想象组合体空间形状的分析方法。一般来说，一组投影图中总有某一投影反映形体的特征相对多些，比如正立面投影通常用于反映物体的主要特征。

所以从正立面投影（或其他有特征的投影）开始，结合另两面投影进行形体分析，就能较快地想象出形体的空间形状。但有时特征投影并不集中在一个投影上，而是散落在几个投影中，这时就需要一个一个地抓特征，注意相互间的位置，运用形体分析法来想象。

如图3-21所示的投影图，特征比较明显的是 V 面投影，结合观察 W 面、H 面投影可知，该形体是由下部两个长方体上叠加一个中间偏后位置的长方体（后表面与下部长方体的后表面平齐），然后再在其上叠加一个宽度与中间长方体相等的半圆柱体组合而成。在 W 面投影上主要反映了半圆柱、中间长方体与下部长方体之间的前后位置关系；在 H 面投影上主要反映下部两个长方体之间的位置关系。综合起来就可以很容易地想象出该组合体的空间形状。

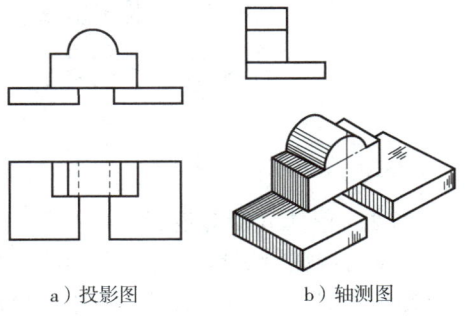

a）投影图　　b）轴测图

图3-21　形体分析法

（2）线面分析法

为了读懂较复杂组合体的投影图，还需用另一种方法——线面分析法。它是由直线、平面的投影特性，分析投影图中某条线或某个线框的空间意义，从而想象其空间形状，最后联想出组合体整体形状的分析方法。

观察图3-22a所示投影图，并注意各图的轮廓特征，可知该形体为切割体。因为 V、H 面投影有凹角，且 V、W 面投影中有虚线。那么 V、H 面投影中的凹形线框代表什么意义呢？经"高平齐""宽相等"对应 W 面投影，可得一条斜直线，如图3-22b所示。根据投影面垂直面的投影特性可知，该凹字形线框代表一个垂直于 W 投影面的凹字形平面（即侧垂面）。结合 V 面、W 面的虚线投影，可想象出该形体为一个有侧垂面的四棱柱切去一个小四棱柱后所得的组合体，如图3-22b所示。

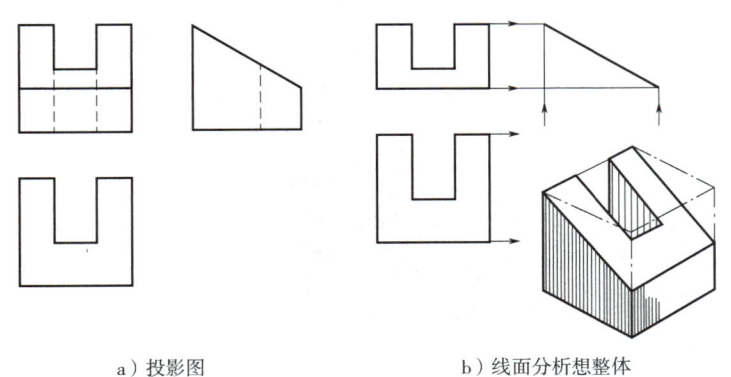

a）投影图　　b）线面分析想整体

图3-22　线面分析法

2. 识读步骤

（1）认识投影抓特征

通过已知条件有几个投影图，并注意找出其中的特征投影。如图3-23所示，柱头的投影有三个，V面投影反映了柱头构造的主要特征，上部为大梁、下部为柱子，梁下的凸出部分为梁托，H面、V面投影反映了这些构件之间的位置关系。

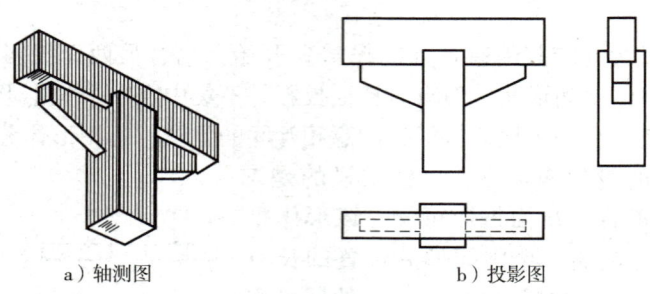

a）轴测图　　　　　　　　　　b）投影图

图 3-23　柱头的投影

（2）形体分析对投影

找出特征投影后，就着手形体分析。首先注意组合体中各基本体的组成、位置及表面连接关系。图 3-23 所示柱头各构件均为四棱柱体，叠加时以柱子为中心，上部为大梁，左右为托梁，柱子与其他构件的前后表面不平齐，所以在 H 面、V 面上梁托与大梁前后表面投影与柱身的投影之间有错落不重合，H 面上梁托不可见，用虚线表示。然后利用"三等关系"对投影，检查分析结果是否正确。

（3）综合起来想整体

对于图 3-23 所示的投影图经过上述两步的分析，即可想象出图中所给的立体形状了。形体的投影图比较复杂、较难理解时，就需进行线面分析。

（4）线面分析攻难点

用线面分析法对难理解的线和线框，根据其投影特点进行分析，同时根据本节中提出的线和线框的意义进行判断和选择，然后想象出形体细部或整体的形状。如图 3-22 所示的分析过程就是一个例子。

【例 3-1】已知某组合体如图 3-24 所示，求它的三面正投影图。

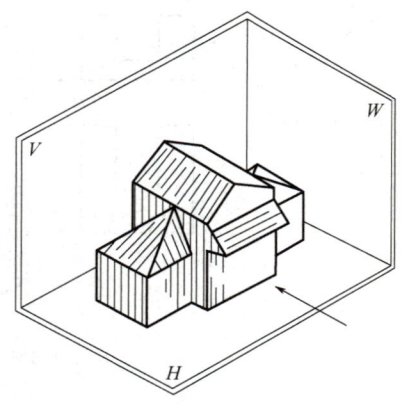

图 3-24　某组合体

对线的意义的确定，有时可以按下列顺序进行：首先把此线的投影暂定为平面的积聚投影，然后对投影，看是否符合平面的投影特性；如果不符合，则此线可能为棱线的投影；如果对投影也不符合棱线的投影特性，则必为转向线的投影。

综上所述，线的意义的确定顺序为：平面的积聚投影→棱线的投影→曲面体上转向线的投影。

对线框的意义的确定也可按顺序进行：首先把线框定为平面的投影，然后去对应其他投影，看是否符合平面的投影特性；如果不符合，则可能是曲面的投影；如果对投影也不符合曲面的投影特性，则必为孔、洞、槽或凸出体的投影。

3.3 形体（组合体）的尺寸标注

3.3.1 基本体的尺寸标注

基本体的尺寸，应按物体的形状特点进行标注。常见的基本体尺寸标注方法如图 3-25 所示。

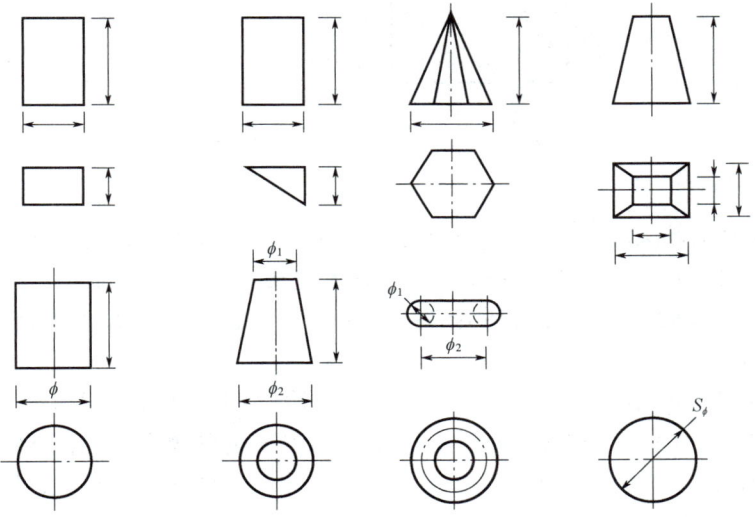

图 3-25 基本体的尺寸标注

3.3.2 组合体的尺寸标注

在组合体视图上标注尺寸，必须标注"齐全、清晰、正确"。

1. 尺寸齐全

尺寸齐全就是指所注尺寸能够完全确定物体各组成部分的大小以及它们之间的相互位置关系和组合体的总体大小。因此，标注组合体尺寸时，必须在形体分析的基础上先选择尺寸基准，然后再标注定形尺寸、定位尺寸和总体尺寸。

（1）尺寸基准

标注定位尺寸时，首先要选择定位尺寸的起点，即尺寸基准。物体的长、宽、高方向上至少各有一个尺寸基准。一般选组合体的对称平面、大的或重要的底面、端面或回转体的轴线等作为尺寸基准。

工程图中的尺寸基准是根据设计、施工、制造的要求确定的。一幅已标注好尺寸的视图可用如下方法来判断尺寸基准：视其定位尺寸从哪个部位注出。如图 3-26 所示闸室长、宽、高三个方向的尺寸基准。

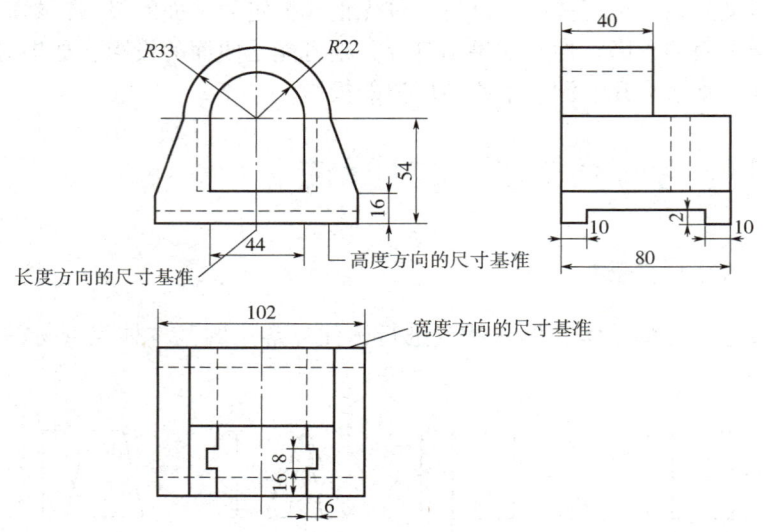

图 3-26　闸室的尺寸标注及尺寸基准的确定

（2）定形尺寸

确定各基本体形状大小（长、宽、高）的尺寸称为定形尺寸。如图 3-26 中的定形尺寸有：正视图中的 16、俯视图中的 102、左视图中的 80 是底板高、长、宽的尺寸。边墩的定形尺寸为长：（102—44），（$R33-R22$）；宽 80；高（54—16）。拱圈的定形尺寸为 $R33$、$R22$。

（3）定位尺寸

确定各基本体之间相对位置（上下、左右、前后）的尺寸称为定位尺寸。定位尺寸要直接从基准注出。如图 3-26 中定位尺寸有：正视图中决定拱圈高度定位 54，左右位置可由中心线确定；俯视图中 16 为门槽宽度方向的定位尺寸，其他部位由于左右相贴，前后靠齐，不必再标注定位尺寸。

（4）总体尺寸

确定物体总长、总宽、总高的尺寸称为总体尺寸。如图 3-26 中总体尺寸有：总长 102；总宽 80；总高（54 + $R33$）。

2. 尺寸清晰

1）尺寸要标注完整、清晰、易读、不重复。如图 3-26 中边墩长已由（102—44）注出，不需重复标注。

2）为使所注尺寸清晰、易读，尽可能避免在虚线上标注尺寸。

3）半径尺寸应注在反映圆弧的视图上，而直径尺寸则应注在反映矩形（非圆视图）的视图上。

4）为方便读图，尺寸最好注在图形之外，并布置在两视图之间。

5）为便于读图，定形、定位尺寸应尽量集中在一个视图中。

6）为使图面清晰，图形中的尺寸应小尺寸在内、大尺寸在外。

尺寸标注中的注意事项

素质拓展案例

建筑形体

在日常生活中，建筑物随处可见，特别是在繁华城市地带，我们能看到各种各样的建筑物，有方形办公楼、椭圆形体育馆、不规则形商场等。那它们的投影是什么形状的？

自古以来许多建筑都十分注重形体，建筑物的外部形体是内部空间和结构型式的反映。而建筑物的形体又是形成外部空间的手段，因此建筑形体不是一种独立自在的因素，它同时要受到内外两方面空间的制约。

建筑物不论形体怎样复杂，都是由一些基本的几何形体组合而成。只有在功能和结构合理的基础上，使这些要素巧妙地结合成为一个有机的整体，才能具有完整统一的效果。组成整体的要素必须主从分明而不能平均对待各自为政。现在许多新建筑，尽管在形体组合上千变万化，和传统的形式大不相同，但万变不离其宗，都必须遵循完整统一的原则。

本章小结

通过学习本章的内容，使同学们了解基本形体的投影，掌握组合体的视图画法、识读，掌握形体（组合体）的尺寸标注。通过本章的学习，同学们可以对基本体与组合体的投影有一定的认识，为以后继续学习建筑识图相关知识打下基础。

实训练习

一、单项选择题

1. 长方体的三面正投影均为（　　）。
   A. 矩形　　　　　　B. 正方形　　　　　C. 平行四边形　　　D. 三角形
2. 棱锥体的底面、侧面投影图分别为（　　）。
   A. 三角形、多边形　　　　　　　　　B. 多边形、三角形
   C. 三角形、四边形　　　　　　　　　D. 四边形、三角形
3. 圆台的投影图为（　　）。
   A. 两个大小不同的圆　　　　　　　　B. 一个圆
   C. 一个圆和一个点　　　　　　　　　D. 两个圆和一个点

二、多项选择题

1. 组合体的类型包括（　　）。
   A. 叠加型　　　　B. 切割型　　　　C. 分离型　　　　D. 混合型
   E. 分开型
2. 尺寸标注的要点有（　　）。
   A. 标准　　　　　B. 齐全　　　　　C. 清晰　　　　　D. 正确
   E. 规范

3. 常见的曲面体有（　　）。
   A. 圆柱体　　　　B. 圆锥体　　　　C. 三棱锥　　　　D. 圆台
   E. 圆球

三、简答题
1. 组合体视图的识读方法及其概念。
2. 组合体视图的画法步骤。

实训工作单

班级		姓名		日期	
教学项目		形体投影			
学习项目	形体投影的画法与尺寸标注		学习要求	了解平面体与曲面体的投影，掌握组合体投影的画法与尺寸标注	
相关知识					
其他内容					
学习记录					
评语				指导老师	

第 4 章

剖面图和断面图

【学习目标】

1. 了解剖面图。
2. 了解断面图。

【素质目标】

引用名言结合实际与课程内容联系起来,让学生能更好地理解课程内容,拓展课外知识,感受中华文化。

【教学要求】

本章要点	掌握层次	相关知识点
剖面图	掌握剖面图种类及画法	剖面图种类、画法
断面图	掌握断面图种类及画法	断面图种类、画法

【项目案例导入】

剖面图与断面图都是用来表达建筑构件内部结构的。某次课堂上,老师要求每位学生画出某图形的剖面图与断面图,该图形的剖面图与断面图形状恰巧一样,但长度不同,有同学就把这两种图形混淆了。

【项目问题导入】

请阅读项目案例,分析剖面图与断面图的区别与联系?

4.1 剖面图

4.1.1 剖面图的形成

如图 4-1a 和图 4-2a 所示,假想用一个剖切平面将形体剖开,移去剖切平面与观者之间的部分形体,将剩下的部分形体向投影面投影,所得到的投影图称为剖面图,简称剖面,如图 4-1b 和图 4-2b 所示。

从剖面图的形成过程可以看出,形体被剖开并移去剖切平面与观者之间的部分形体以后,其内部构造即显露出来,使形体内部原本看不见的部分变成看得见的了,所以在剖面图中虚线变成了实线。

在绘制剖面图时，剖面图除应画出剖切面剖切到部分的图形外，还应画出沿投影方向看到的部分，被剖切面剖切到部分的轮廓线用粗实线绘制，剖切面没有剖切到但沿投影方向可以看到的部分用中实线绘制。被剖切面剖切到的部分在同一个平面内，称为断面。在剖面图中，规定在断面内画出建筑材料图例，以区分断面（剖到的）和非断面（看到的）部分。各种建筑材料图例必须遵照制图标准规定的画法，同学们需要掌握常见的材料图例画法。如图 4-1 和图 4-2 的断面上所画的是混凝土图例。通过画出的材料图例，在剖面图中还可以知道建筑构配件是用什么材料做成的。在不指明材料时，可以用等间距、同方向的 45°细斜线表示断面。

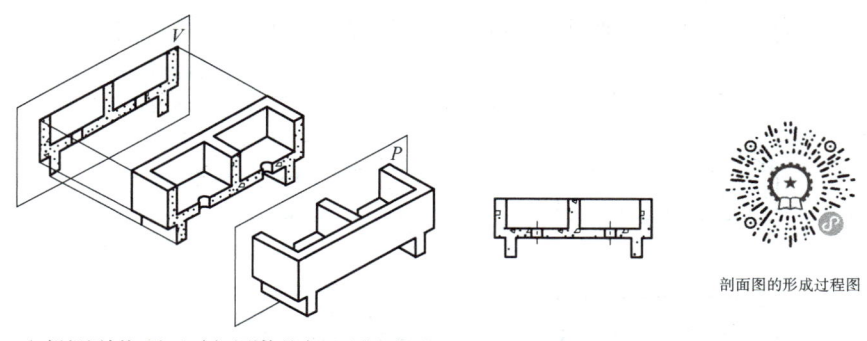

a）假想用剖切平面 P 剖开形体并向 V 面进行投影　　b）V 向剖面图

图 4-1　V 向剖面图的形成及画法

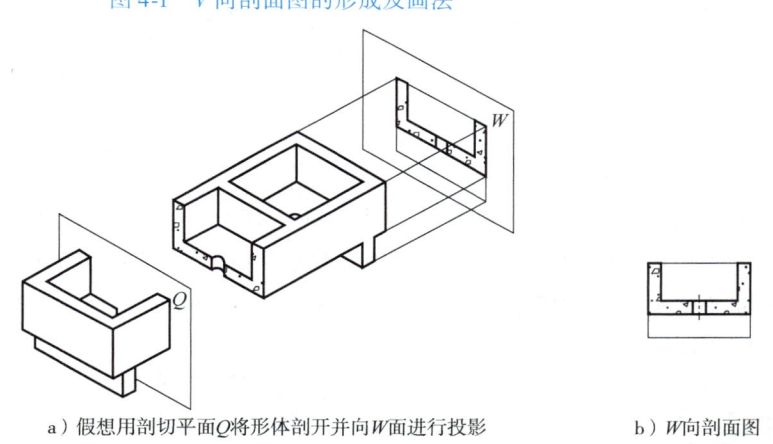

a）假想用剖切平面 Q 将形体剖开并向 W 面进行投影　　b）W 向剖面图

图 4-2　W 向剖面图的形成及画法

作剖面图时，一般使剖切平面平行于基本投影面，从而使断面的投影反映实形。同时，要使剖切平面尽量通过形体上的孔、洞、槽等隐蔽形体的中心线，以将形体内部尽量表示清楚。剖面图中不可见线一般不画。

4.1.2　剖面图的种类

1. 全剖面图

用一个剖切面将形体全部剖开后画出的剖面图称为全剖面图。它一般用于一个剖切面剖切后能把形体内部构造表达清楚的情况，如图 4-3 所示。

全剖面图

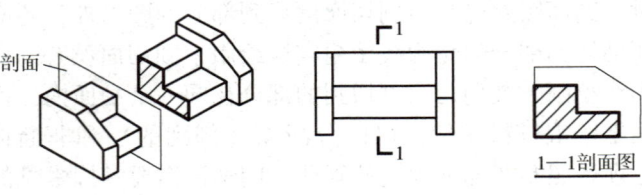

图 4-3　全剖面图

2. 半剖面图

对称形体的剖切，可以用对称符号为界，一半画外形，一半画剖面，称为半剖面图，如图 4-4 所示。它不仅可以表示出形体的外形，还可以表示出形体的内部构造。

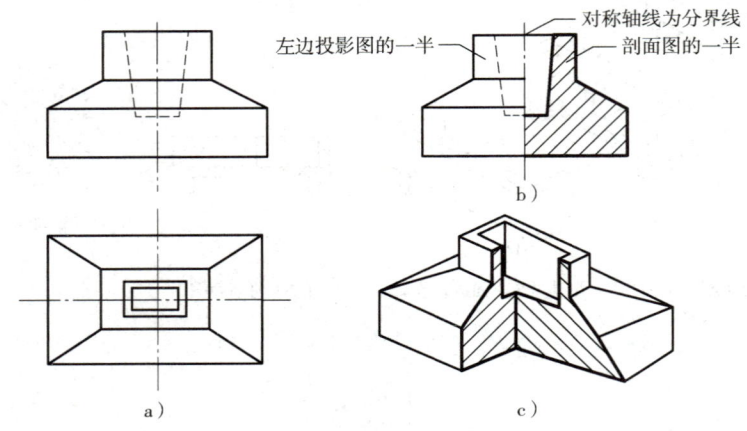

图 4-4　半剖面图

3. 阶梯剖面图

用两个或两个以上的互相平行的剖切平面将形体剖切开，得到的剖面图称为阶梯剖面图。其剖切位置线的转折处应用两个端部垂直相交的粗实线画出。在转折处剖切所产生的形体的轮廓线在剖面图中不应该画出来，如图 4-5 所示。它一般用于一个剖切面无法将形体内部构造表达清楚的情况。

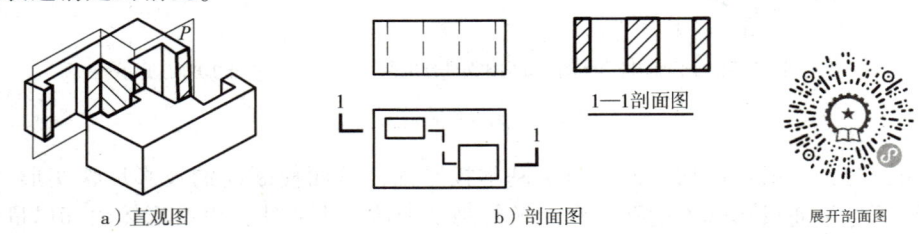

图 4-5　阶梯剖面图

4. 局部剖面图和分层剖面图

当仅需要表达形体的某局部内部构造时，可以将该局部剖切开，只作该部分的剖面图，称为局部剖面图。图 4-6 所示为基础局部剖面图，以表达基础的钢筋配置情况。

对一些具有不同层次构造的建筑构件，可按实际需要，用分层剖切的方法获得剖面图，称为分层剖面图。图 4-7 所示是用分层剖面图表达地面的构造做法。

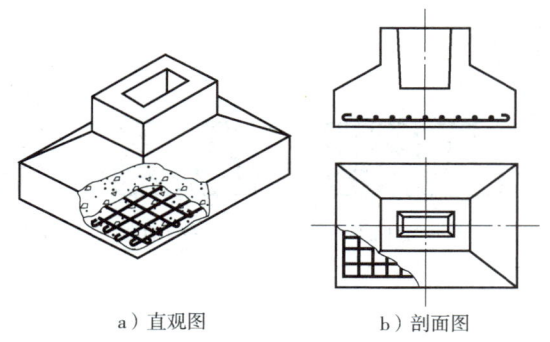

a）直观图　　　　　b）剖面图

图 4-6　基础局部剖面图

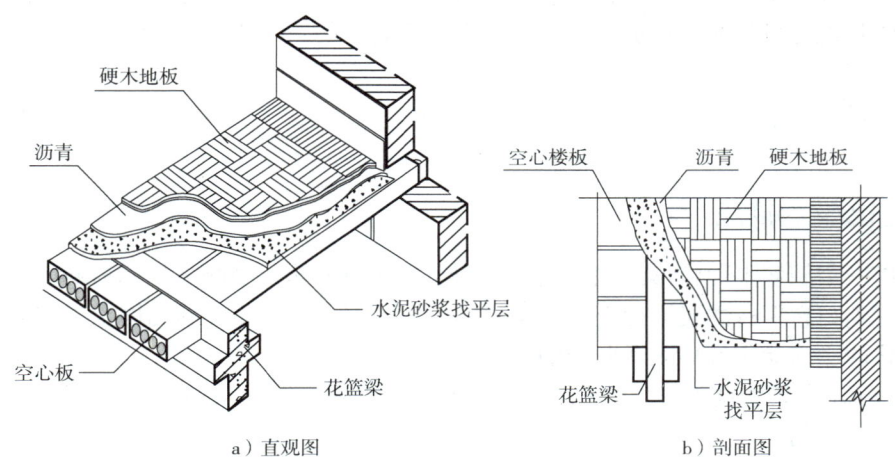

a）直观图　　　　　　　　　　　　b）剖面图

图 4-7　分层剖面图

画局部剖面图和分层剖面图时，外形与剖面之间以及剖面部分之间是以徒手画的波浪线为分界线，波浪线不应与任何图线重合。

4.1.3　剖面图的画法

1. 剖面图的剖切符号

根据《房屋建筑制图统一标准》（GB/T 50001—2017）对剖面图的规定，剖切符号由剖切位置线及剖视方向线组成，均以粗实线绘制。剖切位置线长度宜为 6~10mm；剖视方向线应垂直于剖切位置线，长度宜为 4~6mm。图 4-8 中的 2—2 剖面即表示剖视方向向右。剖切符号不应与其他图线相接触。

剖面图绘制要求

剖切符号编号宜为阿拉伯数字，按剖切顺序由左至右、由下向上连续编排，并注写在剖视方向线的端部，如 1—1、2—2 等。在剖面图的下方应写上带有编号的图名，如"×—×剖面图"，如图 4-8 所示。

2. 剖面图中的线型

在剖面图中，被剖切面剖切到部分的轮廓线用粗实线绘制，剖切面没有剖切到，但沿投射方向可以看到部分的轮廓线用中实线绘制，一般不再画不可见轮廓线。

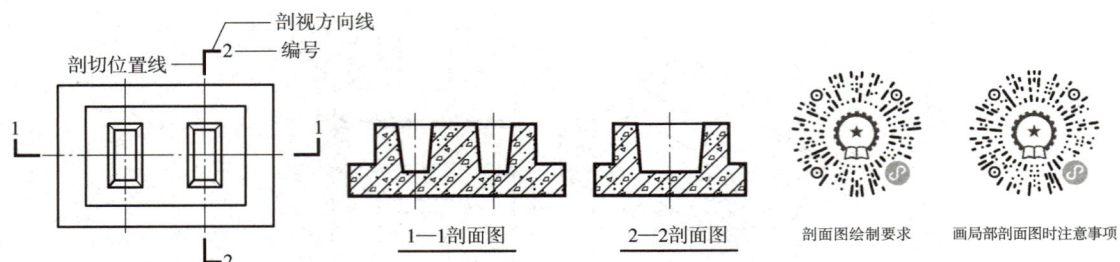

图 4-8 剖切符号标注

3. 剖面图中的材料图例

剖面图中被剖切处的截面部分，应按国家标准规定画出形体相应的材料图例。若图上没有注明形体是何种材料时，截面轮廓线范围内用等间距的 45°细实线表示。

4.2 断面图

4.2.1 断面图的形成

剖面轴测图的画法

假想用一个剖切平面将形体剖开之后，剖切平面与形体接触的部位称为断面，如果把这个断面投射到与它平行的投影面上，所得到的投影，就是断面图。断面图也是用来表示形体的内部形状的，它能很好地表示断面的实形。

图 4-9 所示为带牛腿的工字形柱子的 1—1、2—2 断面图，从图中可以看出该柱子上柱与下柱的形状不同。

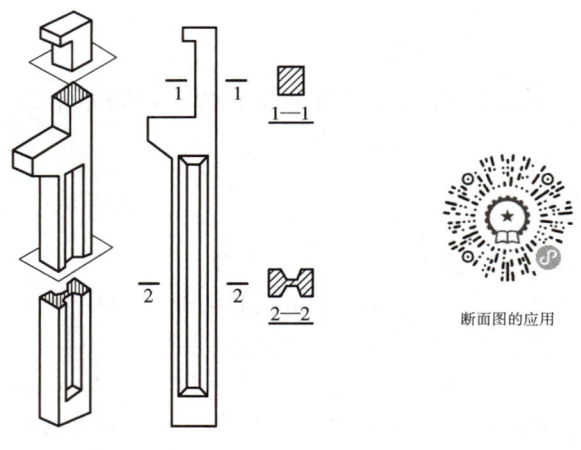

图 4-9 断面图的标注

4.2.2 断面图的种类

断面图分为移出断面图、重合断面图和中断断面图三种。

1. 移出断面图

画在视图外的断面图，称为移出断面图。移出断面图的轮廓线用粗实线绘制，轮廓线内画图例符号,如图 4-10 所示,梁的断面图中画出了钢筋混凝土的材料图例。断面图应画在形体投影图的附近,以便于识读;此外,断面图也可以适当地放大比例,以利于标注尺寸和清晰地显示其内部构造。

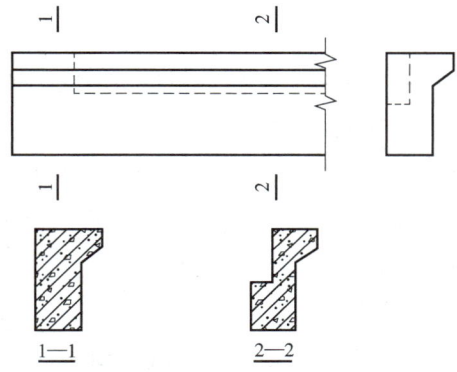

图 4-10　梁的移出断面图

当一个形体有多个断面图时,可以整齐地排列在视图的四周。如图 4-11 所示为梁、柱节点构件图,花篮梁的断面形状如 1—1 断面图所示,上方柱和下方柱分别用 2—2、3—3 断面图表示。这种处理方式适用于断面变化较多的形体,并且往往用较大的比例画出。

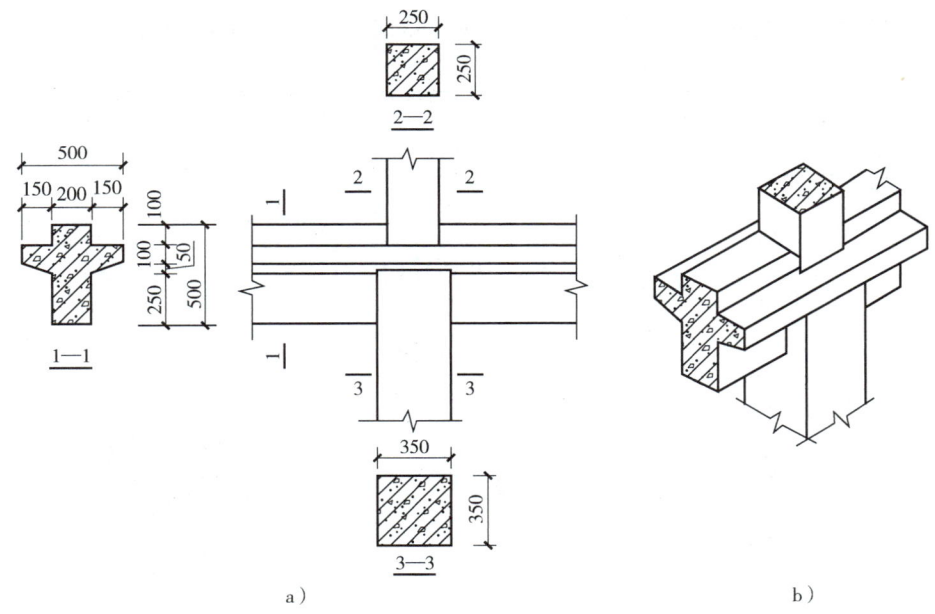

图 4-11　梁、柱节点断面图及构件图

2. 重合断面图

画在视图内的断面图称为重合断面图。重合断面图的图线与视图的图线应有所区别,当重合断面图的图线为粗实线时,视图的图线应为细实线,反之则用粗实线。如图 4-12 所示为一个槽钢和背靠背双角钢的重合断面图,断面图轮廓及材料图例画成细实线。

重合断面图不画剖切位置线亦不编号，图名沿用原图名。重合断面图通常在整个构件的形状一致时使用，断面图形的比例与原投影图形比例应一致。其轮廓线可能是闭合的，如图 4-12 所示，也可能是不闭合的，如图 4-13 所示，当不闭合时，应于断面轮廓线的内侧加画图例符号。

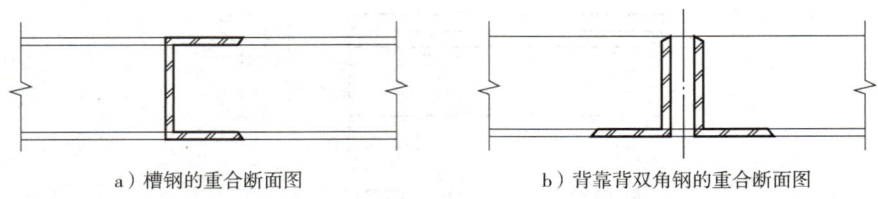

a）槽钢的重合断面图　　　b）背靠背双角钢的重合断面图

图 4-12　重合断面图（闭合）

3. 中断断面图

如形体较长且断面没有变化时，可以将断面图画在视图中间断开处，称为中断断面图。如图 4-14 所示，在 T 形梁的断开处，画出梁的断面，以表示梁的断面形状，这样的断面图不需标注，也不需要画剖切符号。

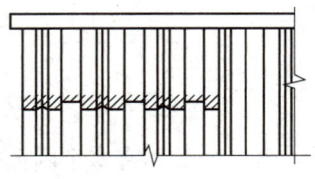

图 4-13　墙面的重合断面图（不闭合）

中断断面图的轮廓线用粗实线，断开位置线可为波浪线、折断线等，但必须为细实线，图名沿用原投影图的名称。钢屋架的大样图常采用中断断面图的形式表达其各杆件的形状，如图 4-15 所示。

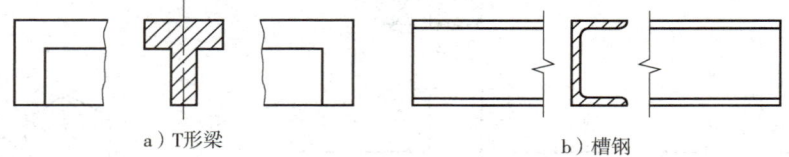

a）T 形梁　　　　　　　b）槽钢

图 4-14　中断断面图

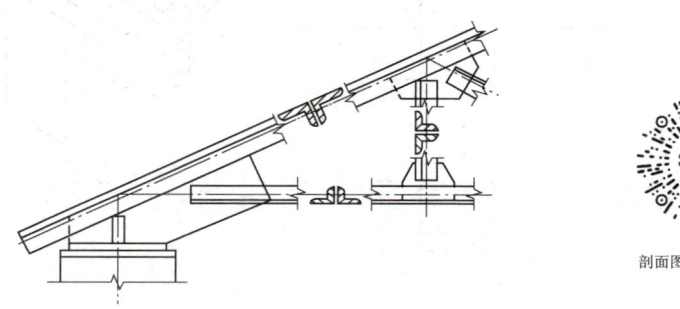

图 4-15　钢屋架采用中断断面图表示杆件

4.2.3　断面图的画法

1. 断面图的剖切符号

断面图的剖切符号只用剖切位置线表示，剖切位置线为 6～10mm 长的粗实线；编号宜采用阿拉伯数字，注写在剖切位置线的一侧；编号所在的一侧为该断面的剖视方向，如

图 4-16 所示。

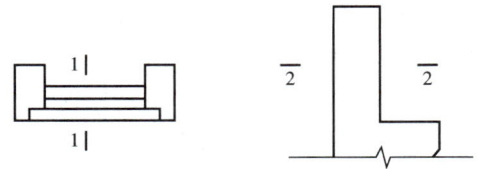

图 4-16 断面图的剖切符号

2. 断面图的线型及其他

断面图的线型、图名注写和材料断面图例等，均与剖面图相同。

断面图的标注

4.2.4 剖面图与断面图的区别

1) 断面图只画出物体被剖切后断面的投影，而剖面图除了要画出断面的投影，还要画出物体被剖开后剩余部分全部的投影。

2) 断面图是断面的投影，剖面图是形体剖切后体的投影。

3) 剖切符号不同。剖面图用剖切位置线、剖视方向线和编号来表示，断面图则只画剖切位置线与编号，用编号的注写位置来代表投射方向。

4) 剖面图的剖切平面可以转折，断面图的剖切平面不能转折。

5) 剖面图是为了表达物体的内部形状和结构，断面图常用来表达物体中某一局部的断面形状。

6) 在形体剖面图和断面图中，被剖切平面剖到的轮廓线都用粗实线绘制。

7) 剖面图中包含断面图，断面图是剖面图的一部分。

素质拓展案例

"十年树木，百年树人"是出自《管子·权修》的名言，意思为要使小树成为木料需要很长的时间，而培养一个人才则需要更长的时间，人才培养是长久之计，并且十分不容易。那么如何知道树木的年龄呢？在锯开的树木的横断面上可以看到一圈一圈的印痕，这就是树木的年轮，数一数横断面上有多少个圈，就能知道这棵树生长了多少年，还能看出该树当年的生长情况。在建筑图纸中，如果想知道建筑物内部结构的构造，各层楼地面构造及相关尺寸标高差等就需要建筑物的剖面图。

本章小结

通过学习本章的内容，使同学们掌握剖面图种类及画法，掌握断面图种类及画法，并对剖面图与断面图的区别有一定的认识，为以后继续学习建筑识图相关知识打下基础。

实训练习

一、单项选择题

1. 作剖面图时，一般使剖切平面（　　）于基本投影面。
   A. 垂直　　　　　B. 平行　　　　　C. 相交　　　　　D. 相切

2. 剖面图中不可见线一般为（　　）。
   A. 虚线　　　　　B. 实线　　　　　C. 粗线　　　　　D. 不画
3. 用一个剖切面将形体全部剖开后画出的剖面图称为（　　）。
   A. 半剖面图　　　B. 分层剖面图　　C. 全剖面图　　　D. 局部剖面图
4. 用两个或两个以上的互相平行的剖切平面将形体剖切开，得到的剖面图称为（　　）。
   A. 半剖面图　　　B. 分层剖面图　　C. 全剖面图　　　D. 阶梯剖面图
5. 假想用一个剖切平面将形体剖开之后，剖切平面与形体接触的部位称为（　　）。
   A. 切面图　　　　B. 投影图　　　　C. 断面　　　　　D. 剖面

二、多项选择题

1. 剖面图的种类有（　　）。
   A. 全剖面图　　　B. 局部剖面图　　C. 阶梯剖面图　　D. 半剖面图
   E. 不分层剖面图
2. 断面图的种类有（　　）。
   A. 相交断面图　　B. 相切断面图　　C. 重合断面图　　D. 移出断面图
   E. 中断断面图

三、简答题

1. 什么是剖面图？什么是断面图？
2. 剖面图、断面图有哪些类型？
3. 剖面图与断面图之间有何联系与区别？

实训工作单

班级		姓名		日期	
教学项目		剖面图与断面图			
学习项目	剖面与断面图	学习要求		了解剖面图与断面图的形成、种类,掌握其画法	
相关知识					
其他内容					
学习记录					
评语				指导老师	

第5章
建筑施工图的识读

【学习目标】

1. 了解房屋的基本组成。
2. 掌握建筑施工图的内容。
3. 了解建筑总平面图与建筑平面图之间的区别。
4. 掌握建筑平面图、立面图、剖面图及建筑局部详图的识读方法。

【素质目标】

培养学生的国家使命感、民族自豪感,感受伟大建筑师为建筑发展的奉献精神与爱国情怀。

【教学要求】

本章要点	掌握层次	相关知识点
房屋的基本组成	了解房屋的基本组成	房屋的组成及建筑施工图的特点
建筑施工图的内容	1. 了解建筑施工图的分类 2. 掌握建筑施工图的特点 3. 掌握建筑施工图的识读方法	建筑施工图
建筑总平面图与建筑平面图	了解建筑平面图及总平面图的基本内容	建筑平面图及总平面图
建筑平面图、立面图、剖面图及建筑局部详图	1. 了解建筑平面图、立面图、剖面图及建筑局部详图的基本内容 2. 掌握建筑平面图、立面图、剖面图及建筑局部详图的基本识读方法	建筑平面图、立面图、剖面图及建筑局部详图

【项目案例导入】

房屋建筑施工图是由多种专业设计人员分别将建筑物的内外形状和大小布置以及各部分的结构、构造、装修、设备等内容,遵照"国标"的有关规定,用正投影的图示方法详细准确绘制出来的图样,并按照一定编排规律组成的一套工程图。一套完整的建筑施工图按专业的不同主要分为建筑施工图(建施)、结构施工图(结施)和设备施工图(设施)三大部分。工程图样应按顺序编排,一般应为首页图、设计总说明、建筑施工图、结构施工图、给水排水施工图、采暖通风施工图、电气施工图等。各专业图样应按图样内容的主次关系、逻辑关系有序排列。

【项目问题导入】

请说明识读建筑施工图的主要方法和步骤有哪些?

5.1 概述

5.1.1 房屋的组成

房屋

基础

房屋的结构，不论是民用建筑还是工业建筑，一般都是由基础、墙和柱、楼板层、屋顶、门窗和楼梯六大部分组成。其中，基础、墙和柱、楼板层和屋顶是建筑物的主要组成部分，门窗和楼梯是建筑物的附属部分。房屋的组成如图5-1所示。

1）基础：基础是建筑物最下部的承重构件，承受着上部的所有荷载并将其传递给地基。地基分为天然地基和人工地基，用自然土直接做地基的称为天然地基，经过人工加固处理的地基称为人工地基。

2）墙和柱：墙和柱是建筑物的承重和围护构件，承受来自屋顶、楼板、楼梯及上梁的荷载并传递给基础，是建筑物垂直方向的承重构件。墙和柱应稳定坚固并满足重量轻、隔声、防水和保温（隔热）等要求。

3）楼板层：楼板层是楼房建筑水平方向的承重构

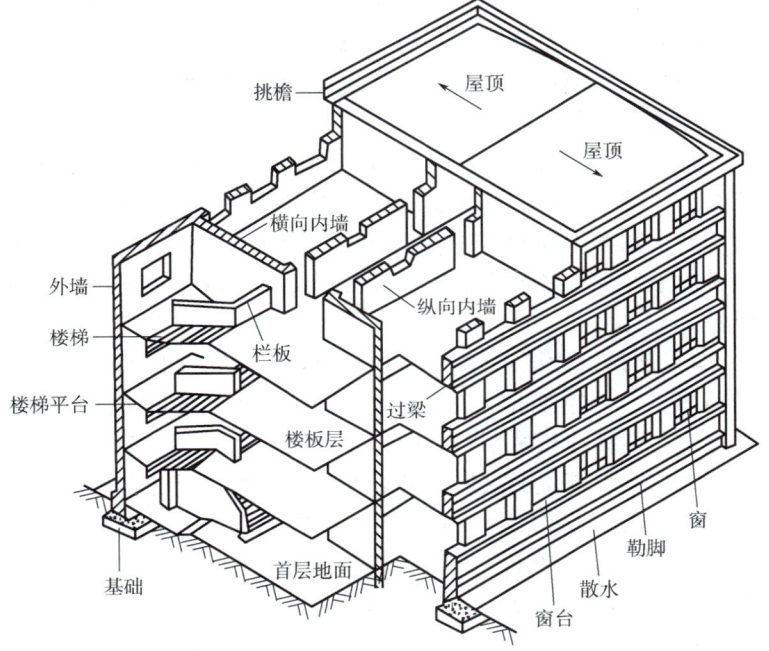

图5-1 房屋的组成

件，按房间层高将整幢建筑沿水平方向分为若干部分，在向墙或柱传递荷载的同时也对其起到了水平支撑的作用。楼板层还应包括地坪，地坪是底层房间与土层相接的部分。楼板层应有足够的强度和刚度，并满足隔声、隔热、防水等要求。

4）屋顶：屋顶是建筑最上面的围护构件，通常由支承构件（结构层）、屋面层和附加层组成，承受作用在其上的荷载并传递给墙或柱，起着承重、围护和美观的作用。屋顶应具有足够的强度和刚度，并应满足防水、排水、保温（隔热）等要求。

5）门窗：门窗属于非承重构件，是房屋的重要配件。门主要供人们内外交通，有时还有采光通风的作用。窗则主要起采光、通风的作用。门窗也都是围护部件，具有分隔和围护的作用。门窗的构造应满足防风沙、防水、保温及隔声等要求。

6）楼梯：楼梯是楼房建筑中联系上下各层的垂直交通设施，供人们上下楼和紧急疏散使用。楼梯通常由梯段、楼梯平台板与平台梁、踏步、栏杆（栏板）与扶手组成。根据建筑物功能需要，还可设置电梯、坡道、自动扶梯等垂直交通设施。楼梯应坚固、稳定并有足够的疏散能力和防滑能力。

楼梯

5.1.2　建筑施工图的分类

建筑施工图的内容可分为建筑设计总说明、总平面图、建筑平面图、建筑立面图、建筑剖面图和建筑详图（楼梯大样图、门窗大样图）等。

1) 建筑设计总说明：设计说明是对施工图的必要补充，对图中未能详细表达或不易用图形表达的内容做进一步解释，比如工程设计依据（如工程地质、水文、气象资料）、设计标准（建筑标准、结构荷载等级、抗震要求、耐火等级、防水等级）、工程概况（占地面积、建筑面积）、墙体做法、地面做法、楼面做法和材料要求及注意事项。

2) 总平面图：总平面图亦称"总体布置图"，按一般规定比例绘制，表示建筑物、构筑物的方位，是室内外水、暖、电等设备管线布置的依据。总平面图主要包括新建建筑的定位、相邻建筑的位置或范围、附近地形地物情况、道路的位置、用指北针或风玫瑰图表示建筑物的朝向和补充图例等。

3) 建筑平面图：建筑平面图反映的是该建筑的柱网布置、房间的平面形状及大小、功能布局、墙体和门窗的位置及门窗的尺寸。建筑平面图的图示内容应包括建筑物的平面形状、建筑内各房间的名称、平面布置情况和房屋朝向、纵横定位轴线及编号、门窗代号和开口方向及尺寸、各层平面的尺寸和标高、剖面图和剖切位置符号、图例比例和楼梯的走向和级数。

4) 建筑立面图：建筑立面图是建筑物在与外墙面平行的投影面上的投影，是对建筑立面的描述。一栋建筑物是否美观，是否与周围环境协调，很大程度上取决于建筑物立面的艺术处理，包括建筑造型与尺度、装饰材料的选用、色彩的选用等内容。在施工图中立面图主要反映房屋各部位的高度、外貌和装修要求，是建筑外装修的主要依据。

5) 建筑剖面图：建筑剖面图用以表示房屋内部的结构或构造方式，如屋面（楼、地面）形式、分层情况、材料、做法、高度尺寸及各部位的联系等。剖面图与平面图、立面图互相配合用于计算工程量，指导各层楼板和屋面施工、门窗安装和内部装修等。在施工中，可作为砌筑内墙、铺设楼板和屋面板以及内装修等工作的依据。

6) 建筑详图：施工过程中，由于有些施工部位的细部构造无法表示清楚，在施工时为了满足施工的需要必须分别将这些部位的形状、尺寸、材料、做法等用较大的比例详细画出图样，这种图样称为建筑详图，简称详图。建筑详图是建筑细部构造的施工图，是建筑平面图、剖面图、立面图等基本图纸的补充和深化，是建筑工程的细部施工、建筑构配件的制作和预算编制的依据。

5.1.3　建筑施工图的特点

建筑施工图的特点包括以下三点。

1) 正投影性：房屋建筑施工图除效果图、设备施工图中的管道线路系统图外，其余都采用正投影的原理绘制，因此所绘图样符合正投影的特性。

2) 比例缩小：建筑物形体很大，绘图时都要按比例缩小。为了反映建筑物的细部构造及具体做法，常配有较大比例的详图，并且用文字和符号详细说明。

3) 特殊性：许多构配件无法如实画出，需要采用国标中规定的图例符号画出。有些构配件国标中没有的，需要自行设计，并加以说明。

5.1.4 建筑施工图的常用符号

建筑施工图常用到的符号有以下五种。

1) 剖切符号：剖切符号应由剖切位置线及剖视方向线组成，均应以粗实线绘制。剖切符号的编号宜采用粗阿拉伯数字，按剖切顺序由左至右、由下向上连续编排，并应注写在剖视方向线的端部。常见的剖切符号如图 5-2 所示。

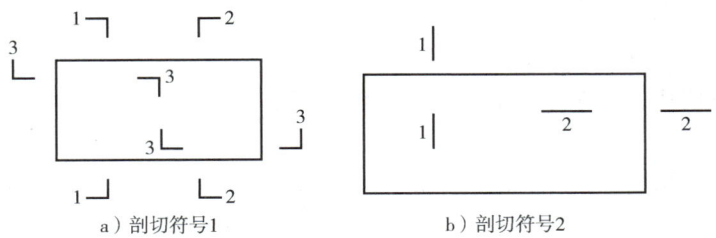

a）剖切符号1　　　　　　b）剖切符号2

图 5-2　常见的剖切符号

2) 索引符号：图样中的某一局部或构件，如需另见详图，应以索引符号索引。索引符号是由直径为 8~10mm 的圆和水平直径组成，圆及水平直径应以细实线绘制。常见的索引符号如图 5-3 所示。

图中索引符号的上半圆中用阿拉伯数字注明该详图的编号，在索引符号的下半圆用阿拉伯数字注明该详图所在图纸的编号如图 5-3a 所示。索引符号当用于索引剖视详图，应在被剖切的部位绘制剖切位置线，并以引出线引出索引符号，引出线所在的一侧应为剖视方向，如图 5-3b 所示。

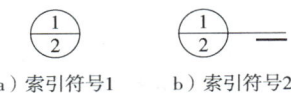

a）索引符号1　　b）索引符号2

图 5-3　常见的索引符号

3) 详图符号：详图的位置和编号应以详图符号表示。详图与被索引的图样同在一张图纸内时，应在详图符号内用阿拉伯数字注明详图的编号，如图 5-4a 所示。详图与被索引的图样如果不在同一张图纸内时，应在详图符号内画一水平直径，在上半圆中注明详图编号，在下半圆中注明被索引的图纸的编号，如图 5-4b 所示。

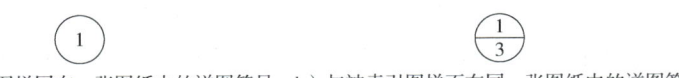

a）与被索引图样同在一张图纸内的详图符号　b）与被索引图样不在同一张图纸内的详图符号

图 5-4　常见的索引符号

4) 引出线：引出线应以细实线绘制，常见的引出线如图 5-5 所示。
5) 指北针：指北针符号如图 5-6 所示。

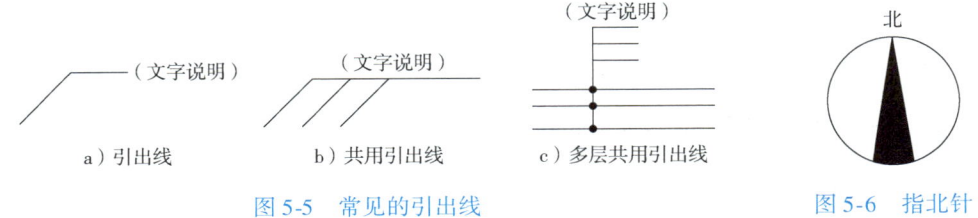

a）引出线　　b）共用引出线　　c）多层共用引出线

图 5-5　常见的引出线　　　　　图 5-6　指北针

5.1.5 建筑施工图的识读方法和步骤

1. 建筑施工图的识读方法

看施工图时要尽快地熟悉图样，具体的识读方法如下：

（1）四先四后

1）先建筑后结构再设备。

2）先粗后细，先整体后详图。

3）先小后大，先概况后细节。

4）先一般后特殊，先大体后节点，先图样后文字。

施工图首页图

（2）三个结合

1）图样与说明相结合，注意图样和说明有无矛盾，内容是否齐全，规定是否明确，要求是否具体。

2）土建与安装相结合，了解各种预埋件、预留孔洞的位置、尺寸是否相符，施工中如何配合等。

3）图样要求与实际情况相结合。

2. 建筑施工图的识读步骤

建筑工程施工图识读时应按照"图样目录、设计总说明、建筑施工图、结构施工图、电气设备及给水排水施工图和节点详图"的顺序去识读。其中建筑施工图和结构施工图的读图步骤如下所示：

1）建筑施工图：在阅读建筑施工图时，先看基本图后看详图。

①看建筑平面图：应从底层开始往上层结构阅读，主要看房屋长度、宽度、定位轴线尺寸、开间进深的尺寸等。

②看建筑立面图和剖面图：应按照"正立面图、侧立面图、剖面图"的顺序去阅读，主要看建筑物的总高度、层高、室内外相对标高差。

③建筑详图：建筑详图都是以断面图形式将建筑物的细部构造表达出来。主要的详图包括外墙详图、楼梯详图、门窗详图以及室内外构配件的详图等。

④查阅建筑构配件标准图集：建筑构配件标准图集是经有关部门审查批准后，供设计单位和施工单位在工作中直接选用的图集。

2）结构施工图：应按"结构设计说明、基础平面布置图、柱网平面布置图、楼层结构平面布置图、屋顶结构平面布置图、构件详图"的顺序阅读。

5.2 建筑总平面图与建筑平面图

5.2.1 建筑总平面图的形成原理及内容

1. 建筑总平面图的形成与作用

在画有等高线或坐标方格网的地形图上，画上新建工程及其周围原有建筑物、构筑物及拆除房屋的外轮廓的水平投影，以及场地、道路、绿化等的平面布置图形，即为总平面图。

建筑总平面图是表明新建建筑物所在基础有关范围内的总体布置，反映新建、拟建、原有和拆除的建筑物、构筑物等的位置和朝向，室外场地、道路、绿化等的布置，地形、地貌、标高等以及原有环境的关系和邻界情况等，也是建筑物及其他设施施工的定位、土方施工以及绘制水、暖、电等管线总平面图和施工总平面图的依据。

2. 建筑总平面图的基本内容

1）保留的地形和地物。

2）测量坐标网、坐标值，场地范围的测量坐标（或定位尺寸），道路红线、建筑控制线和用地红线。

3）场地四邻原有及规划的道路、绿化带等的位置（主要坐标或定位尺寸）和主要建筑物及构筑物的位置。

4）建筑物、构筑物的隐蔽工程（人防工程、地下车库、油库、储水池等）的位置用虚线表示。

5）与各类控制线的距离，其中主要建筑物、构筑物应标注坐标（或定位尺寸）、与相邻建筑物之间的距离及建筑物总尺寸、名称（或编号）、层数。

6）道路、广场的主要坐标（或定位尺寸），停车场及停车位、消防车道及高层建筑消防扑救场地的布置，必要时加绘交通流线示意。

7）绿化、景观及休闲设施的布置示意，并标示护坡、挡土墙、排水沟等。

8）指北针或风向频率玫瑰图。

9）说明栏内注写：尺寸单位、比例、地形图的测绘单位、日期、坐标及高程系统名称、补充图例及其他必要的说明等。

5.2.2　建筑总平面图的图示方法与识读案例

（1）建筑总平面图识读方法

1）看图名：先查看建筑总平面图的图名、比例及有关文字说明。

2）懂布局：了解新建工程的性质和总体布局，如各种建筑物及构筑物的位置、道路和绿化的布置等。在建筑总平面图中，为了说明房屋的用途，在房屋的图例内应标注名称，同时还要在图中使用数字标出楼层的层数。

3）读尺寸：看新建房屋的定位尺寸。

4）测量坐标：在地形图上用细实线绘制成交叉十字线的坐标网来测量坐标。

5）周边环境：了解周围环境，包括建筑附近的地形、地物等，如道路、河流、水沟、池塘、土坡等，并指明道路的起点及方向。

6）了解建筑方向：查看总平面图中的指北针或风向频率玫瑰图。

（2）识读案例

【例5-1】识读某拟建工程的总平面图，如图5-7所示。

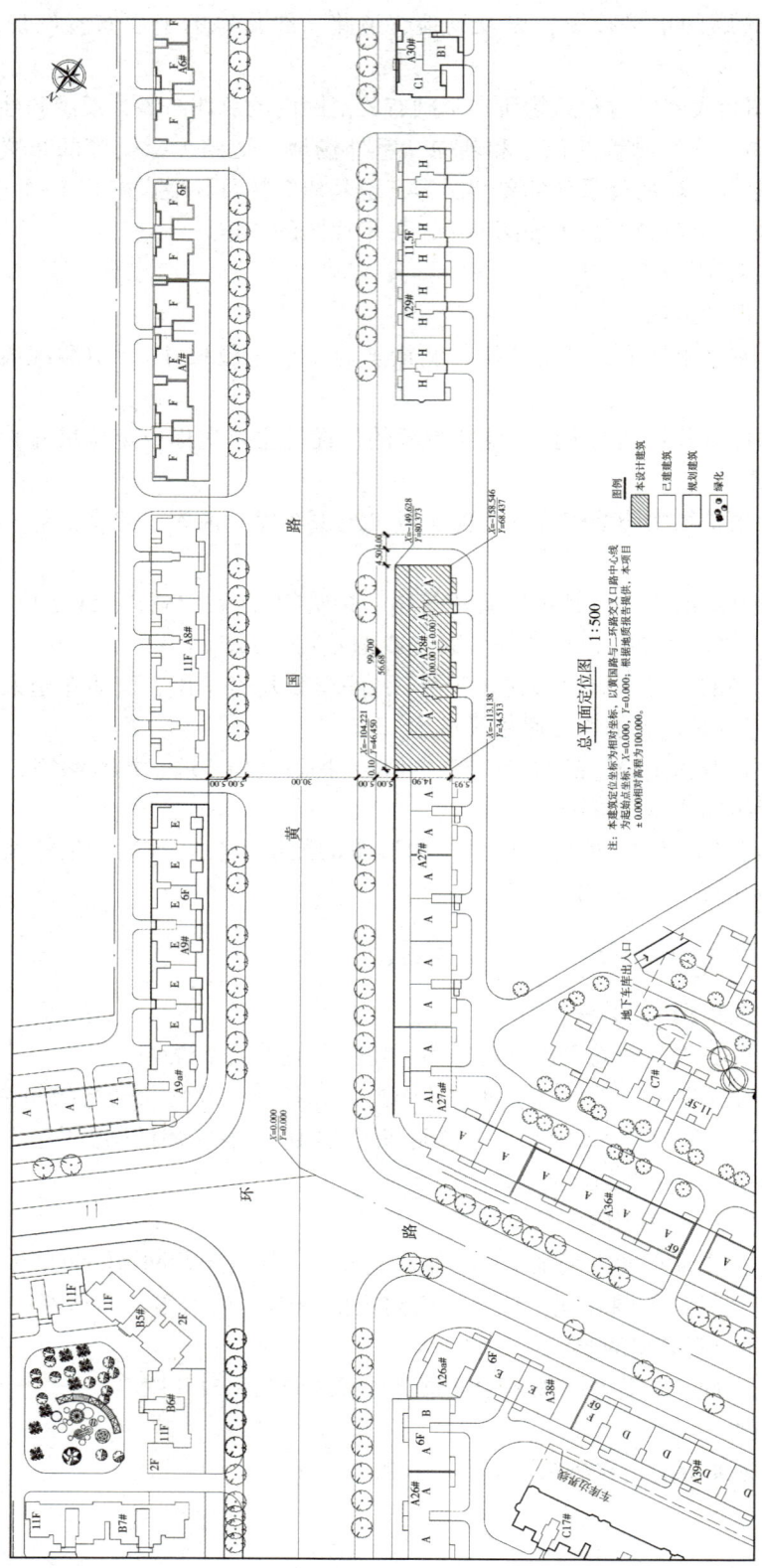

图5-7 某拟建工程总平面示意图

5.2.3 建筑平面图的形成原理及内容

（1）建筑平面图的形成

建筑平面图是用一个假想的水平剖切平面剖切位于每层窗台上方的位置，移去上面的部分，将剩余部分向水平面做正投影所得的水平剖视图，习惯上称为平面图，建筑平面图的形成如图 5-8 所示。

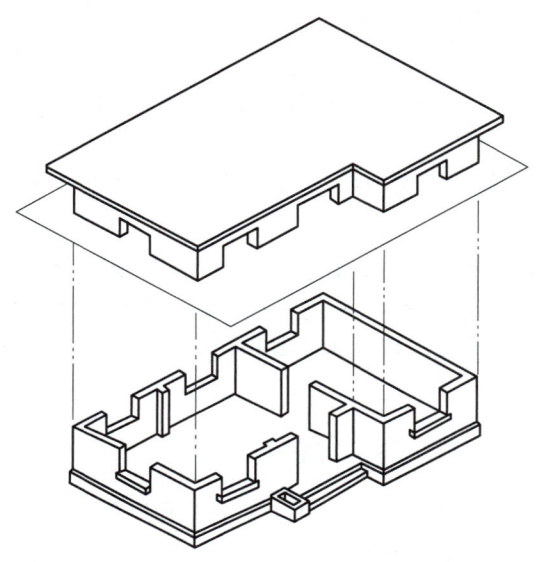

a）平面图形成原理示意图

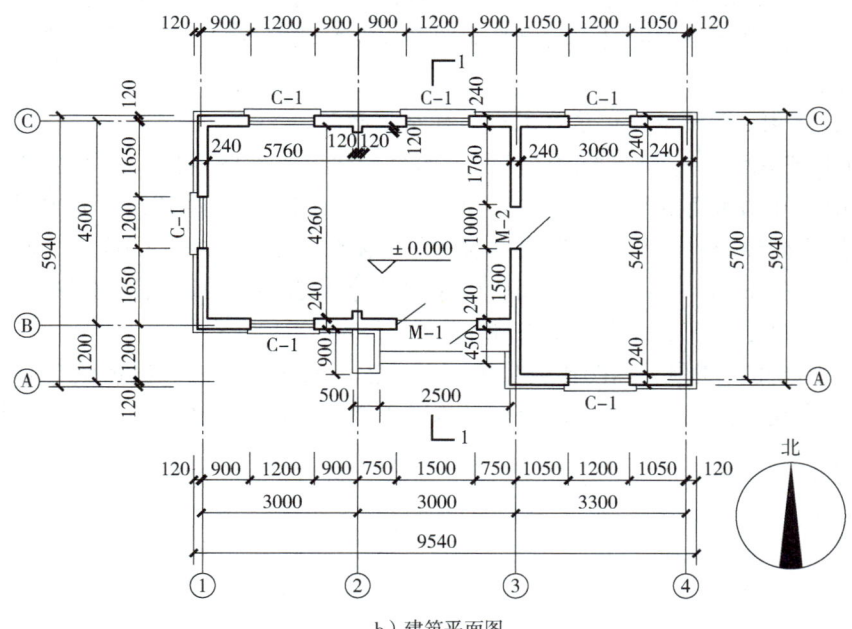

b）建筑平面图

图 5-8　建筑平面图的形成

（2）建筑平面图的内容

1）定位轴线：图样中的定位轴线可表明各个承重构件的定位与布置。

2）建筑形状：表明建筑物的平面形状，内部各房间包括走廊、楼梯、出入口的布置及朝向。

建筑平面图的作用

3）建筑尺寸：表明建筑物及其各部分的平面尺寸，包括外部尺寸（建筑物外轮廓的总体尺寸、房间的开间及进深的尺寸、各细部的位置和大小的尺寸）和内部尺寸（说明房间的净空大小，内门、窗的宽度，内墙厚度以及固定设备的大小和位置）。

4）各楼层楼面的标高：以零标高为界，地下层平面标高为负值，地上层平面标高为正值。

5）门窗：在识读建筑平面图时要熟读图中门窗的标注尺寸和位置以及门窗的型号和开口方向。

6）各个符号：剖切符号、详图索引的位置及编号和楼梯的位置及楼梯走向与级数。

7）其他：综合反映其他各工种（工艺、水、暖、电）对土建的要求，以及工程建设中所需在楼板中的预留孔洞，应在图样中表明其位置及尺寸。在读图时还应结合文字说明去了解建筑。

5.2.4 建筑平面图的图示方法与识读案例

建筑平面图主要包括底层平面图、标准层平面图和屋顶平面图。其识读方法如下：

1）底层平面图：底层平面图又称一层平面图，主要表示建筑物底层平面的形状，各房间的平面布置情况、出入口、走廊、楼梯的位置，各种门、窗的布置等。在厨房、卫生间内还可看到固定设备及其布置情况。底层平面图不仅要反映室内情况，还需反映室外可见的台阶、明沟（或散水）、花坛等。

【例5-2】如图5-9所示，识读某工程的底层平面图。

2）标准层平面图：标准层平面图的图示内容与底层平面图相同。因为室外的台阶、花坛、明沟、散水和雨水管的形状和位置已经在底层平面图中表达清楚，所以中间各层平面图除要表达本层室内情况外，只需绘制出本层的室外阳台和下一层室外的雨篷、遮阳板等。此外，因为剖切情况不同，标准层平面图中楼梯间部分表达梯段的情况与底层平面图也不同。某工程二层（标准层）平面图如图5-10所示。

3）屋顶平面图：屋顶平面图比较简单，可用较小的比例绘制。屋顶层上应表示出女儿墙、檐沟、分水线与雨水口、楼梯间等细部构造以及屋面坡度和索引符号。某工程屋顶平面图如图5-11所示。

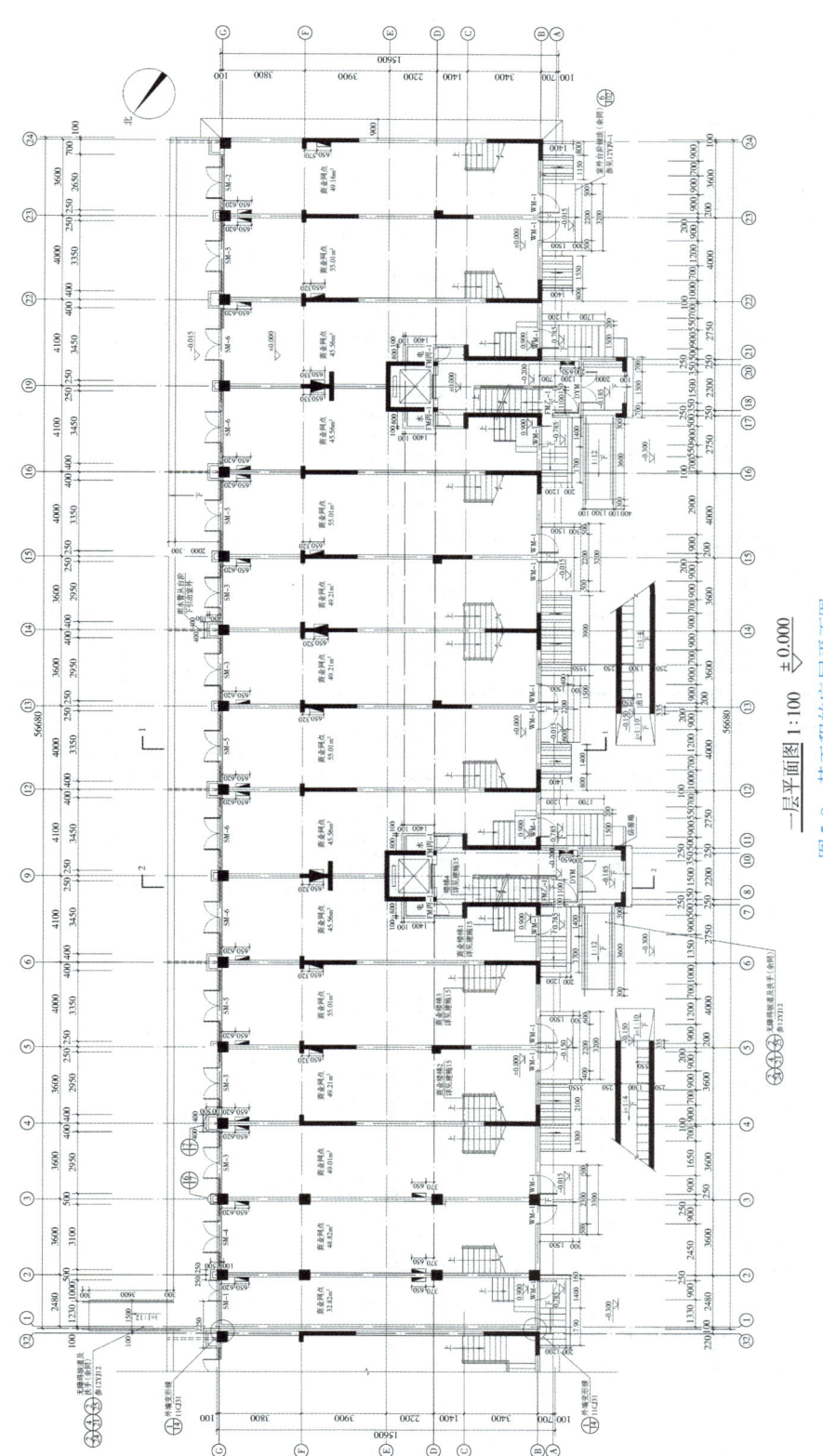

图 5-9 某工程的底层平面图

建筑识图与构造

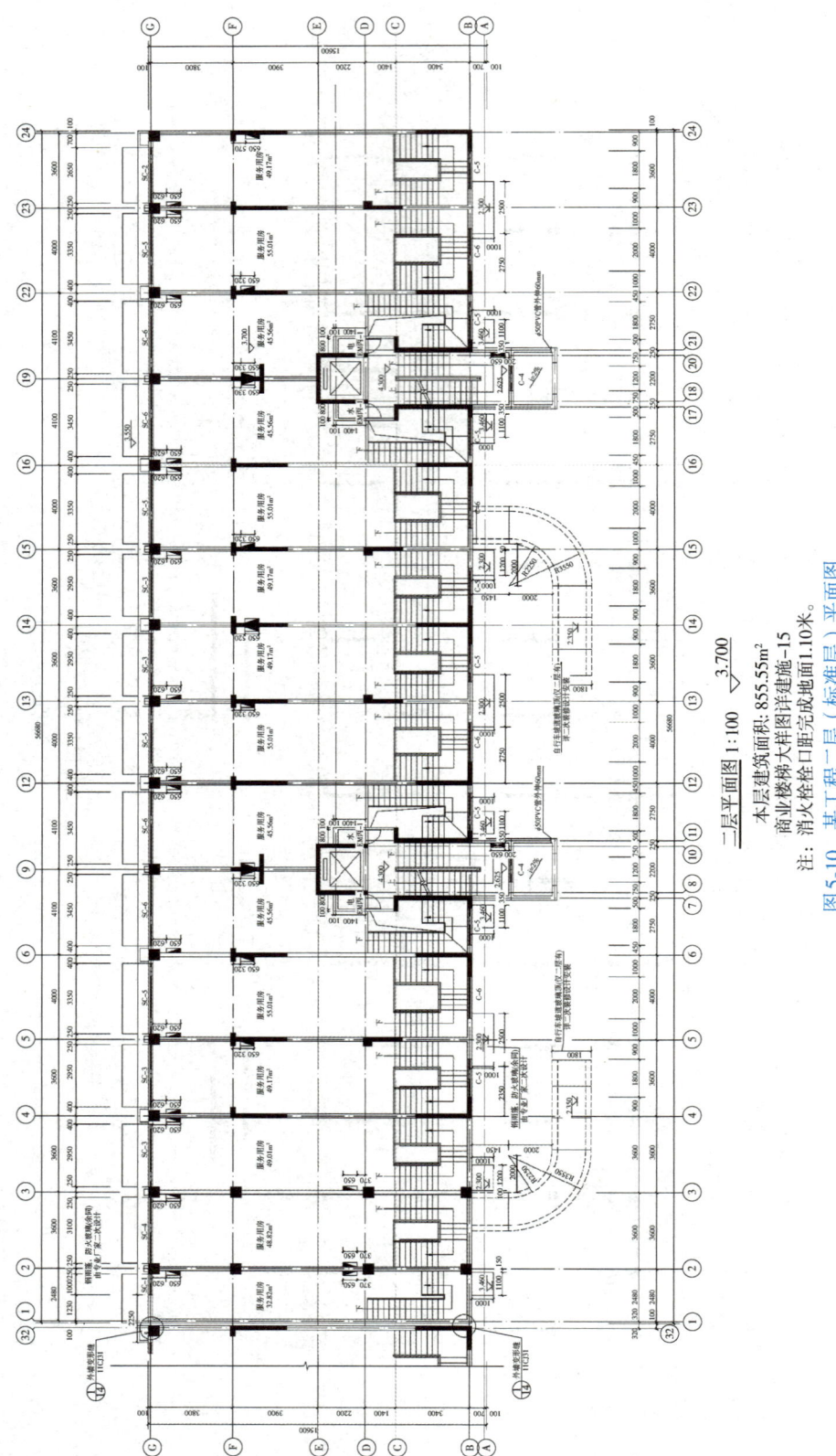

图5-10 某工程二层（标准层）平面图

第5章 建筑施工图的识读

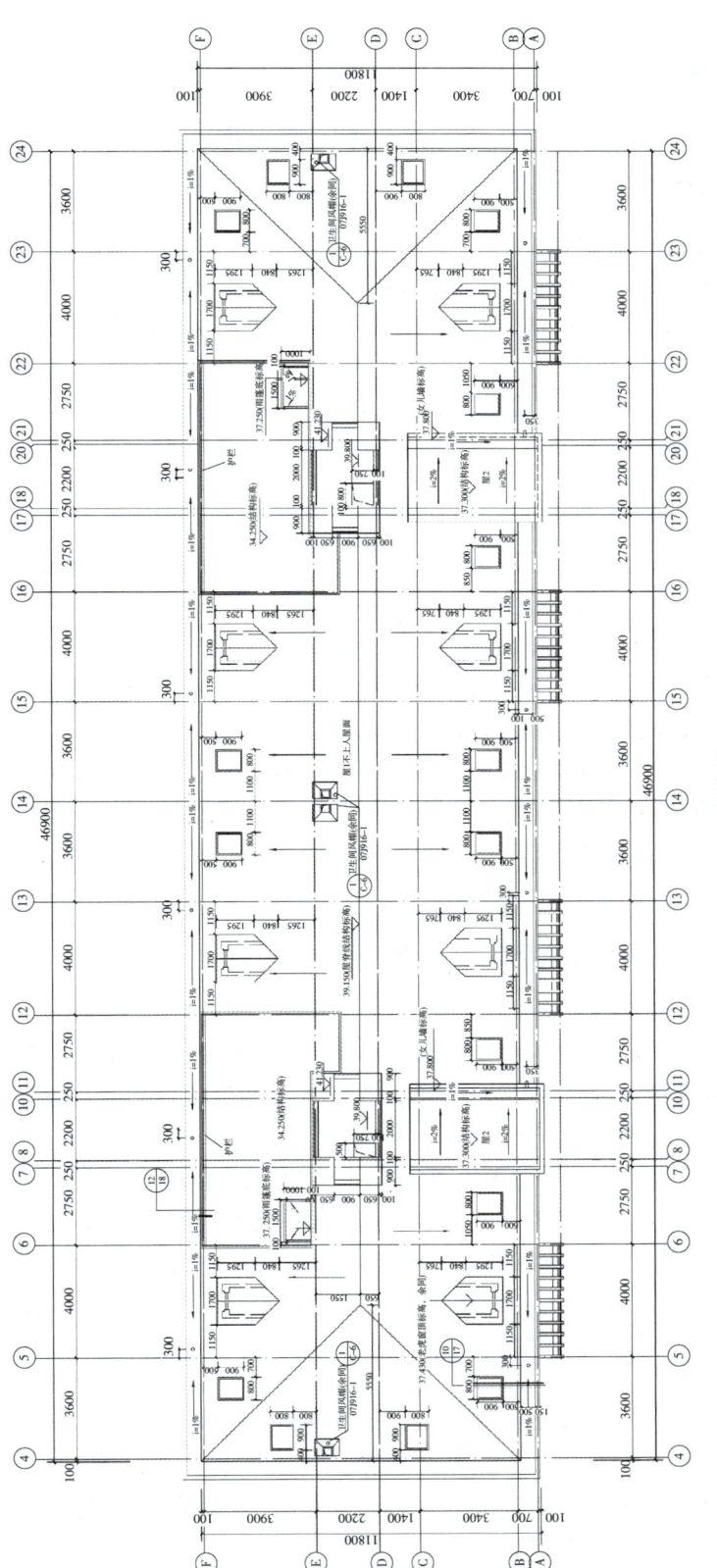

图5-11 某工程屋顶平面图

5.3 建筑立面图

5.3.1 建筑立面图的形成原理及内容

(1) 建筑立面图的形成原理

建筑立面图是在与房屋立面相平行的投影面（前后、左右、上下）上所做的正投影图，简称立面图。立面图主要反映房屋的体形、门窗形式和位置、长宽高的尺寸和标高等，在该视图中，只绘制可见轮廓线，不绘制内部不可见的虚线。在施工图中，立面图主要用于表示建筑物的体形与外貌，立面各部分配件的形状与相互关系和立面装饰要求及构造做法等。

建筑立面图命名

(2) 建筑立面图的内容

建筑立面图的内容主要有：

1) 建筑立面图应绘制出从建筑物外可以看见的室外地面线、房屋的勒脚、台阶、花池、门、窗、雨篷、阳台、室外楼梯、墙体外边线、檐口、屋顶、雨水管等内容。一些特殊的门窗应附有详图或大样图。

2) 标注建筑物外墙立面上的主要标高。如室外地面、台阶表面的门窗洞口、阳台、雨篷、女儿墙顶、屋顶水箱间及楼梯间屋顶的标高。

建筑立面图的种类

3) 标注出建筑物两端的定位轴线及编号。详细的轴线尺寸以平面图为准，而立面图只绘制出两端的轴线用来明确位置。

4) 如立面图局部需绘制详图时应标注详图的索引符号。用文字说明外墙面装修的材料及其做法。

5.3.2 建筑立面图的图示方法与识读案例

建筑立面图的图示方法如下：

1) 图名和比例：建筑立面图宜根据两端定位轴线编号命名，也可按立面图的朝向或立面的主次命名，反映主要出入口或比较显著地反映房屋外貌性的立面图，称为正立面图，其余称为背立面图和侧立面图。

建筑立面图绘图比例一般与平面图相同，采用1:50、1:100和1:200。

2) 定位轴线和编号：立面图两端的轴线及其编号应与平面图上的相对应。

3) 建筑外形：立面图表示房屋的立面外形及门窗、屋檐、台阶、阳台等形状和位置。

4) 标高尺寸：立面图着重于高度方向的标注，除必要的尺寸用数字等表示外，宜用标高形式标注室内外地坪、楼面、阳台、平台、窗台、门窗顶、屋顶、女儿墙及其他装饰构造的标高。

5) 外墙面装修：外墙表面装修的做法和材料、颜色、分格形式等，通常用指引线和文字说明来表达。

6) 索引符号：在建筑立面图中需要索引出详图时，应加注索引符号。

【例 5-3】 如图 5-12 所示，识读某建筑物立面图。

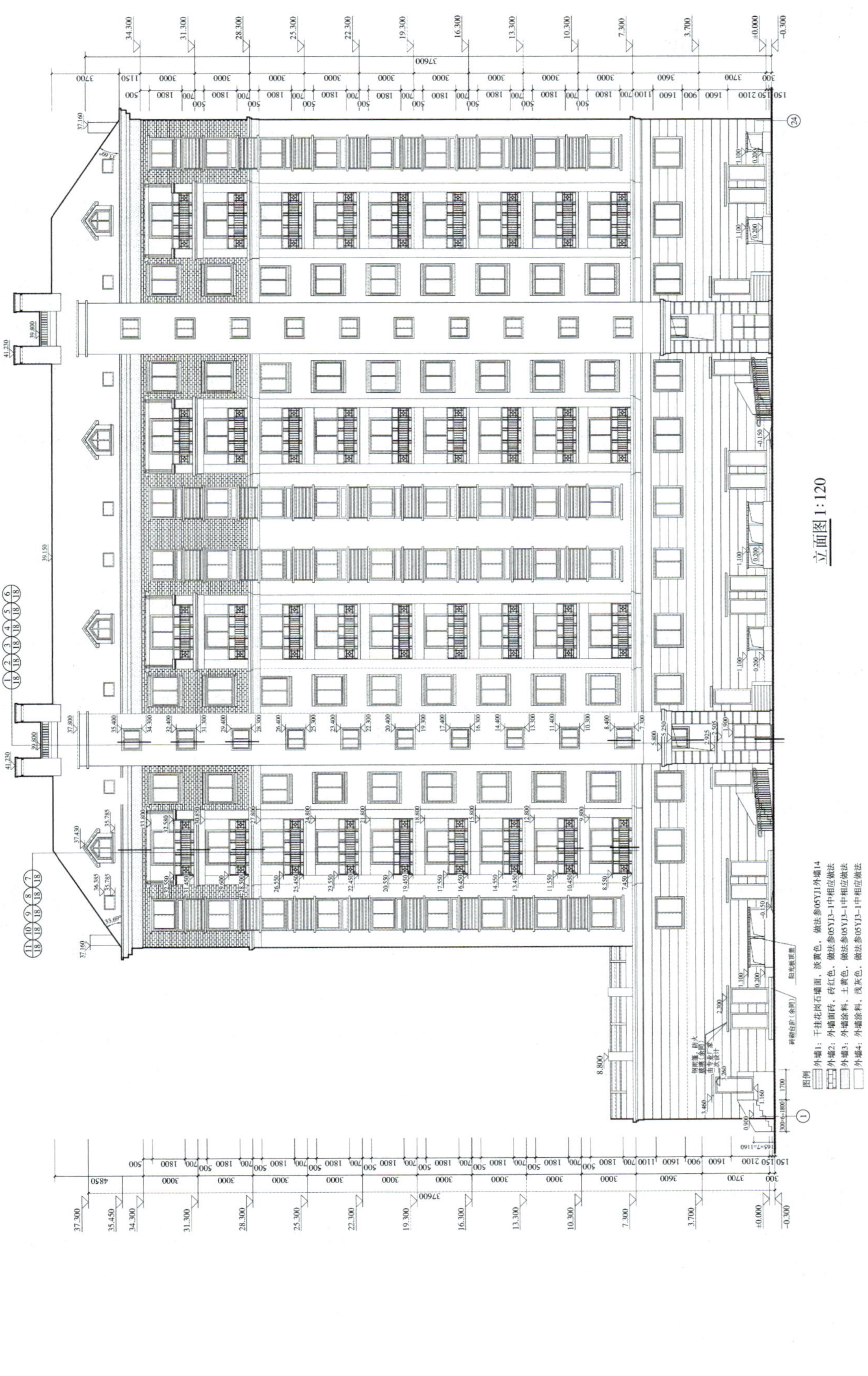

图5-12 某建筑物立面图

5.4 建筑剖面图

5.4.1 建筑剖面图的形成原理及内容

（1）建筑剖面图的形成

建筑剖面图是房屋的垂直剖面图，是用一个假想的竖直剖切平面，垂直于外墙将房屋剖开，移去剖切平面与观察者之间的那部分，剩下的建筑物作正投影所得到的图样，简称剖面图。

（2）建筑剖面图的内容

1）表示被剖切到的墙、梁及其定位轴线。
2）标注尺寸和标高。
3）表示室内底层地面、各层楼面及屋顶、门窗、楼梯、阳台、雨篷、防潮层、踢脚板、室外地面、散水、明沟及室内外装修等剖切到或能见到的内容。
4）楼地面、屋顶各层的构造，可用多层共用引出线说明楼地面、屋顶的构造和做法。
5）详图索引符号，构造材料与做法可用引出线引出，按多层构造层次，逐层用文字说明。

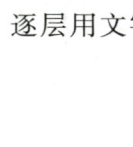

剖切种类

5.4.2 建筑剖面图的图示方法与识读案例

在进行建筑剖面图的识读时，必须先明确各个剖面图的具体剖切位置和投射的方向，并核对剖面图所绘制各轴线的编号与平面图被剖切到的轴线编号是否相符。其次，注意阅读各剖面图的构配件标高和高度尺寸。同时，应核对剖面图各标高与高度尺寸是否与建筑立面图相关尺寸相符。最后，通过剖面图的阅读掌握待建工程垂直方向的主体结构类型及其构造。

【例5-4】如图5-13所示，识读某教学楼剖面图。

5.5 建筑详图

5.5.1 建筑详图的内容

建筑详图主要包括以下内容。

1）详图名称、比例、定位轴线以及图样内容的编号。
2）详图符号、编号以及索引符号。
3）构配件的形状及与其他构配件的详细构造、层次、有关的详细尺寸和材料图例等。
4）各部位和各层次的用料、做法、颜色及施工要求等。
5）标注的标高。

建筑详图的形成及作用

5.5.2 墙身详图

墙身详图主要包括以下内容。

1）详图的图名和比例：墙身详图要和平面图中的剖切位置或立面图中的详图索引标志、朝向、轴线编号完全一致。

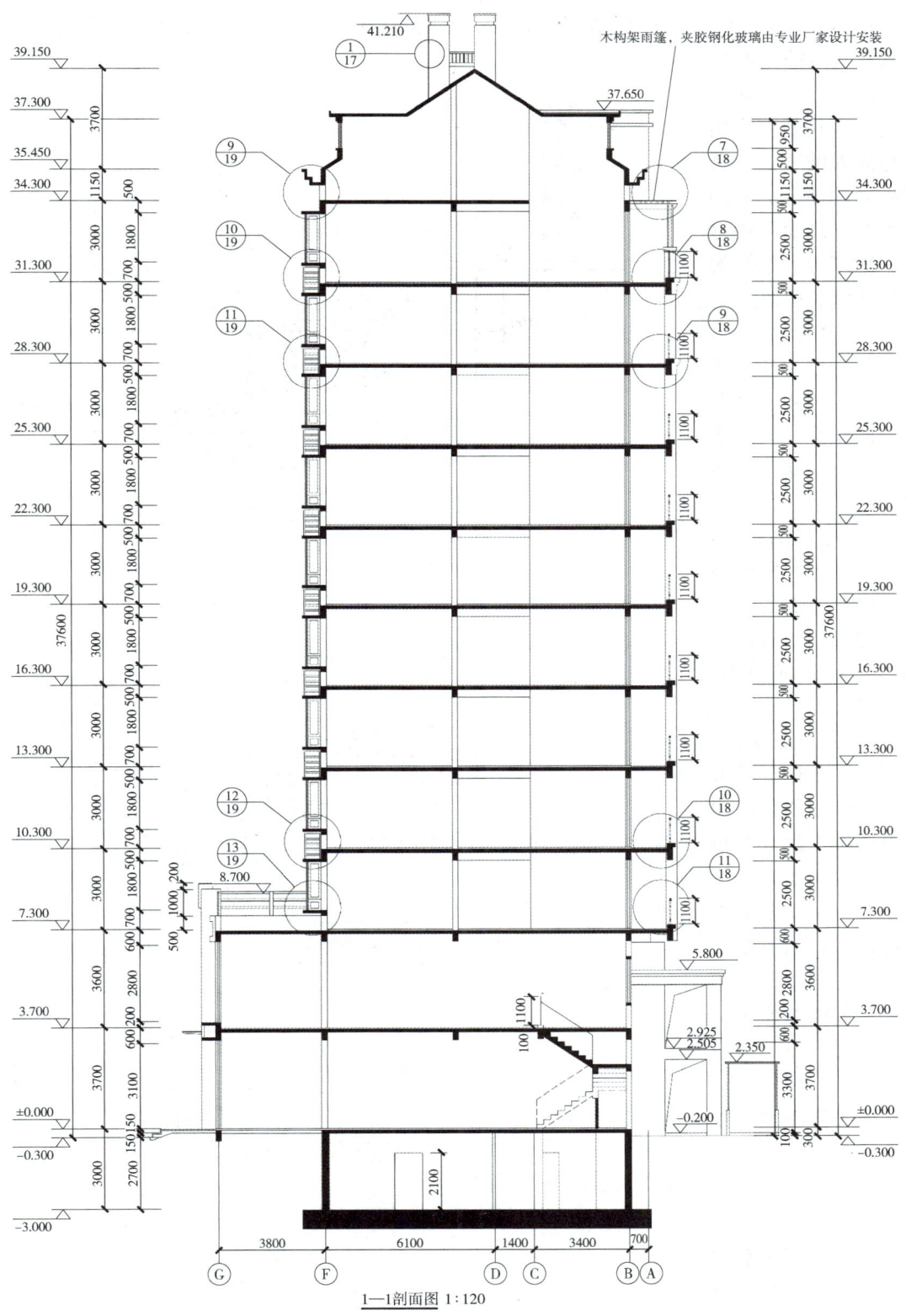

图 5-13 某教学楼剖面图

2）墙身的表达：墙身的定位轴线编号，外墙的厚度、材料及其与轴线的关系均应分别标注在相应的位置上。

3）室内外地面处的节点构造：室内外地面处的节点包括基础墙的厚度、室内外地面标高及室内地面、踢脚板、散水等首层地面的构造。

4）楼层处的节点构造：各层梁、板等构件的位置及其与墙体的联系，构件表面抹灰、装饰等内容。

5）檐口的做法：檐口包括封檐构造（女儿墙或挑檐），圈梁、过梁、屋顶泛水构造，屋面的保温、防水做法等。

6）尺寸与标高：外墙详图上的尺寸和标高应标注构件挑出长度的细部尺寸和挑出构件的下皮标高。

7）不易表示的细部做法：对不易表示的更为详细的细部做法，如注有文字或索引符号，表示另有详图。

墙身详图案例如图5-14所示。

5.5.3 楼梯详图

楼梯详图一般由楼梯平面图、剖面图及踏步、栏杆、扶手

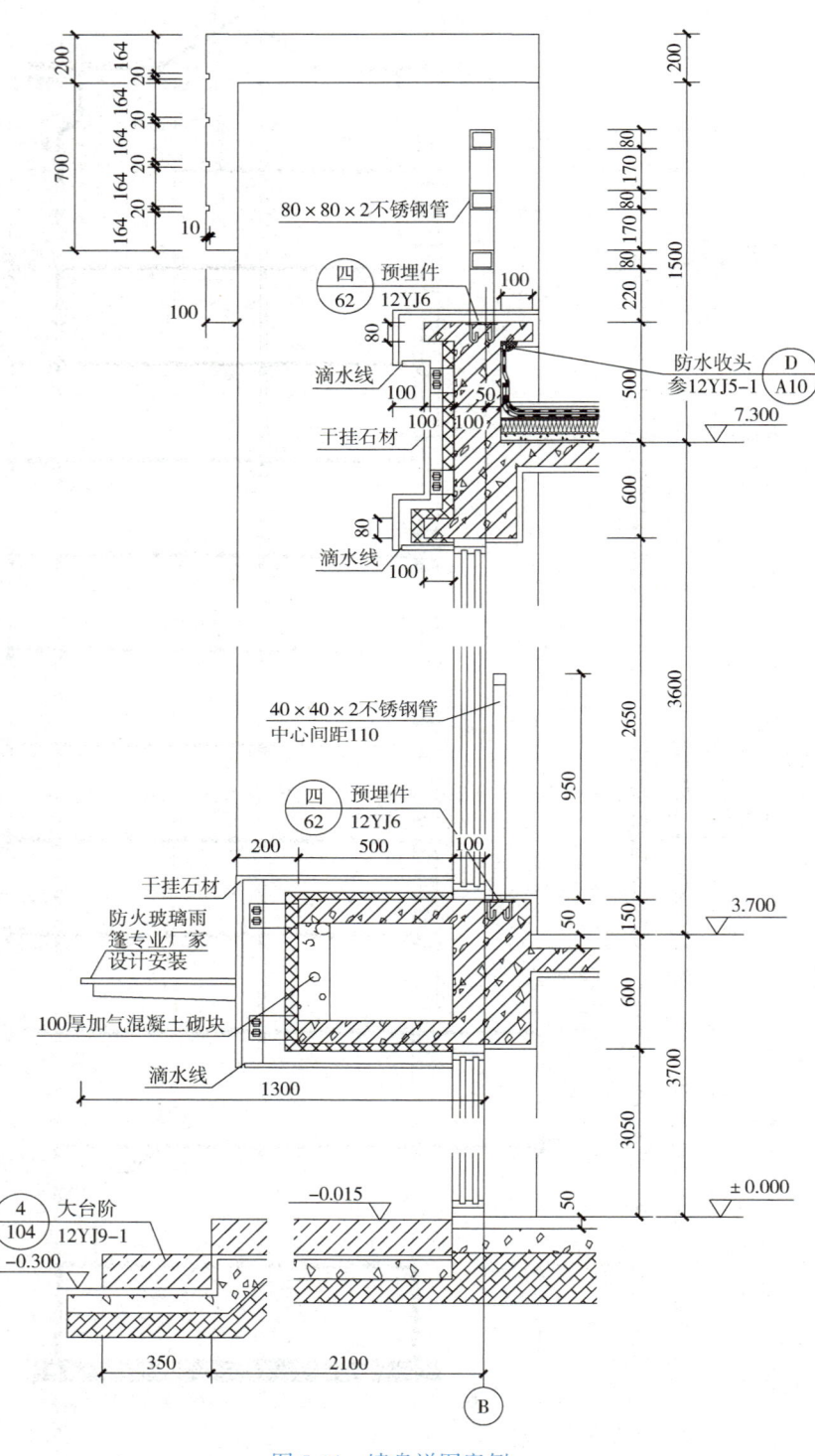

图 5-14 墙身详图案例

等节点详图组成。

1）楼梯平面图：包含的内容有楼梯间的位置、楼梯间的开间进深及楼梯段踏步的宽度和数量、休息平台的形状大小和位置、楼梯井的宽度、各楼层各平台的标高、楼梯的剖切符号及位置，楼梯平面图如图 5-15 所示。

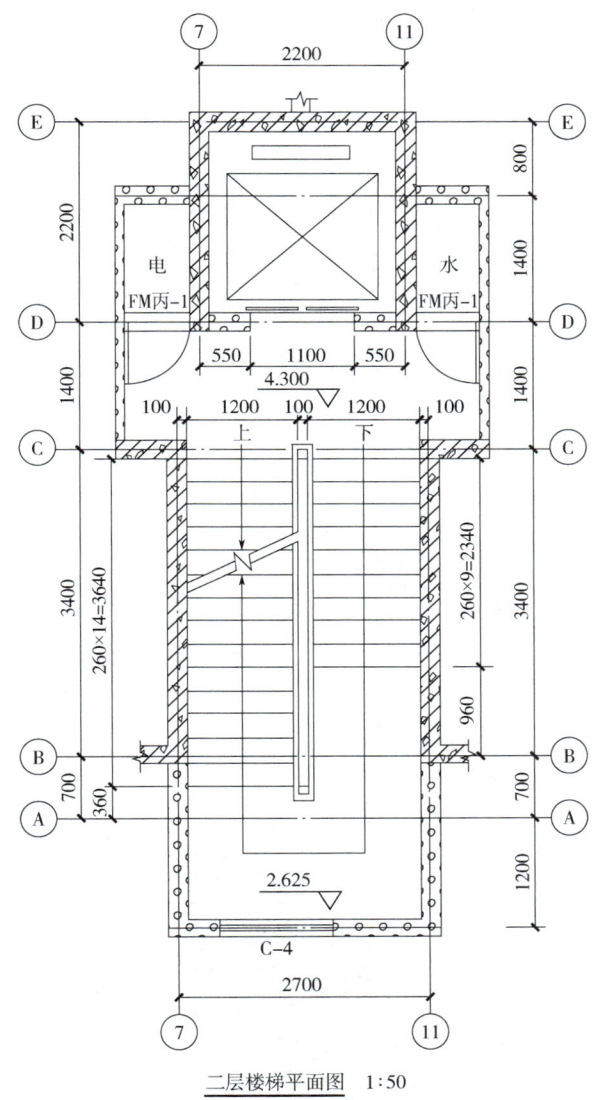

二层楼梯平面图　1∶50

图 5-15　楼梯平面图

2）楼梯剖面图：用一个竖直剖切平面通过各层的一个梯段及门窗洞将楼梯剖开，向未剖到的梯段方向进行投影而得到的投影图为楼梯剖面图。剖切位置应通过楼梯上行第一梯段及楼梯间门窗洞。楼梯剖面图应完整清晰地表示出各梯段、平台、栏杆等的构造及它们的相互关系，楼梯剖面图如图 5-16 所示。

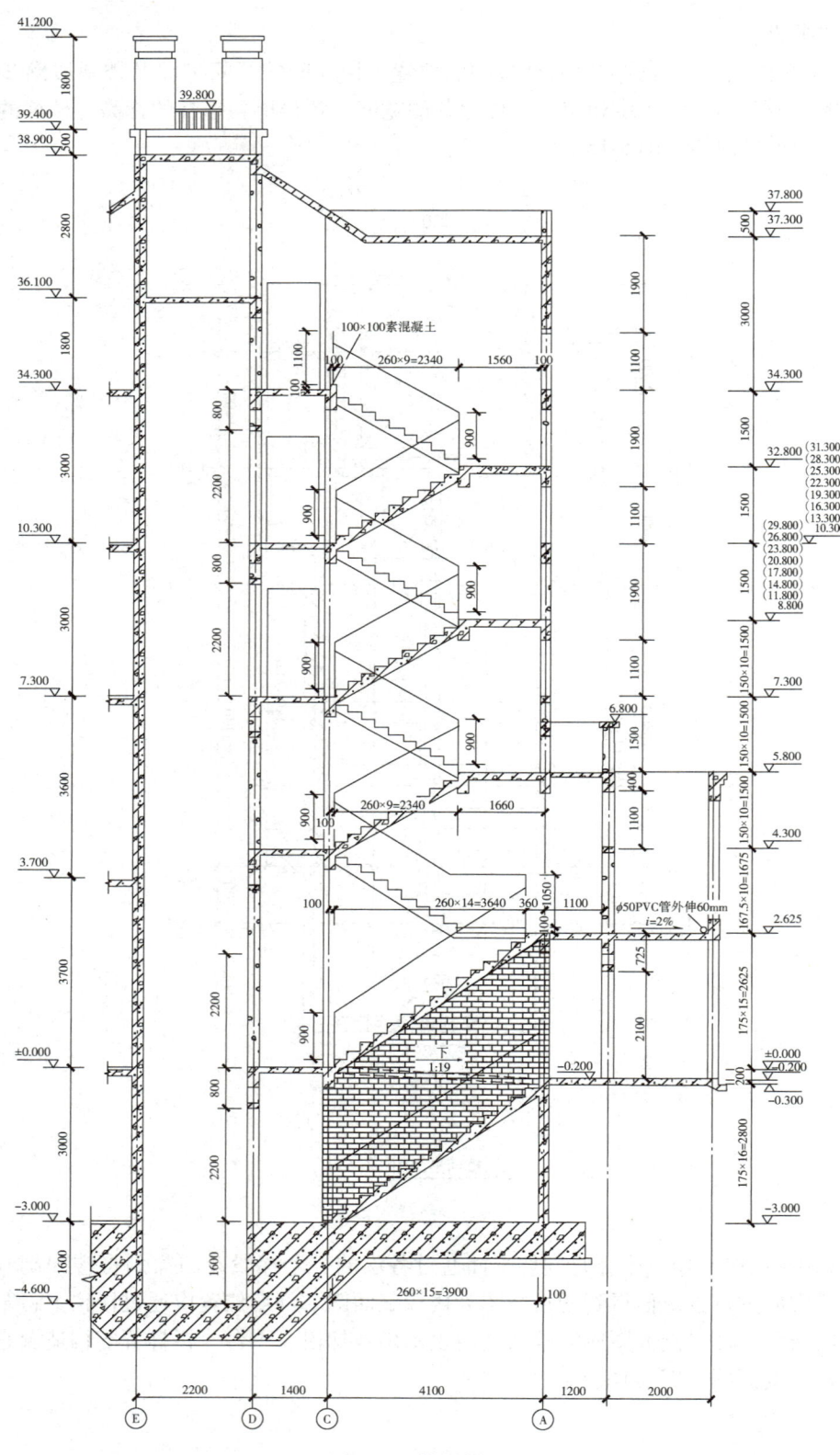

图 5-16 楼梯剖面图

3）楼梯节点详图：主要包括楼梯踏步、栏杆、扶手的形状、大小和具体做法与它们之间的连接方式，以及楼梯的装修做法和踏步防滑条的位置，楼梯节点详图如图 5-17 所示。

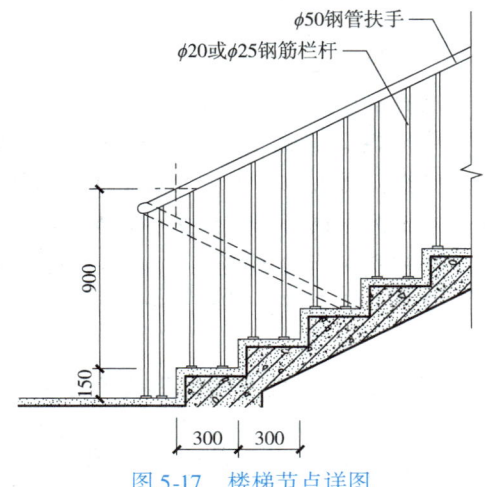

图 5-17　楼梯节点详图

5.5.4　卫生间详图

卫生间详图主要包括平面、立面、卫生间内设施的构造和管道的布置与连接，卫生间详图如图 5-18 所示。

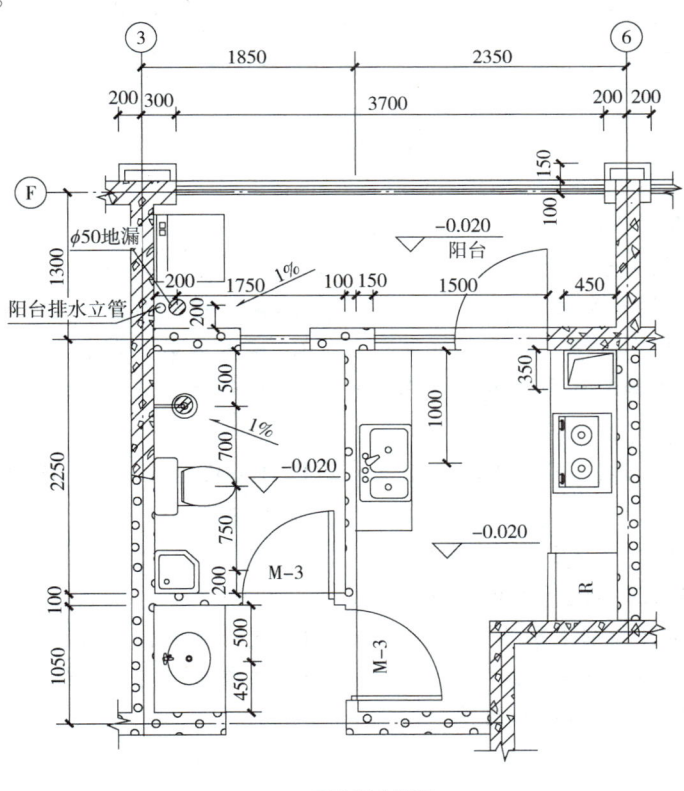

图 5-18　卫生间详图

素质拓展案例

随着各种精密仪器的研发，人们通过科技力量做出来的各种物品也越来越精密，其图样也越发复杂，但通过电脑绘制出的图样，线条笔直整洁，让人看了感觉非常舒服。

梁思成夫妇因为他们在抗战时期共同提倡并身体力行保护我国古建筑，而变得家喻户晓。抗日战争时期全国处处不安全，两人却不顾危险在全国各地奔走，对那些历代遗留下来的古建筑进行测绘保护。因为对于梁思成而言，保护古建筑是自己一生的使命。

研究古建筑，最重要的一点就是进行实地考察，这样得出的准确数据才能够让人们信服。正因如此，梁思成夫妇走遍了全国上下，对数以千计的古建筑进行了详细的测绘，留下了珍贵的资料。

1946年，经过多年的考察测绘，梁思成与林徽因终于完成两人的心血之作《图像中国建筑史》，在这本书中，有众多梁思成精心绘制出的建筑图样以及许多古建筑的精美照片，并附有简单的文字介绍，这本书也让西方读者对于中国建筑有了一个非常清晰的认识，可谓是价值连城。

梁思成手绘

本章小结

通过学习本章的内容，使同学们掌握建筑施工图的识读，主要是掌握建筑总平面图、立面图、剖面图以及详图的识读原理与方法，可以为以后继续学习建筑识图相关知识打下基础。

实训练习

一、单项选择题

1. 索引符号中的分子表示（　　）。
   A. 详图所在图样编号　　　　B. 被索引的详图所在图样编号
   C. 详图编号　　　　　　　　D. 详图在第几页上
2. 在一图样上量得某线段长度为5.34cm，图样比例尺为1∶30时，则该线段实际长度是（　　）m。
   A. 160.2　　　B. 17.8　　　C. 1.602　　　D. 16.02
3. 以下（　　）选项属于建筑设计总说明里面的内容。
   A. 墙体做法　　B. 楼梯大样图　　C. 建筑物的形状　　D. 门窗编号
4. 下列属于建筑工程施工图识读方法的是（　　）。
   A. 应从上层开始往下层结构阅读　　B. 先小后大，先概况后细节
   C. 先看设备图，再看建筑图　　　　D. 先看节点再看大体
5. 房屋施工图中所注的尺寸都是（　　）。
   A. 以米为单位
   B. 以毫米为单位
   C. 除标高及总平面图中以米为单位外，其余一律以毫米为单位

D. 除标高以米为单位外，其余一律以毫米为单位

二、多项选择题

1. 总平面图的基本内容包括（　　　）。
   - A. 主要建筑物及构筑物的位置
   - B. 门、窗
   - C. 停车场及停车位
   - D. 风向频率玫瑰图
   - E. 水、电线路的走向
2. 建筑立面图的基本内容包括（　　　）。
   - A. 屋顶的构造和做法
   - B. 图名、比例
   - C. 建筑物的外墙材料
   - D. 建筑结构标高
   - E. 索引符号
3. 下列属于建筑详图中檐口的做法的有（　　　）。
   - A. 过梁
   - B. 圈梁
   - C. 踢脚板
   - D. 散水
   - E. 女儿墙

三、简答题

1. 房屋的组成有哪些？
2. 建筑施工图的特点有哪些？

实训工作单

班级		姓名		日期	
教学项目		建筑施工图识读			
学习项目	建筑平面图、立面图、剖面图、详图	学习要求	了解建筑平面图、立面图、剖面图、详图基本内容，掌握相应的识读方法		
相关知识		建筑图例、结构设计相关识图技巧			
其他内容					
学习记录					
评语				指导老师	

第 6 章

结构施工图的识读

【学习目标】

1. 学习结构施工图的基本内容。
2. 学习钢筋混凝土结构图。
3. 学习基础平面图和基础详图。
4. 学习梁平法施工图。
5. 学习柱平法施工图。
6. 学习板平法施工图。

【素质目标】

展示我国建筑工程的突出成就，培养学生的爱国主义精神及民族自豪感，号召学生在国家发展事业中勇于担当。

【教学要求】

本章要点	掌握层次	相关知识点
结构施工图的基本内容	掌握结构施工图的基本内容	结构施工图的基本内容、常用代号
钢筋混凝土结构图	掌握钢筋混凝土结构图	钢筋混凝土结构图
基础平面图和基础详图	掌握基础平面图和基础详图	基础平面图、基础详图
梁平法施工图	掌握梁平法施工图	梁编号、注写方式
柱平法施工图	掌握柱平法施工图	柱的注写方式
板平法施工图	掌握板平法施工图	板的注写方式

【项目案例导入】

某项目施工现场，技术员指导钢筋工进行独立基础的钢筋绑扎，由于识图错误，误将独立基础上部与底部钢筋颠倒，造成钢筋绑扎错误。后被及时发现，造成返工。

【项目问题导入】

请阅读项目案例，思考如何正确识读基础钢筋图样？

6.1 概述

在建筑施工图的基础上，按建筑物各方面的要求进行力学与结构计算，确定建筑承重构件（如基础、梁、板、柱等）的布置、形状、尺寸和详细设计的构造要求，并将其结果绘制成图样,用以指导施工,这样的图样,称为结构施工图。它主要用来作为施工放线、开挖基槽、支设模板、绑扎钢筋、设置预埋件、浇捣混凝土和安装梁、板、柱等构件及编制预算和施工组织计划等的依据。

6.1.1 结构施工图的基本内容

1) 结构设计说明。结构设计说明是全局性的文字说明,它包括结构设计依据、材料质量及构件的要求、地基的概况、施工要求、选用标准图集等。

结构施工图的识读方法

标准图集的阅读

2) 结构平面布置图。结构平面布置图与建筑平面图一样,属于全局性的图样,主要表示房屋各承重构件总体平面布置,通常包括基础平面图、楼层结构平面布置图和屋顶结构平面布置图。

3) 构件详图。构件详图属于局部性的图样,用来表示构件的形状、大小、所用材料的强度等级,是构件制作安装的依据。其主要内容有:①梁、板、柱及基础结构详图;②楼梯结构详图;③屋架结构详图;④其他构件详图,如天窗、雨篷、过梁等。

6.1.2 常用代号

建筑结构的基本构件很多,布置也很复杂,为了图面清晰,以及把不同的构件表示清楚,构件的名称应用代号来表示,常用构件的代号见表6-1。代号后应用阿拉伯数字标注该构件的型号或编号,也可为构件的顺序号。构件的顺序号采用不带角标的阿拉伯数字连续编排,代号用构件名称的汉语拼音中的第一个字母表示。

表6-1 常用构件的代号

序号	名称	代号	序号	名称	代号	序号	名称	代号
1	板	B	19	圈梁	QL	37	承台	CT
2	屋面板	WB	20	过梁	GL	38	设备基础	SJ
3	空心板	kB	21	连系梁	LL	39	桩	ZH
4	槽形板	CB	22	基础梁	JL	40	挡土墙	DQ
5	折板	ZB	23	楼梯梁	TL	41	地沟	DG
6	密肋板	MB	24	框架梁	KL	42	柱间支撑	ZC
7	楼梯板	TB	25	框支梁	KZL	43	垂直支撑	CC
8	盖板或沟盖板	GB	26	屋面框架梁	WKL	44	水平支撑	SC
9	挡雨板或檐口板	YB	27	檩条	LT	45	梯	T
10	吊车安全走道板	DB	28	屋架	WJ	46	雨篷	YP
11	墙板	QB	29	托架	TJ	47	阳台	YT
12	天沟板	TGB	30	天窗架	CJ	48	梁垫	LD
13	梁	L	31	框架	KJ	49	预埋件	M—
14	屋面梁	WL	32	刚架	GJ	50	天窗端壁	TD
15	吊车梁	DL	33	支架	ZJ	51	钢筋网	W
16	单轨吊车梁	DDL	34	柱	Z	52	钢筋骨架	G
17	轨道连接	DGL	35	框架柱	KZ	53	基础	J
18	车挡	CD	36	构造柱	GZ			

6.2 钢筋混凝土结构图

6.2.1 钢筋的分类及作用

配置在钢筋混凝土结构中的钢筋,按其作用可分为受力筋、箍筋、架立筋、分布筋和构造筋等,如图 6-1 所示。

钢筋混凝土

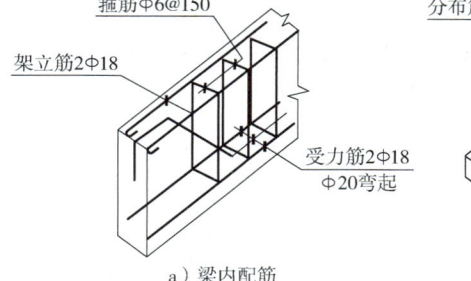
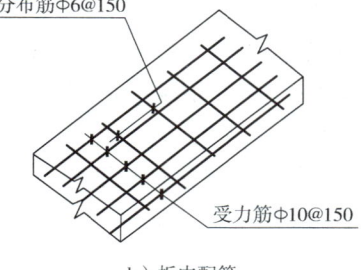

a) 梁内配筋   b) 板内配筋

图 6-1 构件中钢筋的名称

常见钢筋类型

1. 受力筋

受力筋是指承受构件内拉、压应力的钢筋,其配置根据受力计算确定,且应满足构造要求。在梁、柱中的受力筋也称纵向受力筋。标注时应说明其数量、品种和直径,如 4Φ20,表示配置 4 根 HRB335 级钢筋,直径为 20mm。在板中的受力筋,标注时应说明其品种、直径和间距,如 Φ10@100(@ 是相等中心距符号),表示配置 HPB300 级钢筋,直径为 10mm,间距为 100mm。

2. 架立筋

架立筋一般设置在梁的受压区,与纵向受力筋平行,用于固定梁内钢筋的位置,并与受力筋形成钢筋骨架。架立筋是按构造配置的,其标注方法同梁内受力筋。

3. 箍筋

箍筋用于承受梁、柱中的剪力、扭矩,固定纵向受力筋的位置等。标注箍筋时,应说明箍筋的级别、直径、间距,如 Φ10@100。

4. 分布筋

分布筋用于单向板、剪力墙中。单向板中的分布筋与受力筋垂直,其作用是将承受的荷载均匀地传递给受力筋,并固定受力筋的位置以及抵抗热胀冷缩所引起的温度变形。在剪力墙中布置的水平分布筋和竖向分布筋,除上述作用外,还可参与承受外荷载。其标注方法同板中受力筋。

梁、板内的钢筋

5. 构造筋

构造筋是指因构造要求及施工安装需要而配置的钢筋,如腰筋、吊筋、拉结筋等。其标注方法同板中受力筋。

6.2.2 结构平面图

在多层或高层建筑物中,结构平面图是表示房屋室外地坪以上各层平面承重构件布置的图样。结构平面图是假设沿楼板面（只有结构层，尚未做楼面面层）将建筑物水平剖开，所作的水平剖面图，表示各层梁、板、柱、墙、过梁和圈梁等的平面布置情况，以及现浇楼板、梁的构造与配筋情况及构件间的结构关系。

1. 结构平面图的用途

结构平面图为施工中安装梁、板、柱等各种构件提供依据，同时为现浇构件立模板、绑扎钢筋、浇筑混凝土提供依据。

2. 结构平面图的内容

建筑物的结构平面图是表示建筑物各承重构件平面布置的图样，重点表达该层楼板的结构布置形式和相关的梁、柱、墙的平面位置。除基础结构平面图外，还有楼层结构平面图、屋顶结构平面图等。结构平面图主要包括以下内容。

1）图名、比例。

2）墙、柱、梁等构件的位置和编号。

3）楼板部分，如采用安装预制板方式，须表明预制板的型号或编号、数量，铺设的范围和方向等；如采用现浇方式，须表明现浇板的范围、厚度和配筋，预留孔和洞的位置及尺寸等。

4）圈梁和门窗过梁的布置、代号与编号。

5）各种梁、板底面结构标高，各定位轴线间的距离。

6）有关剖切符号、详图索引符号和其他标注代号。

7）设计说明，如设计总说明中未指明的，或本楼层中需要特别说明的特殊材料、尺寸或构造措施等。

3. 识读结构平面图

一般民用建筑的结构平面图包括基础结构平面图、楼层和屋面结构平面图等。基础结构平面图中反映了基础的放线宽度、墙柱轴线位置、地梁和上下水留洞位置。考虑图面的布置，也可以将基础详图绘制在一张图纸上。楼层及屋面结构平面图主要表示梁、板、过梁、圈梁、楼梯、阳台、雨篷、天沟等的编号、数量、安装位置以及各种构件详图的图号或采用标准图的图集号。

6.2.3 钢筋混凝土构件详图

1. 钢筋混凝土构件的图示方法与标注

用来表示钢筋混凝土构件的形状尺寸和构件中的钢筋配置情况的图样称为钢筋混凝土构件详图，又简称为配筋图，其图示重点是钢筋及其配置。

（1）图示方法

假想混凝土是透明体，构件内的钢筋是可见的。构件外形轮廓线采用细实线，钢筋用粗实线绘出。断面图中被截断的钢筋用黑圆点表示，断面图上不绘制混凝土的材料图例。

钢筋混凝土构件详图上各类钢筋的交叉重叠很多，为了清楚地表示出有无弯钩及它们相互搭接的情况，《建筑结构制图标准》（GB/T 50105—2010）中规定了普通钢筋的一般表示方法，见表6-2。

表 6-2 普通钢筋的一般表示方法

名称	图例	说明
钢筋横断面	●	表示长、短钢筋投影重叠时，短钢筋的端部用45°斜画线表示
无弯钩的钢筋端部		
带半圆形弯钩的钢筋端部		
带直钩的钢筋端部		
带螺纹的钢筋端部		
无弯钩的钢筋搭接		
带半圆弯钩的钢筋搭接		
带直钩的钢筋搭接		

（2）钢筋的标注

构件中的各种钢筋应进行标注，标注内容包括钢筋的编号、数量、强度等级、直径和间距等。

构件中对不同形状、不同规格的钢筋应进行编号。其中，规格、直径、形状、尺寸完全相同的钢筋，使用同一个编号；上述各项中有一项不同则需分别编号。构件中的所有钢筋宜按先主后次的顺序逐一编号，编号应采用阿拉伯数字，写在直径为 5～6mm 的细实线圆圈内。对于简单构件，钢筋也可不编号。

钢筋标注一般采用以下两种形式。

1）标注钢筋的数量、强度等级和直径，如梁、柱内的纵筋，如图 6-2 所示。

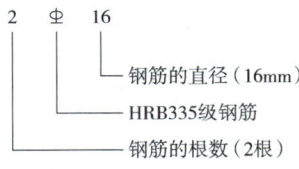

图 6-2　钢筋标注形式一

2）标注钢筋的强度等级、直径和相邻钢筋的中心距，如梁、柱内箍筋和板内钢筋，如图 6-3 所示。

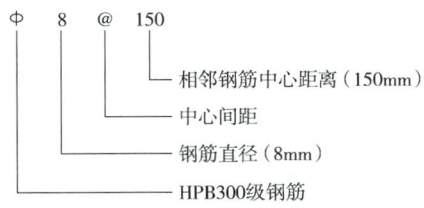

图 6-3　钢筋标注形式二

2. 钢筋混凝土梁、柱、板

（1）钢筋混凝土梁

如图 6-4 所示为钢筋混凝土梁的配筋图，包括配筋立面图、配筋断面图、钢筋大样图和钢筋表。

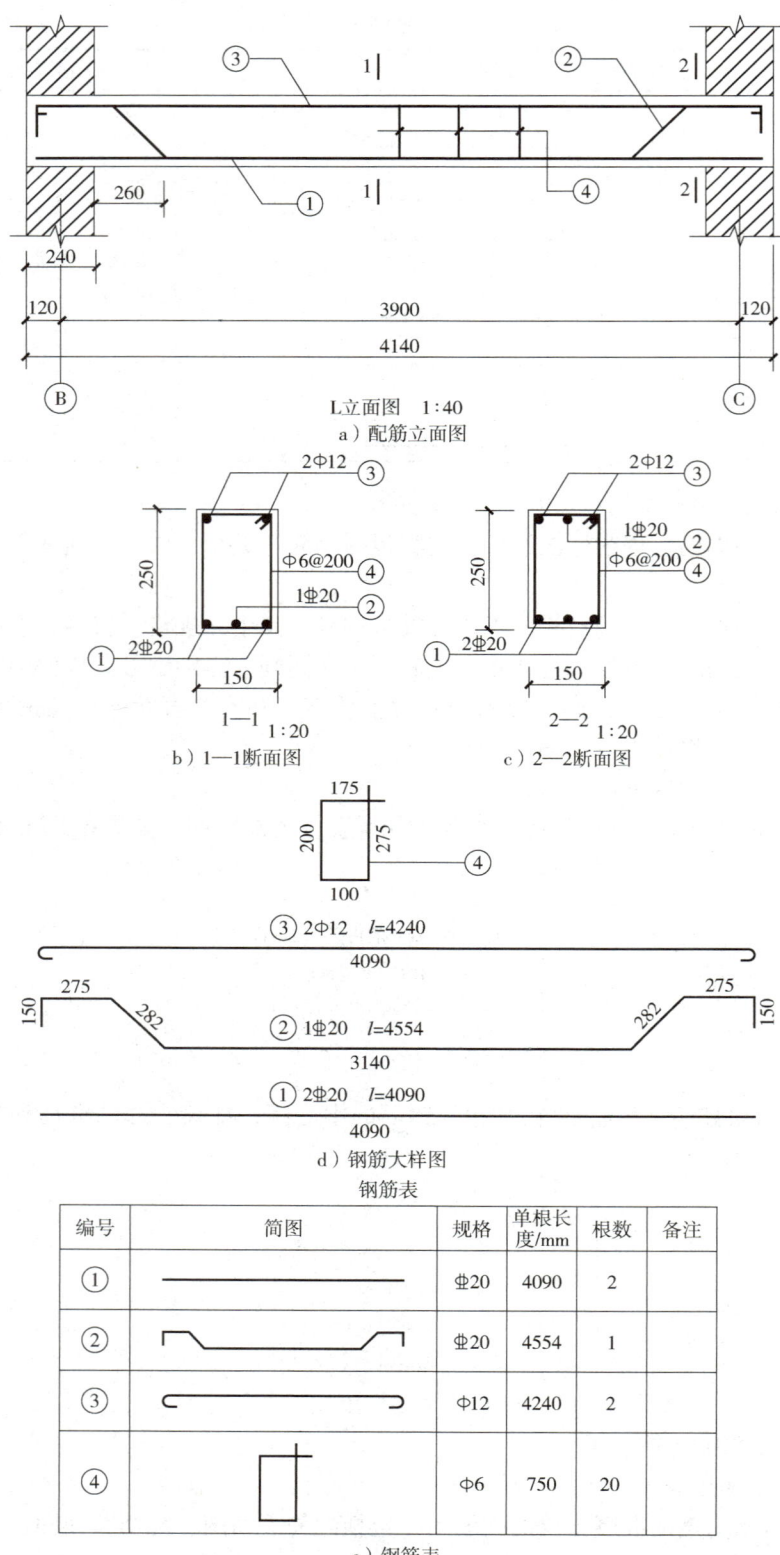

图 6-4 钢筋混凝土梁的配筋图

1) 配筋立面图。由配筋立面图可知梁的外形尺寸,梁的两端搁置在砖墙上,该梁共配置四种钢筋:①、②号钢筋为受力筋,位于梁下部,通长配置,其中②号钢筋为弯起钢筋,其中间段位于梁下部,在两端支座处弯起到梁上部,图中注出了弯起点的位置;③号钢筋为架立筋,位于梁上部,通长配置;④号钢筋为箍筋,沿梁全长均匀布置,在立面图中箍筋可采用简化画法,在适当位置绘制出三四根即可。

2) 配筋断面图。配筋断面图表达了梁的断面形状尺寸,注明了各种钢筋的编号、根数、强度等级、直径、间距等。1-1断面图表达了梁跨中的配筋情况,该处梁下部有三根受力筋,直径20mm,均为HRB400级钢筋,两根①号钢筋在外侧,中间一根为②号弯起钢筋;梁上部是两根③号架立筋,直径12mm,为HPB300级钢筋;箍筋为HPB300级钢筋,直径6mm,间距为200mm。2-2断面图表达了梁两端支座处的配筋情况。可以看出,梁下部只有两根①号钢筋,②号钢筋弯起到梁上部,其他钢筋没有变化。

3) 钢筋大样图。钢筋大样图绘制在与立面图相对应的位置,比例与立面图一致。每个编号只绘制出一根钢筋,标注编号、根数、强度等级、直径和钢筋上各段长度及单根长度。计算各段长度时,箍筋尺寸为内皮尺寸,弯起钢筋的高度尺寸为外皮尺寸。

4) 钢筋表。为了便于钢筋用量的统计、下料和加工,要列出钢筋表。

(2) 钢筋混凝土柱

钢筋混凝土柱的图示方法基本上和梁相同。其配筋图一般包括配筋立面图、配筋断面图、钢筋大样图和钢筋表。对于形状复杂的构件,还要绘制出模板图,表达其具体的形状、尺寸、标高以及预埋件和预留孔洞的位置等,以便施工时进行支模。

构造柱与结构柱的区别

图6-5所示为一根带有牛腿的预制钢筋混凝土柱Z-1的构件详图。在工业厂房中,牛腿常用来支承吊车梁;牛腿之上的柱称为上柱,主要用来支承屋架,断面较小;牛腿之下的柱称为下柱,受力较大,故断面较大,下柱断面有矩形、工字形或双肢柱等形式。

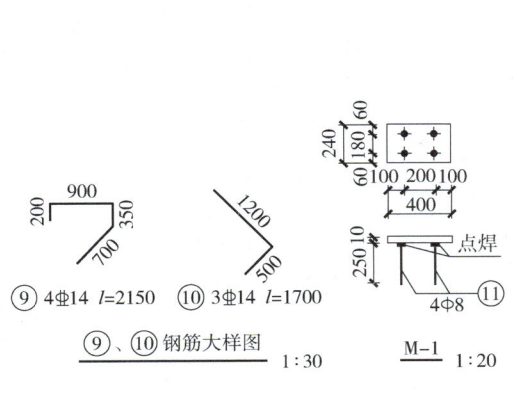

钢筋表

编号	简图	规格	单根长度/mm	根数
①		⌀20	3910	4
②		⌀18	7270	3
③		⌀18	7270	3
④		⌀18	7270	2
⑤		⌀8	1600	18
⑥		⌀8	放样确定	8
⑦		⌀8	2000	34
⑧		⌀8	470	34
⑨		⌀14	2150	4
⑩		⌀14	1700	3
⑪		⌀8	250	12

说明:混凝土采用C25。

a) 钢筋大样图   b) M-1预埋件详图   c) 钢筋表

图6-5 钢筋混凝土柱Z-1的构件详图

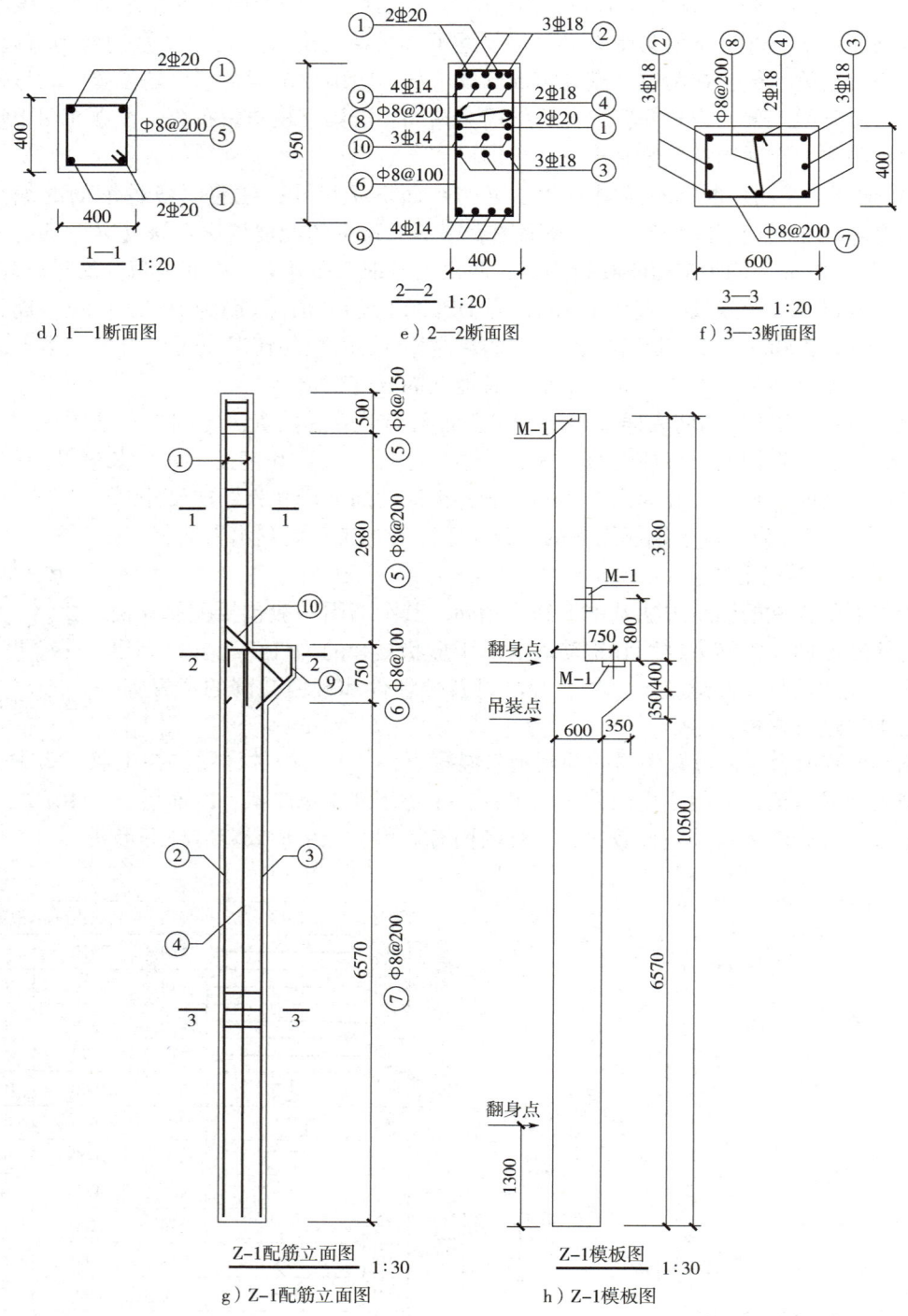

图 6-5 钢筋混凝土柱 Z-1 的构件详图（续）

图 6-5 中包括模板图、配筋立面图、配筋断面图、钢筋大样图、钢筋表和预埋件详图。下面逐一识读。

1）柱的形状尺寸。图 6-5h 所示的模板图为柱的立面图，结合柱的配筋断面图 1-1、2-2、3-3 可确定该柱的形状尺寸。该柱一侧有牛腿，上柱的断面尺寸为 400mm×400mm，牛腿部位断面尺寸为 400mm×950mm，下柱的断面尺寸为 400mm×600mm。

2）柱的配筋。柱的配筋由配筋立面图、配筋断面图、钢筋大样图和钢筋表共同表达。首先识读上柱配筋，由配筋立面图和 1-1 断面图可知，上柱受力筋为 4 根 HRB400 级钢筋，直径 20mm，分布在四角，箍筋为 HPB300 级钢筋，直径 8mm，间距 200mm，距上柱顶部 500mm 范围是箍筋加密区，间距 150mm。

然后识读下柱配筋，由配筋立面图和 3-3 断面图可知，下柱受力筋为 8 根 HRB400 级钢筋，直径 18mm，箍筋为 HPB300 级钢筋，直径 8mm，间距 200mm。

最后识读牛腿部位的配筋，由配筋立面图可知，上、下柱的受力筋都伸入牛腿，使上下柱连成一体。由于牛腿部位要承受吊车梁的荷载，所以该处钢筋需要加强，由配筋立面图、2-2 断面图以及钢筋详图可知，牛腿部位配置了编号为⑨和⑩的加强弯筋，⑨号钢筋为 4 根 HRB400 级钢筋，直径 14mm，⑩号钢筋为 3 根 HRB400 级钢筋，直径 14mm。牛腿部位的箍筋为 HPB300 级钢筋，直径 8mm，间距 100mm，形状随牛腿断面逐步变化。

3）预埋件详图及其他。在该钢筋混凝土柱上设计有多个预埋件。模板图中标注了预埋件的确切位置，上柱顶部的预埋件用于连接屋架，上柱内侧靠近牛腿处和牛腿顶面的两个预埋件用于连接吊车梁。图 6-5b 所示的 M-1 预埋件详图，详细表达了预埋钢板的形状、尺寸和锚固钢筋的数量、强度等级和直径。

另外，在模板图中还标注了翻身点和吊装点。由于该柱是预制构件，在制作、运输和安装过程中需要将构件翻身和吊起，如果翻身或吊起的位置不对，可能使构件破坏，因此需要根据力学分析确定翻身和起吊的合理位置，并进行标记。

（3）钢筋混凝土板

钢筋混凝土板有预制板和现浇板两种。

1）钢筋混凝土预制板。钢筋混凝土预制板有实心板、槽形板和空心板等形式，其中空心板应用最广。空心板是定型构件，一般不必绘制详图，只需标注其型号，根据标注的型号查阅有关的标准图集了解板的长度、宽度和高度。

预应力钢筋混凝土空心板的型号标注方法目前全国尚未统一，各地区有各自的标准图集，本书采用山东省建筑标准设计图集的标注方法。常用空心板的厚度为 120mm 和 180mm，现以 120mm 厚空心板的型号和代号的注释为例进行说明，如图 6-6 所示。

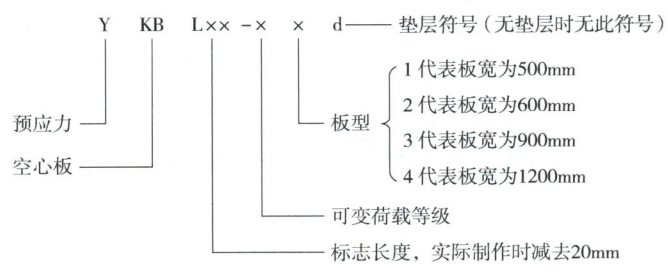

图 6-6 空心板标注

例如 5YKBL33-42 表示：120mm 厚的预应力钢筋混凝土空心板，板数为 5 块，板长为 3300mm，实际制作时减去 20mm；允许的可变荷载等级为 4 级；板宽为 600mm，实际制作时减去 10mm。

2）钢筋混凝土现浇板。钢筋混凝土现浇板需绘制构件详图，一般用平面图表达。

图 6-7 所示为现浇板的配筋图。按《建筑结构制图标准》（GB/T 50105—2010）的规定：底层钢筋弯钩应向上或向左，顶层钢筋弯钩应向下或向右。由图 6-7 可知，在该块板中，①号钢筋为 HPB300 级钢筋，直径 12mm，间距 150mm，两端半圆弯钩向上，配置在板底层；②号钢筋为 HPB300 级钢筋，直径 10mm，间距 150mm，两端直弯钩向下，配置在板顶层；③号钢筋为 HPB300 级钢筋，直径 8mm，间距 200mm，两端直弯钩向右或向下，配置在板顶层四周支座处；另外，板上留有洞口，在洞口周边配有加强钢筋每边 2Φ12，洞口两侧的板上还配置了④、⑤两种钢筋。

若板中配置的是热轧带肋钢筋，其端部不做弯钩，按《建筑结构制图标准》（GB/T 50105—2010）的规定，无弯钩钢筋的端

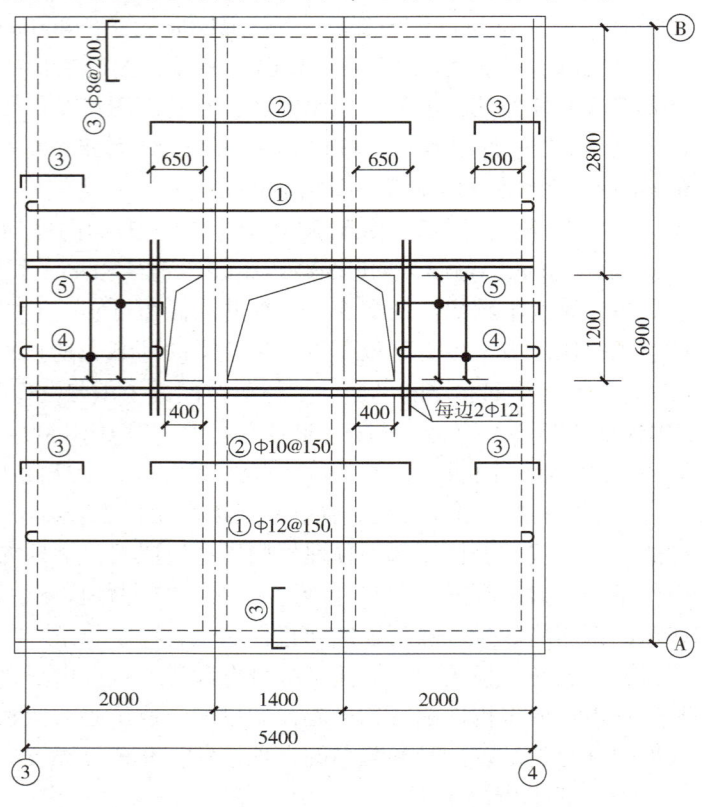

图 6-7 现浇板的配筋图

部用 45°斜短画表示，底层钢筋斜短画方向向上或向左，顶层钢筋斜短画方向向下或向右。

（4）钢筋混凝土构件详图识读要点

钢筋混凝土构件详图的识读要点主要有以下几点。

1）识读构件的代号和编号，明确构件在整个结构中的位置。

2）识读构件的形状和各部位的尺寸、标高。

3）识读构件的配筋。重点识读构件中不同位置配置钢筋的形状、数量、强度等级、直径、长度等。

6.3 基础平面图和基础详图

6.3.1 基础平面图

基础图主要表示建筑物在 ±0.000 以下基础部分的平面布置和详图构造，一般包括基础平面图与基础详图。它们是施工放线、开挖基坑、砌筑或浇筑基础的依据。基础平面图的比例一般与建筑平面图的比例相同。基础图如图 6-8 所示。

基础设计说明

第6章 结构施工图的识读

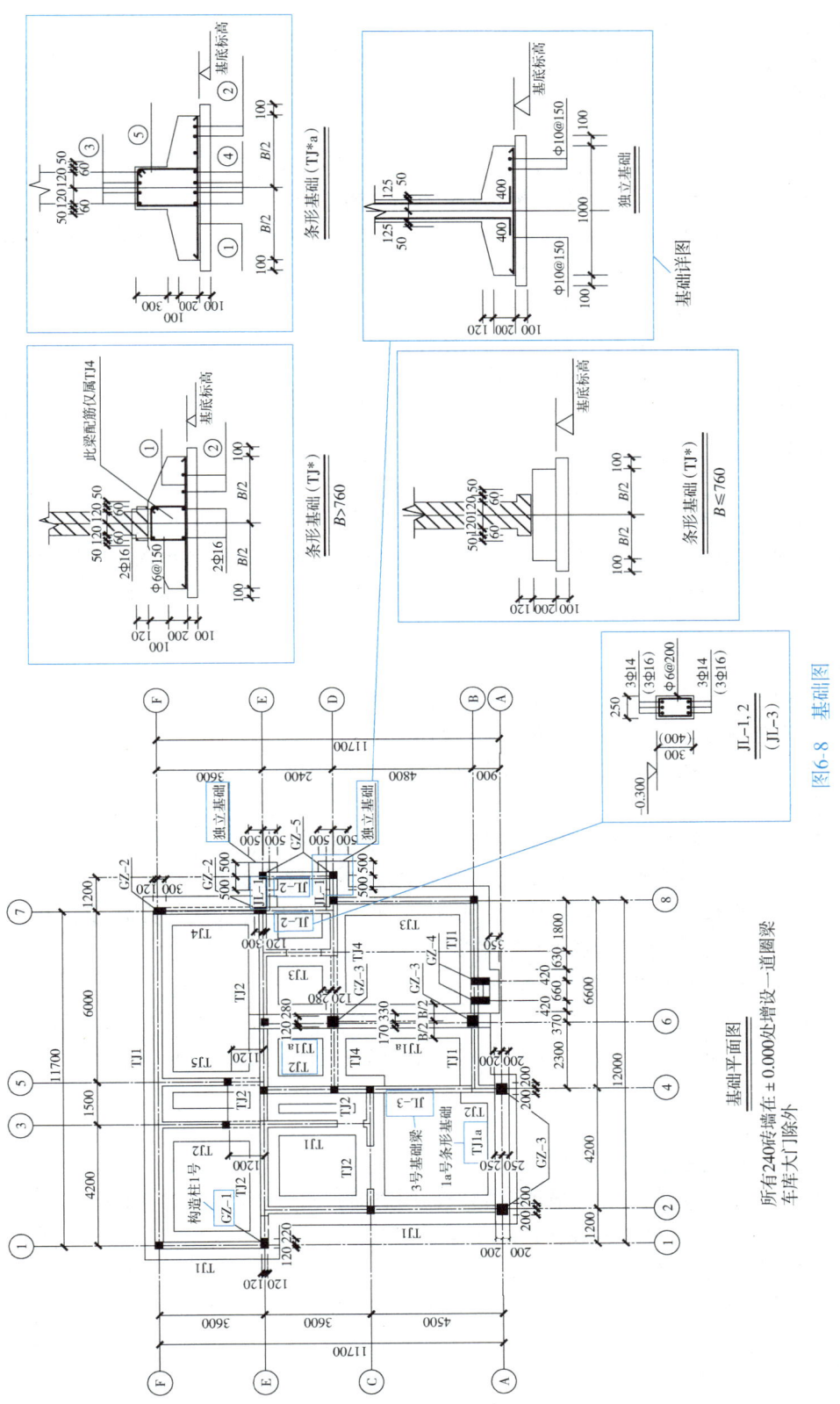

图6-8 基础图

1. 建筑物基础平面图的形成

建筑物基础平面图是假设一个水平剖切面在相对标高 ±0.000 处将建筑物剖开，移去上面部分后所作的水平投影图。

2. 基础平面图的图示特点

1）在基础平面图中，只绘制出基础墙（或柱）及基础底面的轮廓线，其他细部轮廓线都省略不画，如大放脚就不表示。这些细部的形状和尺寸在基础详图中表示。

2）由于基础平面图实际上是水平剖面图，故剖到的基础墙、柱的边线采用粗实线；基础边线采用中实线；在基础内留有的孔、洞及管沟位置采用虚线。

3）断面剖切符号。凡基础截面形状、尺寸不同时，即基础宽度、墙体厚度、大放脚、基底标高及管沟做法等不同，均标有不同的断面剖切符号，表示绘制有不同的基础详图。根据断面剖切符号的编号可以查阅基础详图。

4）不同类型的基础、柱分别用 J-1、J-2……和 Z-1、Z-2……表示。

3. 基础平面图的主要内容

基础平面图主要表示基础墙、柱、留洞及构件布置等平面位置关系，包括以下内容：

1）图名和比例。基础平面图的比例应与建筑平面图相同。常用比例为 1∶100 和 1∶200。

2）基础平面图应标出与建筑平面图相一致的定位轴线及其编号和轴线之间的尺寸。

3）基础的平面布置。基础平面图应反映基础墙、柱，基础底面的形状、大小及基础与轴线的尺寸关系。

4）管沟的位置及宽度，管沟墙及沟盖板的布置。

5）基础梁的布置与代号。不同形式的基础梁用代号 JL1、JL2……表示。

6）基础的编号、基础断面的剖切位置和编号。

7）施工说明。用文字说明地基承载力及材料强度等级等。

4. 识图步骤

1）轴线网。对照建筑平面图查阅轴线网，二者必须一致。

2）基础墙的厚度、柱的截面尺寸。它们与轴线的位置关系。

3）基础底面尺寸。对于条形基础，基础底面尺寸就是指基础底面宽度；对于独立基础，基础底面尺寸就是指基础底面的长和宽。

4）管沟的宽度及分布位置。

5）墙体留洞位置。

6）断面剖切符号。阅读剖切符号明确基础详图的剖切位置及编号。

6.3.2 基础详图

1. 基础详图的形成

基础详图是用较大的比例绘制的基础局部构造图，用以表达基础的细部尺寸、截面形式与大小、材料做法及基础埋置深度等。

对于条形基础，基础详图就是基础的垂直断面图，如图 6-9 所示；对于独立基础，应绘制出基础的平面图、立面图和断面图，如图 6-10 所示。

独立基础详图

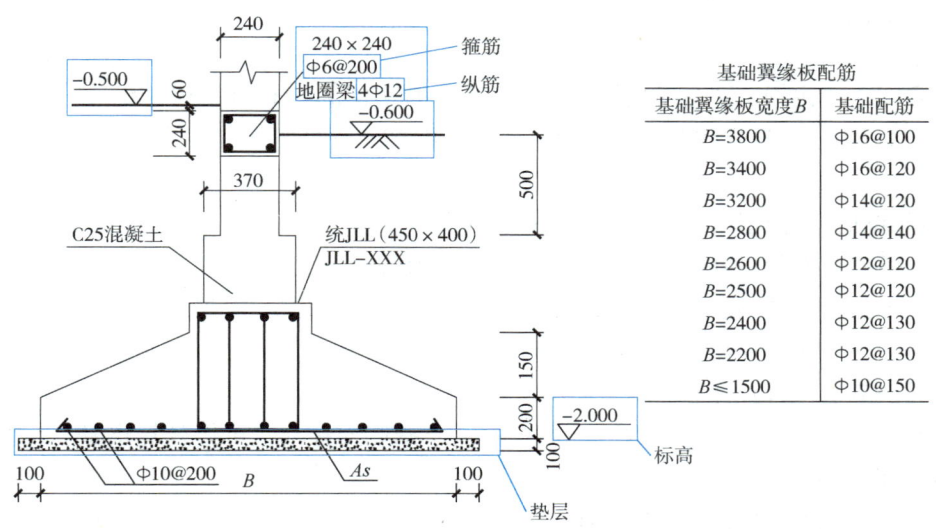

图 6-9　条形基础详图

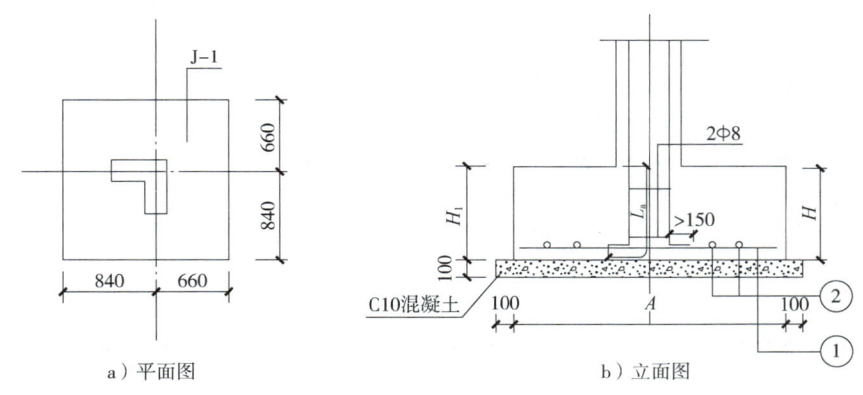

a）平面图　　　　　　　　　　b）立面图

图 6-10　独立基础详图

2. 图示特点

不同构造的基础应分别画出其详图，当基础构造相同仅部分尺寸不同时，也可用一个详图表示，但需标出不同部分的尺寸。基础断面图的边线一般用粗实线画出，断面内应画出材料图例；若是钢筋混凝土基础，则只画出配筋情况，不画出材料图例。

3. 主要内容

基础详图主要表示以下内容：

1) 图名与比例。
2) 轴线及其编号。
3) 基础的详细尺寸，基础墙的厚度，基础的宽、高，垫层的厚度等。
4) 室内外地面标高及基础底面标高。
5) 基础及垫层的材料、强度等级、配筋规格及布置。
6) 防潮层、圈梁的做法和位置。

基础的形式与组成

7）施工说明等。

4. 识读步骤

1）看图名、比例。图名常用基础代号表示，常用比例为1∶20和1∶50。

2）从基础的图名或代号和轴线编号，对照基础平面图，依次查阅，确定基础所在位置。

3）看基础的断面形式、大小、材料以及配筋。

4）看基础断面图中基础梁的高、宽尺寸或标高以及配筋。

5）看基础断面图的各部分详细尺寸。注意大放脚的做法、垫层厚度，圈梁的位置和尺寸、配筋情况等。这些是基础施工的重要依据。

6）看防潮层位置及做法。了解防潮层与正负零之间的距离及所用材料。

7）阅读标高尺寸。通过室内外地面标高及基础底面标高，可以计算出基础的高度和埋置深度。

基础平面图画法要求

【例6-1】某独立基础平面图、剖面图及详图如图6-11所示，识读图中信息。

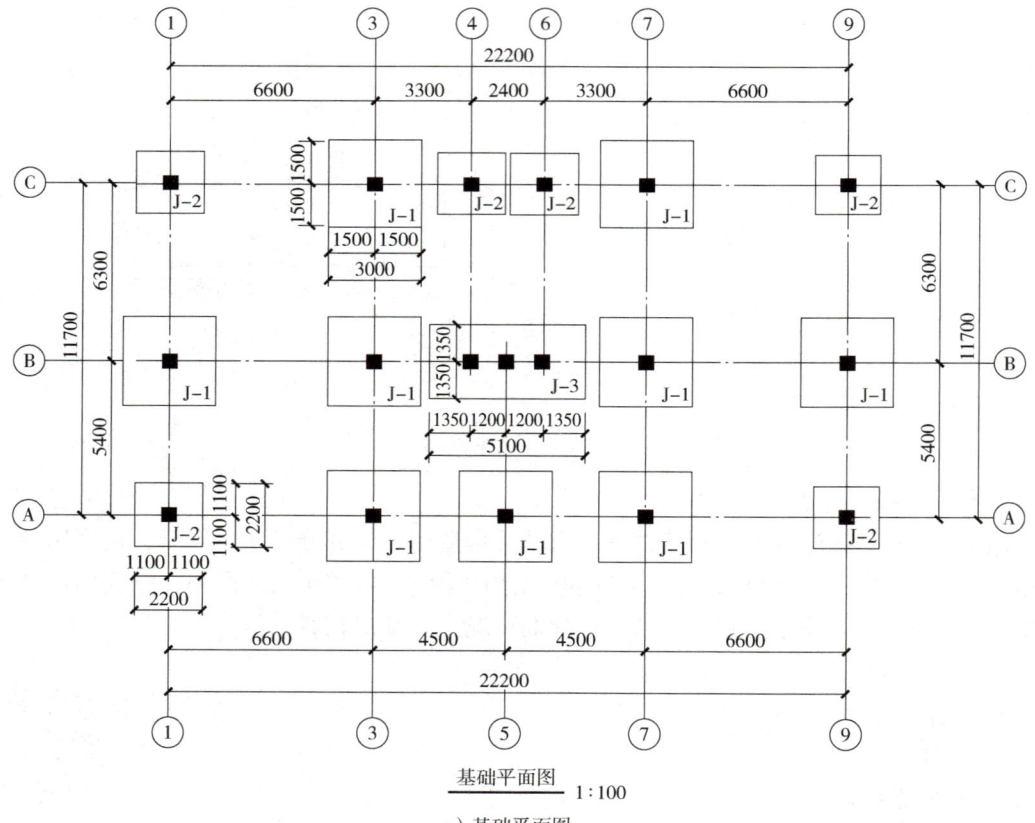

a）基础平面图

图6-11 独立基础

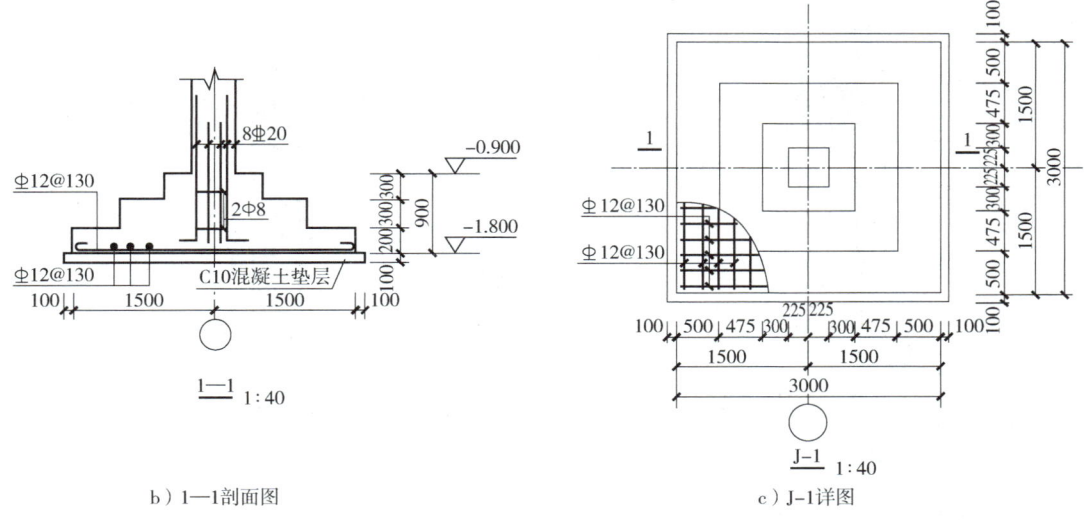

b) 1—1剖面图

c) J-1详图

图 6-11 独立基础（续）

【例 6-2】条形基础平面图、详图如图 6-12、图 6-13 所示，识读图中内容。

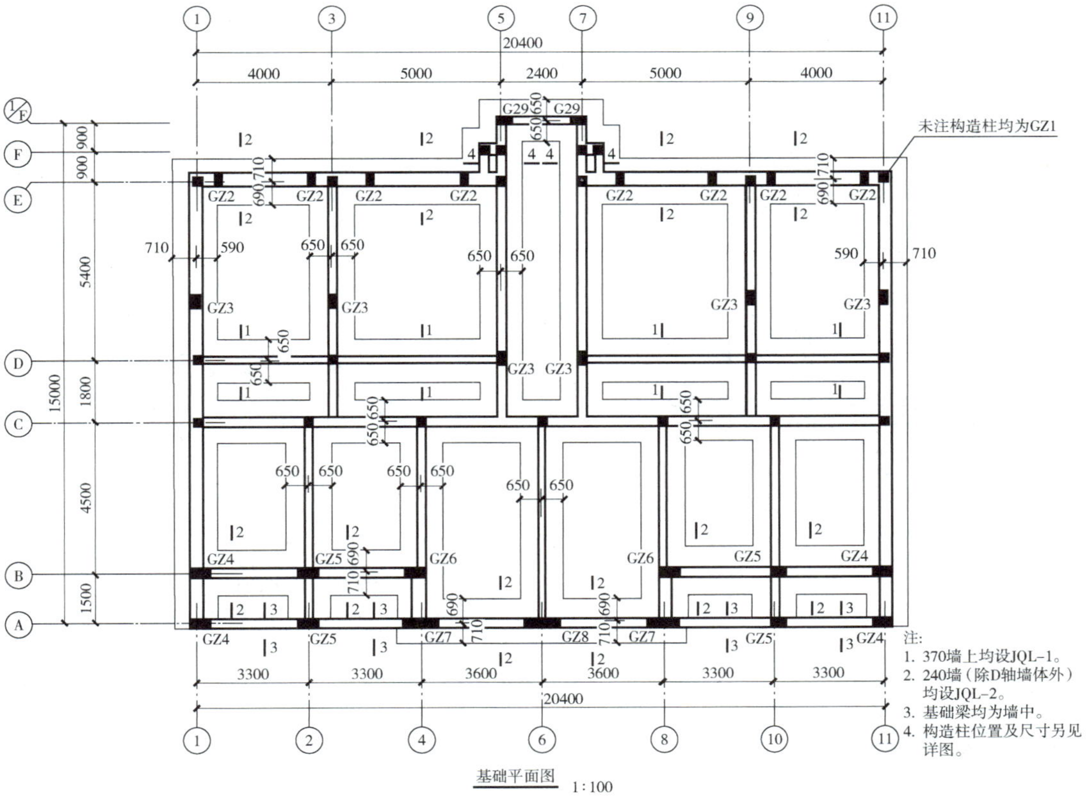

图 6-12 条形基础平面图

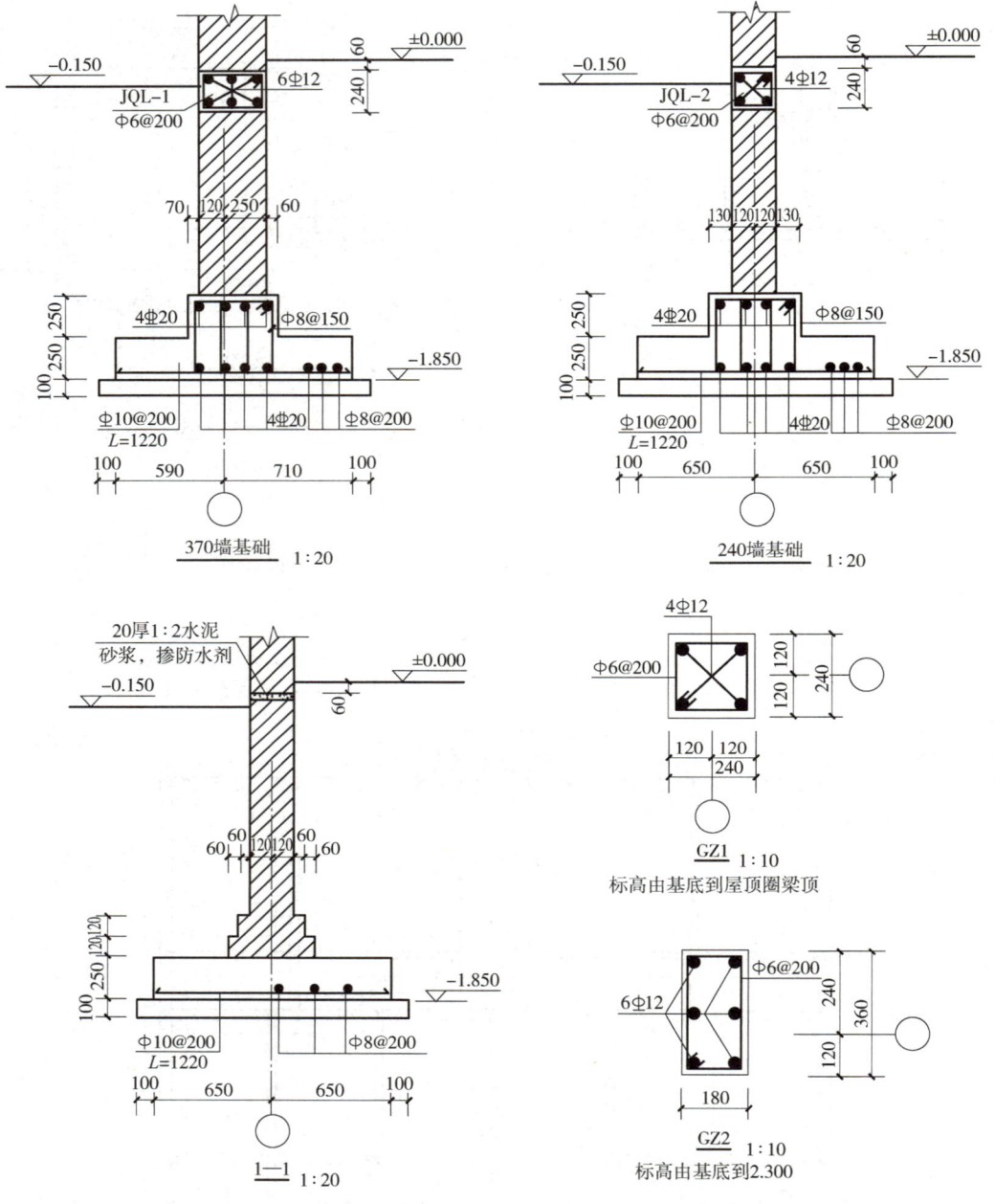

图 6-13 条形基础详图

6.4 梁平法施工图

6.4.1 梁编号

梁编号由梁类型代号、序号、跨数及有无悬挑几项组成,应符合表 6-3 的规定。

表6-3 梁编号

梁类型	代号	序号	跨数及是否带有悬挑
楼层框架梁	KL	××	（××）或（××A）或（××B）
屋面框架梁	WKL	××	（××）或（××A）或（××B）
框支梁	KZL	××	（××）或（××A）或（××B）
非框架梁	L	××	（××）或（××A）或（××B）
悬挑梁	XL	××	—

注：（××A）为一端有悬挑，（××B）为两端有悬挑，悬挑不计进跨数。

6.4.2 梁平法注写方式

梁的配筋图画法采用平面注写方式或截面注写方式表达，但是梁的平面整体表示采用集中标注和原位标注两种方式表达。

1. 集中标注

1）集中标注的位置：集中标注可从梁的任意一跨引出。

2）集中标注的内容。

①4项必注值：梁编号、梁截面尺寸、梁箍筋、梁上部贯通筋或架立筋；2项选注值：梁侧面纵向构造钢筋或受扭钢筋、梁顶面标高高差，如图6-14所示。

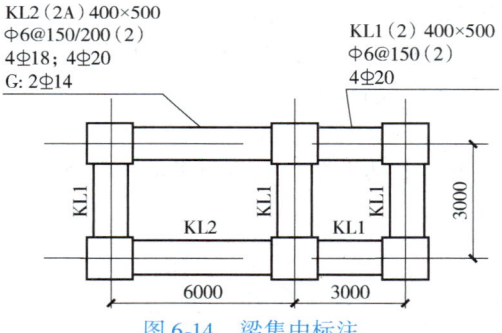

图6-14 梁集中标注

②标注形式：梁代号和序号（跨数，有无悬挑）、梁宽×梁高；箍筋的肢数、上部贯通筋、下部贯通筋、腰筋；梁顶标高（无标注时同板顶标高），如图6-15所示。

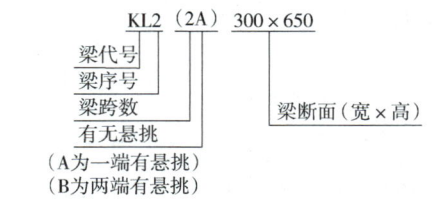

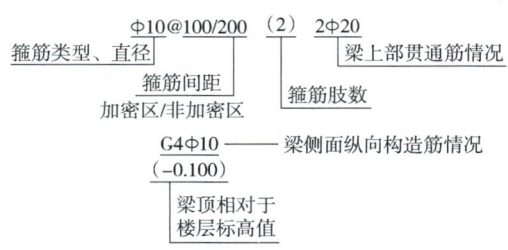

图6-15 梁集中标注形式

3）梁的集中标注示例。梁集中标注示例如图 6-16 所示。

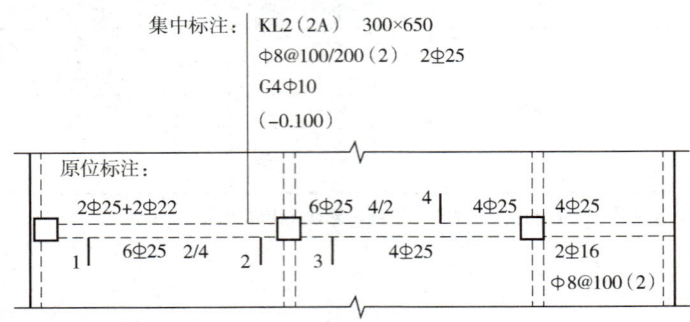

图 6-16　梁集中标注示意图

4）集中标注符号的含义。

①图中 KL 表示框架梁，（2A）表示 2 跨，一端有悬挑，括号中可能出现的字母表示：A 为一端有悬挑；B 为两端有悬挑。

②图中 300×650 表示：梁宽为 300mm，梁高为 650mm。

③图中 Φ8@100/200（2）表示的是直径为 8mm 的一级钢，加密区间距为 100mm，非加密区间距为 200mm，均为双肢箍。

④G4Φ10 表示的是梁配置 4 根直径为 10mm 的箍筋。

⑤（-0.100）表示的是该梁设置的标高。

2. 原位标注

原位标注的内容包括梁支座上部纵筋、梁下部纵筋、附加箍筋或吊筋等。梁原位标注如图 6-17 所示。

（1）梁支座上部纵筋

原位标注的支座上部纵筋应为包括集中标注的贯通筋在内的所有钢筋。多于一排时，用"/"自上而下分开；同排纵筋有两种不同直径时，用"+"相连，且角部纵筋写在前面。如：6Φ25 4/2 表示支座上部纵筋共 2 排，上排 4Φ25，下排 2Φ25。2Φ25+2Φ22 表示支座上部纵筋共 4 根一排放置，其中角部 2Φ25，中间 2Φ22，（2）表示两肢箍，当梁中间支座两边的上部纵筋相同时，仅在支座的一边标注配筋值；否则，须在两边分别标注。

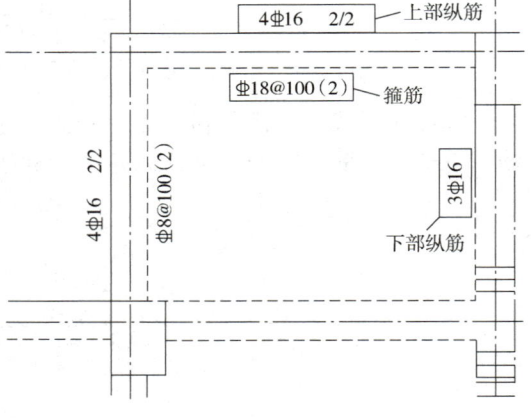

图 6-17　梁原位标注示意图

（2）梁下部钢筋

梁下部钢筋与上部纵筋标注类似，多于一排时，用"/"自上而下分开。同排纵筋有 2 种不同直径时，用"+"相连，且角部纵筋写在前面。如：6Φ25 2/4 表示下部纵筋共 2 排，上排 2Φ25，下排 4Φ25。

（3）附加箍筋或吊筋

附加箍筋或吊筋直接画在平面图中的主梁上，用线引注总配筋值，附加箍筋的肢数注在括号内。当多数附加箍筋或吊筋相同时，可在图中统一说明，少数与统一说明不一致者，再在原位引注。

当在梁上集中标注的内容（某一项或某几项）不适用于某跨或某悬挑段时，则将其不同数值原位标注在该跨或该悬挑段上。

6.5 柱平法施工图

柱平法施工图是在柱平面布置图上采用列表注写方式或截面注写方式表达。

柱平面布置图，可采用适当比例单独绘制，也可与剪力墙平面布置图合并绘制。在柱平法施工图中，应按规定注明各结构层的楼面标高、结构层高及相应的结构层号，尚应注明上部结构嵌固部位位置。

6.5.1 列表注写

1. 列表注写方式

列表注写方式是指在柱平面布置图上（一般只需采用适当比例绘制一张柱平面布置图，包括框架柱、框支柱、梁上柱和剪力墙上柱），分别在同一编号的柱中选择一个（有时需要选择几个）截面标注几何参数代号；在柱表中注写柱编号、柱段起止标高、几何尺寸（含柱截面对轴线的偏心情况）与配筋的具体数值，并配以各种柱截面形状及其箍筋类型图，来表达柱平法施工图。

2. 列表注写内容

1) 注写柱编号，柱编号由类型代号和序号组成，应符合表 6-4 的规定。

表 6-4 柱编号

柱类型	代号	序号
框架柱	KZ	××
框支柱	KZZ	××
芯柱	XZ	××
梁上柱	LZ	××
剪力墙上柱	QZ	××

注：编号时，当柱的总高、分段截面尺寸和配筋均对应相同，仅截面与轴线的关系不同时，仍可将其编为同一柱号，但应在图中注明截面与轴线的关系。

2) 注写各柱段的起止标高，自柱根部向上以变截面位置或截面未变但配筋改变处为界分段注写。框架柱和框支柱的根部标高是指基础顶面标高；芯柱的根部标高是指根据结构实际需要而定的起始位置标高；梁上柱的根部标高是指梁顶面标高；剪力墙上柱的根部标高为墙顶面标高。

3) 对于矩形柱，注写柱截面尺寸（$b \times h$）及与轴线关系的几何参数代号 b_1、b_2 和 h_1、h_2 的具体数值，需对应于各柱段分别注写。其中，$b = b_1 + b_2$，$h = h_1 + h_2$。当截面的某一边收缩变化至与轴线重合或偏到轴线的另一侧时，b_1、b_2、h_1、h_2 中的某项为零或为负值，如图6-18所示。

对于圆柱，表中$b \times h$一栏改用在圆柱直径数字前加d表示。为表达简单，圆柱截面与轴线的关系也用b_1、b_2和h_1、h_2表示，并使$d = b_1 + b_2 = h_1 + h_2$。

对于芯柱，根据结构需要，可以在某些框架柱的一定高度范围内，在其内部的中心位置设置（分别引注其柱编号）。芯柱截面尺寸按构造确定，并按国标图集22G101-1中的标准构造详图施工，设计不需注写；当设计者采用与国标图集22G101-1中的标准构造详图不同的做法时，应另行注明。芯柱定位随框架柱，不需要注写其与轴线的几何关系。

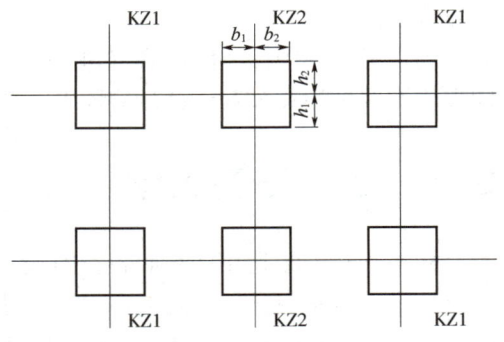

图6-18 矩形柱截面示意图

4）注写柱纵筋。当柱纵筋直径相同，各边根数也相同时（包括矩形柱、圆柱和芯柱），将纵筋注写在"全部纵筋"一栏中；除此之外，柱纵筋分角筋、截面b边中部筋和h边中部筋三项分别注写（对于采用对称配筋的矩形柱，可仅注写一侧中部筋，对称边省略不注）。

5）注写箍筋类型号及箍筋肢数。在箍筋类型栏内注写箍筋类型号与肢数。

6）注写柱箍筋，包括钢筋级别、直径与间距。当为抗震设计时，用斜线"/"区分柱端箍筋加密区与柱身非加密区长度范围内箍筋的不同间距。施工人员需根据标准构造详图，在规定的几种长度值中取其最大者作为加密区长度。当框架节点核心区内箍筋与柱端箍筋设置不同时，应在括号中注明核心区箍筋直径及间距，如图6-19所示。

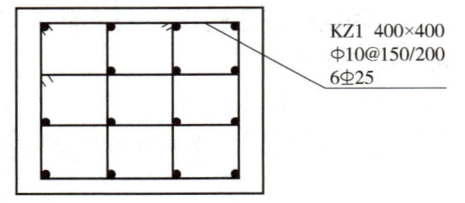

图6-19 框架柱箍筋示意图

当箍筋沿柱全高为一种间距时，则不使用"/"。

当圆柱采用螺旋箍筋时，需在箍筋前加"L"。

【例6-3】 柱列表注写见表6-5，识读KZ1的钢筋信息。

表6-5 柱纵筋、箍筋标注识图

柱号	标高/m	$b \times h$	b_1	b_2	h_1	h_2	全部纵筋	角筋	b边一侧中部筋	h边一侧中部筋	箍筋
KZ1	-0.050~3.550	400×400	200	200	200	200		4Φ20	2Φ20	2Φ20	Φ8@150/200
	3.550~9.850	300×300	150	150	150	150		4Φ20	2Φ20	2Φ20	Φ8@150/200
KZ2	-0.050~3.550	400×400	200	200	200	200	6Φ18				Φ8@200
	3.550~9.850	300×300	150	150	150	150	6Φ18				Φ8@200

6.5.2 截面注写

1）截面注写是指在柱平面布置图的柱截面上，分别在同一编号的柱中选择一个截面，以直接注写截面尺寸和配筋具体数值的方式来表达柱平法施工图,如图 6-20 所示。

2)对除芯柱之外的所有柱截面,按规定进行编号,从相同编号的柱中选择一个截面,按另一种比例原位放大绘制截面配筋图,并在各配筋图上继其编号后再注写截面尺寸 $b×h$、角筋或全部纵筋(当纵筋采用一种直径且能够图示清楚时)、箍筋的具体数值,以及在柱截面配筋图上标注柱截面与轴线关系 b_1、b_2、h_1、h_2 的具体数值。

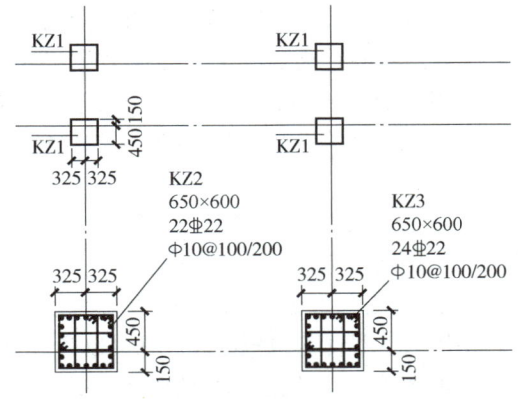

图 6-20 柱的截面注写

当纵筋采用两种直径时,需再注写截面各边中部筋的具体数值(对于采用对称配筋的矩形柱,可仅在一侧注写中部筋,对称边省略不注)。

当在某些框架柱的一定高度范围内,在其内部的中心位设置芯柱时,首先按有关规定进行编号,继其编号之后注写芯柱的起止标高、全部纵筋及箍筋的具体数值,芯柱截面尺寸按构造确定,并按国标图集 22G101-1 中的标准构造详图施工。芯柱定位随框架柱,不需要注写其与轴线的几何关系。

3)在截面注写方式中,如柱的分段截面尺寸和配筋均相同,仅截面与轴线的关系不同时,可将其编为同一柱号。但此时应在未绘制配筋的柱截面上注写该柱截面与轴线关系的具体尺寸。

6.6 板平法施工图

6.6.1 板块集中标注

板块集中标注的内容为板块编号、板厚、贯通纵筋,以及当板面标高不同时的标高高差。

对于普通楼面,两向均以一跨为一板块;对于密肋楼盖,两向主梁(框架梁)均以一跨为一板块(非主梁密肋不计)。所有板块应逐一编号,相同编号的板块可择其一做集中标注,其他仅注写置于圆圈内的板编号,以及当板面标高不同时的标高高差。

板块编号应符合表 6-6 的规定。

表 6-6 板块编号

柱类型	代号	序号
楼面板	LB	××
屋面板	WB	××
悬挑板	XB	××

板厚注写形式为 $h=×××$(为垂直于板面的厚度);当悬挑板的端部改变截面厚度时,用斜线分隔根部与端部的高度值,注写为 $h=×××/×××$;当设计已在图注中统一注明板厚时,此项可不注。

贯通纵筋按板块的下部和上部分别注写（当板块上部不设贯通纵筋时则不注），并以 B 代表下部，以 T 代表上部，B&T 代表下部与上部；X 向贯通纵筋以 X 打头，Y 向贯通纵筋以 Y 打头，两向贯通纵筋配置相同时则以 X&Y 打头。

当为单向板时，分布筋可不必注写，而在图中统一注明。

当在某些板内（如在悬挑板 XB 的下部）配置有构造钢筋时，则 X 向以 Xc，Y 向以 Yc 打头注写。

当 Y 向采用放射配筋时（切向为 X 向，径向为 Y 向），设计者应注明配筋间距的定位尺寸。

当贯通筋采用两种规格钢筋"隔一布一"方式时，表达为 Φxx/yy@×××，表示直径为 xx 的钢筋和直径为 yy 的钢筋二者之间间距均为×××，直径为 xx 的钢筋的间距为×××的 2 倍，直径为 yy 的钢筋的间距也为×××的 2 倍。

板面标高高差是指相对于结构层楼面标高的高差，应将其注写在括号内，且有高差则注写，无高差不注写。

同一编号板块的类型、板厚和贯通纵筋均应相同，但板面标高、跨度、平面形状以及板支座上部非贯通纵筋可以不同，如同一编号板块的平面形状可为矩形、多边形及其他形状等。施工预算时，应根据其实际平面形状，分别计算各块板的混凝土与钢材用量。

设计与施工应注意：单向或双向连续板的中间支座上部同向贯通纵筋，不应在支座位置连接或分别锚固。当相邻两跨的板上部贯通纵筋配置相同，且跨中部位有足够空间连接时，可在两跨任意一跨的跨中连接部位连接；当相邻两跨的上部贯通纵筋配置不同时，应将配置较大者越过其标注的跨数终点或起点伸至相邻跨的跨中连接区域连接。

设计应注意板中间支座两侧上部贯通纵筋的协调配置，施工及预算应按具体设计和相应标准构造要求实施。等跨与不等跨板上部贯通纵筋的连接有特殊要求时，其连接部位及方式应由设计者注明。

6.6.2　板支座原位标注

1）板支座原位标注的内容为板支座上部非贯通纵筋和悬挑板上部受力钢筋的信息。板支座原位标注的钢筋，应在配置相同跨的第一跨表达（当在梁悬挑部位单独配置时则在原位表达）。在配置相同跨的第一跨（或梁悬挑部位），垂直于板支座（梁或墙）绘制一段适宜长度的中粗实线（当该筋通长设置在悬挑板或短跨板上部时，实线段应画至对边或贯通短跨），以该线段代表支座上部非贯通纵筋，并在线段上方注写钢筋编号（如①、②等）、配筋值、横向连续布置的跨数（注写在括号内，且当为一跨时可不注写），以及是否横向布置到梁的悬挑端。

板支座上部非贯通筋自支座中线向跨内的伸出长度，注写在线段的下方位置。

①当中间支座上部非贯通纵筋向支座两侧对称伸出时，可仅在支座一侧线段下方标注伸出长度，另一侧不注写，如图 6-21 所示。

②当向支座两侧非对称伸出时，应分别在支座两侧线段下方注写伸出长度，如图 6-22 所示。

③对线段画至对边贯通全跨或贯通全悬挑长度的上部通

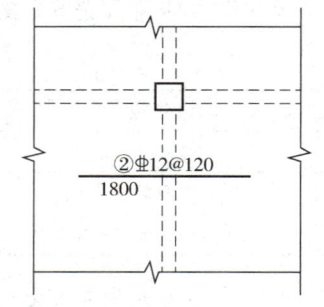

图 6-21　板支座上部非贯通筋
　　　　　对称伸出

长纵筋，贯通全跨或伸出至全悬挑一侧的长度值不注写，只注写非贯通筋另一侧的伸出长度值，如图 6-23 所示。

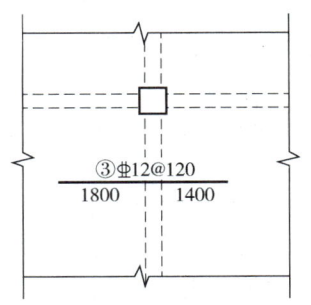

图 6-22　板支座上部非贯通筋非对称伸出

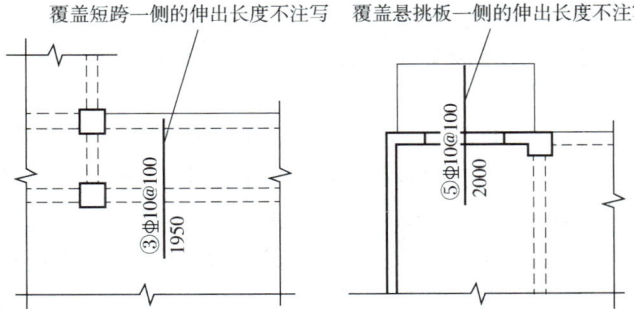

图 6-23　板支座非贯通筋贯通全跨或伸出悬挑端

④当板支座为弧形，支座上部非贯通纵筋呈放射状分布时，设计者应注明配筋间距的度量位置并加注"放射分布"四字，必要时应补绘平面配筋图，如图 6-24 所示。

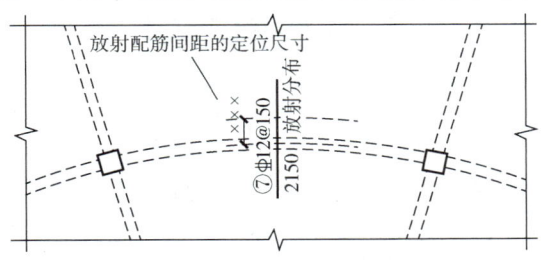

图 6-24　弧形支座处放射配筋

关于悬挑板的注写方式如图 6-25 所示。当悬挑板端部厚度不小于 150mm 时，设计者应指定板端部封边构造方式；当采用 U 形钢筋封边时，尚应指定 U 形钢筋的规格、直径。

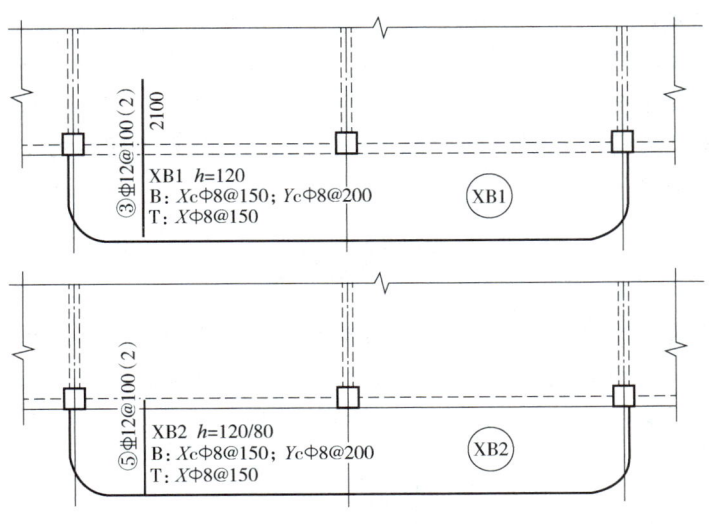

图 6-25　悬挑板支座非贯通筋

此外，悬挑板的悬挑阳角上部放射钢筋的表示方法应符合相关要求。

在板平面布置图中，不同部位的板支座上部非贯通纵筋及悬挑板上部受力钢筋，可仅在一个部位注写，对其他相同者则仅需在代表钢筋的线段上注写编号及按要求注写横向连续布置的跨数即可。

此外，与板支座上部非贯通纵筋垂直且绑扎在一起的构造钢筋或分布钢筋，应由设计者在图中注明。

2）当板的上部已配置有贯通纵筋，但需增配板支座上部非贯通纵筋时，应结合已配置的同向贯通纵筋的直径与间距采取"隔一布一"方式配置。

"隔一布一"方式，非贯通纵筋的标注间距与贯通纵筋相同，两者组合后的实际间距为各自标注间距的1/2。当设定贯通纵筋为纵筋总截面面积的50%时，两种钢筋应取相同直径；当设定贯通纵筋大于或小于纵筋总截面面积的50%时，两种钢筋则取不同直径。

施工应注意：当支座一侧设置了上部贯通纵筋（在板集中标注中以T打头），而在支座另一侧仅设置了上部非贯通纵筋时，如果支座两侧设置的纵筋直径、间距相同，应将二者连通，避免各自在支座上部分别锚固。

素质拓展案例

国家体育场（俗称鸟巢）坐落于北京奥林匹克公园建筑群的中央位置，它在满足奥运会体育场所有的功能和技术要求的同时，设计上并没有被那些雷同的过于强调建筑技术化的大跨度结构和数码屏幕所主宰。体育场的空间效果新颖激进，但又简洁古朴，成为2008年北京奥运会独一无二的地标性建筑。鸟巢是世界上跨度最大的钢结构之一，外形结构主要由巨大的门式刚架组成，共有24根桁架柱。整个体育场结构的组件相互支撑，形成网格状的构架，外观看上去就像树枝编织成的鸟巢，灰色的钢网以透明的膜材料覆盖，高低起伏波动的基座从视觉上缓和了容器的巨大体量，而且给了它漂亮的弧形外观。鸟巢的设计用钢量为4.2万t，是规模和施工难度都特别大的工程。鸟巢使用钢结构，是因为钢结构的密度虽然较大，但与其他建筑材料相比强度却高很多，当承受的荷载和条件相同时，钢结构反而要比其他结构轻，且便于运输和安装，并可采用更大的跨度。钢材的塑性好，钢结构一般不会因为偶然超载或局部超载而突然断裂破坏；钢材的韧性好，使钢结构对动力荷载的适应性较强，钢材的这些性能对钢结构的安全可靠使用提供了充分的保证。

"鸟巢"

本章小结

通过学习本章的内容，使同学们掌握结构施工图的基本内容、钢筋混凝土结构图、基础平面图和基础详图、梁平法施工图、柱平法施工图、板平法施工图。通过本章的学习，同学们可以对结构施工图有一定的认识，为以后继续学习建筑识图相关知识打下基础。

实训练习

一、单项选择题

1. 基础图主要表示建筑物在（　　）以下基础部分的平面布置和详图构造。

A. 一层　　　　B. 首层地面　　　　C. ±0.000　　　　D. 室外地坪以下

2. 结构图采用正面投影法绘制，图中钢筋用（　　）绘制。

　　A. 粗实线　　　B. 细实线　　　　　C. 虚线　　　　　D. 粗虚线

3. 板支座上部非贯通筋自支座中线向跨内的伸出长度，当向支座两侧（　　）时，应分别在支座两侧线段下方注写伸出长度。

　　A. 对称伸出　　B. 伸出　　　　　　C. 非对称伸出　　D. 延伸出

二、多项选择题

1. 下列属于构造筋的有（　　）。

　　A. 腰筋　　　　B. 纵筋　　　　　　C. 贯通筋　　　　D. 吊筋

　　E. 拉结筋

2. 梁的集中标注中4项必注值包括（　　）。

　　A. 梁编号　　　　　　　　　　　　B. 梁截面尺寸

　　C. 梁箍筋　　　　　　　　　　　　D. 梁上部贯通筋或架立筋

　　E. 构造钢筋

3. 柱编号由（　　）组成。

　　A. 类型代号　　B. 柱截面　　　　　C. 序号　　　　　D. 柱钢筋

　　E. 梁截面

4. 板块集中标注的内容有（　　）。

　　A. 当板面标高不同时的标高高差　　B. 板厚

　　C. 板块编号　　　　　　　　　　　D. 板位置

　　E. 贯通纵筋

三、简答题

1. 简述结构施工图的内容。
2. 简述结构平面图的内容。

实训工作单

班级		姓名		日期	
教学项目		结构施工图识读			
学习项目	钢筋混凝土基础、柱梁板的识图		学习要求	重点掌握基础、柱梁板的识图及标注、注写	
相关知识			其他结构如楼梯等的识图		
其他内容					
学习记录					
评语				指导老师	

第 7 章

民用建筑概述

【学习目标】

1. 掌握建筑的分类、等级划分。
2. 理解建筑标准化以及建筑模数的协调。
3. 了解民用建筑的构造组成、作用及影响因素。

【素质目标】

引导学生自主思考自主学习，培养学生自主学习的能力，培养环保意识。

【教学要求】

本章要点	掌握层次	相关知识点
建筑的分类	掌握建筑的分类	居住建筑
建筑等级的划分	1. 掌握建筑的级别 2. 了解不同级别建筑所承担的任务范围	甲级
建筑标准化和模数的协调	理解建筑标准化和建筑模数的协调	标准化、模数
民用建筑构造组成	1. 掌握民用建筑构造组成 2. 了解影响建筑构造的因素	基础 墙体

【项目案例导入】

某高层建筑，设计建筑高度为118.0m，总建筑面积为141200m^2。标准层的建筑面积为2873m^2，每层划分为1个防火分区；一、二层为上下连通的大堂，三层设置会议室和多功能厅，四层以上用于办公；建筑的耐火等级设计为二级，其楼板、楼梯间墙和房间隔墙的耐火极限分别为1.50h、1.00h和0.5h。

【项目问题导入】

请阅读项目案例，分析该建筑按等级划分的级别。

7.1 建筑物的构造组成及其影响因素

7.1.1 建筑物的构造组成和作用

一般来说，民用建筑由基础、墙（柱）、楼板层（楼地层）、屋顶、楼梯

建筑构造的基本要素

和门窗六大部分组成。这些构件处在建筑物的不同部位，具有各自的功能及作用。

1）基础：基础是建筑最下部的承重构件，作用是承受建筑物的全部荷载，并将这些荷载传递给地基。基础自身必须具有足够的强度、刚度和耐久性，并能抵御地下各种有害因素的侵蚀。

2）墙（柱）：墙或柱都是建筑物的竖向承重构件，墙既是承重构件又是围护构件。墙体要承担屋顶和楼板层传来的荷载，并把它们传递给基础。外墙还应抵御自然界各种因素对室内的侵袭。所以，墙体应具有足够的强度、稳定性、保温隔热、隔声防火等性能以及经济性和耐久性的要求。

3）楼板层（楼地层）：楼板层是建筑物中水平方向的承重构件，并且按照层高将建筑物沿水平方向分为若干层。其主要作用是承受家具、设备和人体荷载以及自重，并将这些荷载传递给墙或柱，同时还对墙体起着水平支撑的作用。

4）屋顶：屋顶是建筑物顶部的围护构件和承重构件。

5）楼梯：楼梯是楼房建筑的垂直交通设施，供人们上下楼和紧急疏散时使用。

6）门窗：门与窗均是非承重构件，也称为配件。门主要供人们出入之用，同时还兼有分隔房间、采光通风和围护室内的作用。窗主要起通风、采光等作用。建筑的构造如图7-1所示。

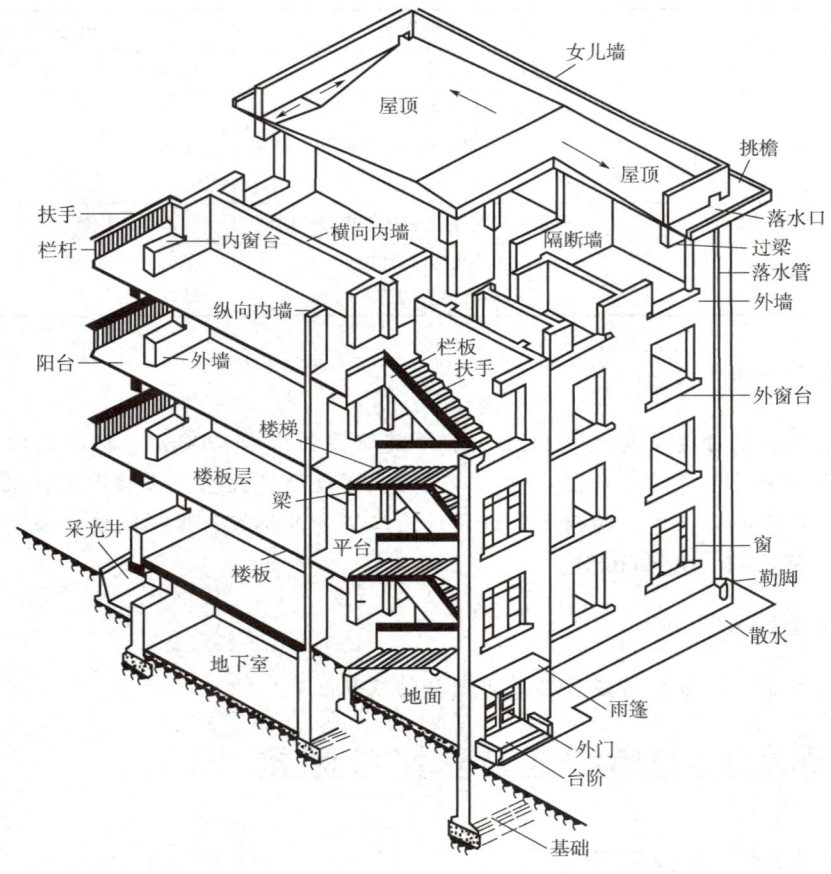

图7-1　建筑构造图

7.1.2 建筑物构造的影响因素

建筑物构造的影响因素有以下五种。

1）外界因素的影响：不同地区的建筑物所处的外界环境对其的影响是不同的，气候特点不同、气温的变化、太阳的热辐射以及自然界的暴风雪等都会影响到建筑物本身的构造强度。所以在构造设计时，应根据有关部门的规定采取相应的防范措施。

建筑物构造的影响因素

2）人为因素的影响：人们所从事的生产和生活活动也会对建筑物造成不利的影响，如噪声、化学腐蚀、机械振动、烟尘和火灾等，应在建筑结构上采取相应的防火、防爆、防震和隔声等构造措施。

3）外力结构的影响：风力、地震力、构配件的自重力、温度变化产生的内应力、正常使用中作用于建筑物的各种力等。

4）技术条件的影响：构造方案的确定除与建筑物使用功能有关外，还与结构类型、材料供应和施工技术条件有密切的关系。

5）经济条件的影响：建筑构造是建筑设计中不可分割的一部分，同时还必须考虑经济效益。在确保工程质量的前提下，既要降低建造过程中的材料、能源和劳动力消耗，以降低造价，又要有利于降低使用过程中的维护和管理费用。

7.2 建筑的分类与等级划分

7.2.1 建筑的分类

（1）按使用功能分类

建筑构造的设计原则

1）民用建筑：供人们进行各种社会活动、居住、生活、工作和学习的房屋和场所，一般可分为公共建筑和居住建筑。

①公共建筑是指供人们进行各种社会活动的建筑，如办公、医疗、交通等建筑。

②居住建筑是指供人们居住、生活、工作和学习的房屋和场所，如住宅、宿舍和公寓等。

民用建筑

2）工业建筑：供人们从事各类生产活动的建筑，如车间、仓库等。

3）农业建筑：供农业、牧业生产和加工用的建筑，如种子库、温室、养殖场、农副产品加工场等。

工业建筑

（2）按建筑层数和高度分类

1）住宅建筑：1~3层为低层建筑，4~9层为多层建筑，10层及以上为高层建筑。

2）公共建筑及综合性建筑：建筑物高度超过24m者为高层建筑（不包括高度超过24m的单层建筑），建筑物高度不超过24m者为非高层建筑。

3）超高层建筑：建筑物高度超过100m时，不论住宅或公共建筑均为超高

农业建筑

层建筑。

(3) 按主要承重结构的材料分类

1) 木结构建筑：以木材为主要承重构件的建筑，是我国古建筑中广泛采用的结构形式。

2) 钢筋混凝土结构建筑：主要承重构件全部采用钢筋混凝土的建筑。这类结构广泛用于大中型公共建筑、高层建筑和工业建筑。

3) 混合结构建筑：用两种或两种以上材料作为主要承重构件的建筑。如采用砖墙和木楼板的砖木结构，用钢筋混凝土墙或柱和钢屋架的钢混结构，用砖墙和钢筋混凝土楼板的砖混结构等。

4) 钢结构建筑：主要承重构件全部采用钢材制作的建筑。一般适用于大型公共建筑、大跨度和高层建筑等。

(4) 按结构的承重方式分类

1) 砌体结构建筑：以叠砌墙体承受楼板及屋顶传来的全部荷载的建筑，一般用于多层民用建筑。

2) 框架结构建筑：以钢筋混凝土或钢材制作的梁、板、柱形成的骨架来承担荷载的建筑，墙体只起围护和分隔作用，一般用于多层和高层建筑中。

3) 剪力墙结构建筑：由纵、横向钢筋混凝土墙组成的结构来承受荷载的建筑，一般适用于高层住宅和旅馆等。

4) 空间结构建筑：横向跨越 30m 以上空间的各类结构形式的建筑，这种结构的屋盖可以采用悬索、网架、拱和薄壳等结构形式，一般用于体育馆和大型火车站、航空港等公共建筑。

(5) 按建筑的规模和数量分类

1) 大量性建筑：建筑规模不大，但建造数量多，与人们生活密切相关的建筑，如住宅楼、医院等。

2) 大型性建筑：建造于大中城市的体量大而数量少的公共建筑，如大型的体育馆和火车站等。

7.2.2 建筑的等级

(1) 按建筑物的设计划分

例如，民用建筑设计等级一般分为特级、一级、二级和三级，见表 7-1。

建筑设计的依据

表 7-1 民用建筑设计等级

类型	特征	设计等级			
		特级	一级	二级	三级
一般公共建筑	单体建筑面积	>80000m²	20000~80000m²	5000~20000m²	<5000m²
	立项投资	>2亿元	4000万~2亿元	1000万~4000万元	≤1000万元
	建筑高度	>100m	50~100m	24~50m	≤24m
住宅、宿舍	层数		>20层	12~20层	≤12层
住宅小区等	总建筑面积		>100000m²	≤100000m²	
地下工程	地下空间总建筑面积	>50000m²	10000~50000m²	≤10000m²	
	防护等级		四级及以上	五级及以下	

（续）

类型	特征	设计等级			
		特级	一级	二级	三级
特殊公共建筑	超高层建筑抗震要求	抗震设防区特殊超限高层	建筑高度100m以下		
	技术复杂，有特殊要求的	技术特别复杂	技术比较复杂		
	重要性	国家级重点工程项目	省级重点工程项目		

（2）按建筑物的结构设计使用年限划分

建筑等级按照建筑主体结构的正常使用年限划分为四级，见表7-2。

表7-2　按设计使用年限分类

类别	设计使用年限/年	说明
1	5	临时性建筑
2	25	易于替换结构构件的建筑
3	50	普通建筑
4	100	纪念性建筑和特别重要的建筑

（3）按耐火性能划分

建筑物的防火构造及措施根据建筑物耐火等级而不同。耐火等级由房屋主要构件的燃烧性能和耐火极限两个因素决定，现行《建筑设计防火规范》中将多层建筑物的耐火等级划分为四级，见表7-3。

构件的耐火极限

表7-3　不同耐火等级建筑相应构件的燃烧性能和耐火极限　　（单位：h）

构件名称		耐火等级			
		一级	二级	三级	四级
墙	防火墙	不燃性 3.00	不燃性 3.00	不燃性 3.00	不燃性 3.00
	承重墙	不燃性 3.00	不燃性 2.50	不燃性 2.00	难燃性 0.50
	非承重外墙	不燃性 1.00	不燃性 1.00	不燃性 0.50	可燃性
	楼梯间和前室的墙 电梯井的墙 住宅建筑单元之间的墙和分户墙	不燃性 2.00	不燃性 2.00	不燃性 1.50	难燃性 0.50
	疏散走道两侧的隔墙	不燃性 1.00	不燃性 1.00	不燃性 0.50	难燃性 0.25
	房间隔墙	不燃性 0.75	不燃性 0.50	难燃性 0.50	难燃性 0.25

(续)

构件名称	耐火等级			
	一级	二级	三级	四级
柱	不燃性 3.00	不燃性 2.50	不燃性 2.00	难燃性 0.50
梁	不燃性 2.00	不燃性 1.50	不燃性 1.00	难燃性 0.50
楼板	不燃性 1.50	不燃性 1.00	不燃性 0.50	可燃性
屋顶承重构件	不燃性 1.50	不燃性 1.00	可燃性 0.50	可燃性
疏散楼梯	不燃性 1.50	不燃性 1.00	不燃性 0.50	可燃性
吊顶（包括吊顶搁栅）	不燃性 0.25	难燃性 0.25	难燃性 0.15	可燃性

其中可燃性构件是由可燃性材料做成的构件，可燃性材料如木材等。不燃性构件是由不燃性材料做成的构件，不燃性材料如金属材料和无机矿物材料。难燃性构件是用难燃性材料做成的构件或用可燃性材料做成而用不燃性材料做保护层的构件。

（4）建筑物的危险等级

建筑物的危险等级分为以下四级。

1）A级：结构承载力满足正常使用要求的，房屋结构安全的。

2）B级：结构承载力基本满足正常使用要求，个别结构构件处于危险状态，但不影响主体结构。

3）C级：部分承重结构承载力不能满足正常使用要求，局部出现险情，构成局部危房。

4）D级：房屋整体出现险情，承载力不能满足正常使用要求，已经形成整栋的危房。

（5）建筑结构的安全等级

建筑结构安全等级的划分应符合表7-4的规定。

表7-4 建筑结构安全等级划分

安全等级	破坏后果	适用范围
一级	破坏后果很严重	适用于重要的工业与民用建筑物
二级	破坏后果严重	适用于一般的工业与民用建筑物
三级	破坏后果不严重	适用于次要的建筑物

7.3 建筑标准化和模数协调

（1）建筑标准化

建筑标准化包括两个方面的内容。一方面是制定建筑标准，组织实施标准和对标准的实施进行监督。建筑标准是建筑业进行勘察、设计、生产或施工、检验或验收等技术性活动的依据,是实行建筑科学管理的重要手段,是保证建筑工程和产品质量的有力工具。建筑标准由国家标准、行业标准、地方标准和企业标准构成,分别在相应的范围内适用。另一方面是建筑标准设计问题,即利用通用的标准图集在住宅等大量性建筑中推行标准化设计,以避免无谓的重复劳动。此外,构件生产厂家和施工单位也可以根据构配件的应用情况组织生产和施工,减少构配件规格,以提高生产施工效率,降低造价。

(2) 建筑模数协调

建筑模数是选定的尺寸单位,作为尺度协调中的增值单位。它是建筑设计、建筑施工、建筑材料与制品、建筑设备、建筑组合件等各部门进行尺度协调的基础,其目的是使构配件安装吻合,并有互换性。

墙体的平面定位轴线

1) 基本模数:基本模数是模数协调中选用的基本尺寸单位。其数值规定为 100mm,其符号为 M,即 1M = 100mm。整个建筑物或其中一部分以及建筑组合件的模数化尺寸均应是基本模数的倍数。

2) 导出模数:导出模数是在基本模数的基础上发展出来的相互之间存在一定内在联系的模数。导出模数分为扩大模数和分模数。

①扩大模数:扩大模数是基本模数的整数倍数,其中水平扩大模数的基数为 3M、6M、12M、15M、30M、60M,主要适用于门窗洞口、构配件、建筑开间(柱距)和进深(跨度)的尺寸;竖向扩大模数的基数为 3M、6M,主要适用于建筑物的高度、层高和门窗洞口等尺寸。

②分模数:分模数是用整数除基本模数的数值。分模数基数为 1/2M、1/5M、1/10M 等,主要适用于构件之间的缝隙、构造节点、构配件截面等尺寸。

3) 模数数列:模数数列是以基本模数、扩大模数、分模数为基础扩展成的一系列尺寸,可以确保尺寸具有合理的灵活性,保证不同建筑及其组成部分之间尺寸的协调和统一,减少建筑尺寸的种类。

4) 建筑尺寸及关系:在建筑模数协调中把建筑尺寸分为标志尺寸、构造尺寸、实际尺寸和技术尺寸四方面,从而保证建筑物构配件的安装与有关尺寸间的相互协调。

①标志尺寸:用于标注建筑物定位轴线之间的距离(开间、进深、层高等),以及建筑构配件、建筑制品、有关设备界限之间的尺寸。

②构造尺寸:是建筑构配件、组合件以及建筑制品等的设计尺寸。一般情况下,标志尺寸减去缝隙尺寸等于构造尺寸。

③实际尺寸:是建筑构配件、建筑组合件、建筑制品等生产制作后的实有尺寸。

④技术尺寸:是建筑功能、工艺技术和结构条件在经济上处于最优状态下所允许采用的最小尺寸数值(通常是指建筑构件的截面或厚度)。

素质拓展案例

远古时期原始人利用天然洞穴、巢栖身居住;新石器时代,农耕生产使原始人开始了定居的生活，房屋的雏形随之出现。随着时代的进步与发展，人们对房屋的需求不再只是为了睡觉，人们还用来生活、工作和学习。想一想我们的日常生活中都有哪些民用建筑，它们的特点是什么？它们有哪些环保问题？

对于民用建筑来说，在施工或是装修的过程中，由于污染物不容易被看到，所以，其主要的放射性污染物为氡，化学污染物有甲醛、氨、苯以及相应的具有一定挥发性的有机物。常见的建筑主要有住宅、办公楼、医院、老年建筑、幼儿园、学校教室、旅店、文化娱乐场所、书店、展览室、体育馆、商场、饭店等。我们在进行建筑及室内设计和施工时，必须要遵守相应的卫生环境以及保护规定，还要对建筑材料进行低污染处理，装修材料必须要环保，才能保障室内环境的安全与卫生。如对于无机非金属建筑材料其放射性指标要有一定的限量，内照射指数要小于或等于1.0，对于外照射指数来说，也要小于或等于1.0。

本章小结

通过学习本章内容，使同学们了解了民用建筑组成、作用及建筑构造的影响因素，掌握了建筑的分类与等级，为以后继续学习民用建筑相关知识打下基础。

实训练习

一、单项选择题

1. 下列选项中不属于民用建筑构造组成部分的是（   ）。
   A. 地基　　　　　B. 基础　　　　　C. 楼梯　　　　　D. 屋顶
2. 下列建筑类型中不属于公共建筑的是（   ）。
   A. 图书馆　　　　B. 公寓　　　　　C. 商场　　　　　D. 公园
3. 根据《民用建筑设计统一标准》的规定，住宅建筑按层数不同的分类中属于高层建筑的是（   ）。
   A. 1~3层　　　　 B. 4~6层　　　　 C. 7~9层　　　　 D. 10层及以上
4. 民用建筑的分类中超高层建筑是指（   ）。
   A. 10层以上的建筑　　　　　　　　B. 17层以上的建筑
   C. 高度大于24m的建筑　　　　　　D. 高度大于100m的建筑
5. 下列选项中属于标志尺寸的是（   ）。
   A. 设计尺寸
   B. 实有尺寸
   C. 最优状态下所允许采用的最小尺寸数值
   D. 建筑物定位轴线之间的距离

二、多项选择题

1. 民用建筑构造的影响因素有外力作用影响和（   ）。
   A. 自然气候　　　B. 建筑技术条件　C. 经济条件　　　D. 人为因素
   E. 地震

2. 下列选项中属于导出模数的有（　　）。
   A. 扩大模数　　　B. 基本模数　　　C. 模数数列　　　D. 分模数
   E. 缩小模数
3. 下列选项中属于工业建筑的有（　　）。
   A. 车间　　　　　B. 仓库　　　　　C. 种子库　　　　D. 交通
   E. 教学楼

三、简答题
1. 建筑按照主要承重结构的材料分类有哪些？
2. 建筑物危险等级的分类有哪些？

实训工作单

班级		姓名		日期	
教学项目		民用建筑			
学习项目	建筑物构造组成、分类与等级划分	学习要求		了解建筑物构造组成、分类，掌握建筑物等级划分	
相关知识			了解建筑物按高度划分以及建筑地基基础等级划分		
其他内容					
学习记录					
评语				指导老师	

第 8 章

基础与地下室

【学习目标】

1. 了解建筑物基础、地基的概念及其二者的关系。
2. 熟悉建筑物基础的分类。
3. 掌握基础构造中所遇到的特殊问题。
4. 掌握地下室的组成及防水防潮的处理。

【素质目标】

了解世界建筑奇迹,学习世界文化,引入建筑与地基的联系,开阔国际视野。

【教学要求】

本章要点	掌握层次	相关知识点
地基与基础	了解地基以及地基对建筑物破坏的影响	地基
基础的分类及构造	熟悉基础的类型及基础的构造方式	基础
地下室的构造组成	理解地下室的结构构造及组成	地下室的构造
地下室防水防潮和特殊部位的处理	1. 掌握地下室防水防潮的方法 2. 掌握地下室特殊部位的处理	防水防潮 地下室特殊部位

【项目案例导入】

某高层建筑,地下 2 层,底板标高为 -7.000m,地面向下开挖深度为 5m,电梯井局部井点降水再向下 3m。地下一层建筑面积为 3600m²。地面建筑 13 层,1~4 层为商场,5~13 层为办公室,向上建筑面积渐小。

【项目问题导入】

请阅读项目案例,分析该建筑在地下室施工时,如何进行防水防潮处理?

8.1 地基与基础概述

8.1.1 地基

地基是承受由基础传下来的荷载的土层,它不是建筑物的组成部分。在建筑中,将建筑上部结构所承受的各种荷载传到地基上的结构构件称为基础。支承基础的土体或岩体称为地

地基、基础和荷载的关系

基。地基可分为天然地基和人工地基两大类。

（1）天然地基

如果天然土层具有足够的承载力，不需要经过人工改良和加固，就可直接承受建筑物的全部荷载并满足变形要求，就可称这种地基为天然地基。岩石、碎石土、砂土、粉土、黏性土等，一般均可作为天然地基。

（2）人工地基

当土层的承载能力较低或虽然土层较好，但因上部荷载较大，土层不能满足承受建筑物荷载的要求时，必须对土层进行处理，以提高其承载能力，改善其变形性质或渗透性质，这种经过人工方法进行处理的地基称为人工地基。

人工地基的常见处理方法有压实法、换土法和打桩法。

1）压实法：利用各种机械对土层进行夯打、碾压、振动、挤压土壤，排走土中的空气，从而提高地基的强度，降低其透水性和压缩性。例如重锤夯实法、机械碾压法等。

2）换土法：将地基中的软弱土全部或部分挖除，换填承载力高的材料。例如采用砂石、灰土、工业废渣等强度较高的材料，置换地基软弱土。

3）打桩法：将砂桩、钢桩或钢筋混凝土桩打入或灌入土中，将土壤挤实或将桩打入地下更坚实的土壤层中，以提高土壤的承载能力。由于房屋的全部荷载都作用到桩上，所以也称为桩基础。

8.1.2 地基对建筑物破坏的影响

（1）地基承载力

当地基允许承载力大于建筑物对地基的压应力时，地基工作是安全、正常的，在建筑物遭受荷载的作用下不会产生破坏。然而，当建筑物产生的压应力大于地基允许承载力时，在地基四周的地面会出现隆起，地基土体甚至会沿滑动面开始滑移，这时地基已经发生了整体剪切破坏，会造成建筑物倾斜或倒塌。因此，在建筑基础设计中，必须认真考虑地基承载力这一问题。影响地基承载力的因素有：

1）地基承载力与土颗粒间的内聚力有关，因此，黏性土的承载能力较大，黏性土颗粒间吸附力较强。

2）地基承载力与土的含水量有关，当土中含水量过大时，土体的内聚力就会被破坏，土颗粒间的摩擦力减少。

3）地基承载力与土颗粒间摩擦力有关，土体越密实，级配越合理，土颗粒越大，颗粒表面越粗糙，形状越不规则，摩擦力越大，因此，土的承载力越大。

（2）地基沉降

引起基础沉降的原因很多，主要是地基土的可压缩性。土体在外部压力作用下，土颗粒和水自身压缩量是很微小的，地基土真正被压缩的原因是在外力作用下土体中的孔隙被压缩和孔隙中的水被挤出。如果地基的沉降量不满足规范的要求，会造成建筑物整体下沉或倾斜甚至倒塌。

（3）土坡失稳

土坡失稳是指土坡在一定范围内整体地沿某一滑动面向下和向外移动而丧失其原来的稳定性，即改变了原来的平衡状态。影响土坡失稳的原因有：

1）内部因素。

①土坡土质：由于各种土质的抗水能力、抗剪强度是不一样的，如钙质或石膏质胶结的土、湿陷性黄土等，这种土遇水后会慢慢软化，土体的强度会降低很多。

②土坡外形：凸肚形的斜坡由于重力作用，比上陡下缓的凹形坡易于下滑；黏性土有黏聚力，当土坡不高时是稳定的，但随气候和时间的变化，也会逐渐塌落。

③土坡结构：如在斜坡上堆有较厚较重的土层，并且当下层土不透水时，容易在交界上发生滑动。

2）外部因素。

①人为影响：不合理的施工开挖，如开挖坡脚；开挖基坑、沟渠、道路边坡时将弃土堆在坡顶附近，或在斜坡上建房或堆放重物时，都可能引起斜坡变形破坏而产生滑坡。

②振动的作用：对于砂土，在地震的反复作用下，砂土极易发生液化；对于黏性土，振动时易使土的结构破坏，从而降低土的抗剪强度；在斜坡附近施工打桩或爆破，由于振动也可使邻近土坡失稳或滑坡。

③降水或地下水的作用：持续的降雨或地下水渗入土层中时，土中含水量就会增高，土中易溶盐溶解，土质变软，土的强度会降低，会导致滑坡的产生。

8.1.3 对基础和地基的要求

地下水位与基础埋深

（1）对基础的要求

1）基础要有足够的强度，能够起到传递荷载的作用。

2）基础的材料应具有耐久性，以保证建筑的持久使用。因为基础处于建筑物最下部并且埋在地下，对其进行维修或加固是很困难的。

基础埋深的影响因素

3）在选材上尽量就地取材，以降低造价。

（2）对地基的要求

1）地基应具有一定的承载力和较小的压缩性。

2）地基的承载力应分布均匀。在一定的承载条件下，地基应有一定的深度范围。

3）要尽量采用天然地基，以降低成本。

8.2 基础的构造

8.2.1 基础设计原理

（1）基础应具有足够的承载力和均匀程度

在新建建筑时应尽量选择地基承载力较高且均匀的地段，地基的土质应均匀，否则基础处理不当，会使建筑物发生不均匀沉降，引起墙体开裂，严重时甚至影响建筑物的正常使用。

（2）基础应具有足够的强度和耐久性

基础是建筑物的重要承重构件，它承受着上部结构的全部荷载，是建筑物安全的重要保证。因此基础必须有足够的强度，才能保证其将建筑物的荷载可靠地传给地基。并且基础处于建筑物的地层部位，埋置于地下，建筑物建成后对基础的检查和修补太过困难，所以在前期新建基础时，应选择与主体部分耐久性相适应的基础材料与构造形式以此来保证后期建筑的安全性能。

（3）基础的经济性

建筑基础的造价在整个建筑物中占据比例还是比较大的，所以在保证质量安全的前提下来减少基础工程的造价是减少建筑总投资的有效方法。

8.2.2 基础的类型和构造

1. 按材料及受力特点分类

（1）刚性基础

刚性基础是指受刚性角限制的基础。如砖石、毛石、素混凝土、灰土等刚性材料制作的基础，这种基础抗压强度高而抗拉、抗剪强度低。为此需要加大基础底面积，以满足地基允许承载力的要求，基底尺寸的放大应根据材料的刚性角来决定。刚性角是指基础放宽的引线与墙体垂直线之间的夹角，如图8-1中的 α 角。

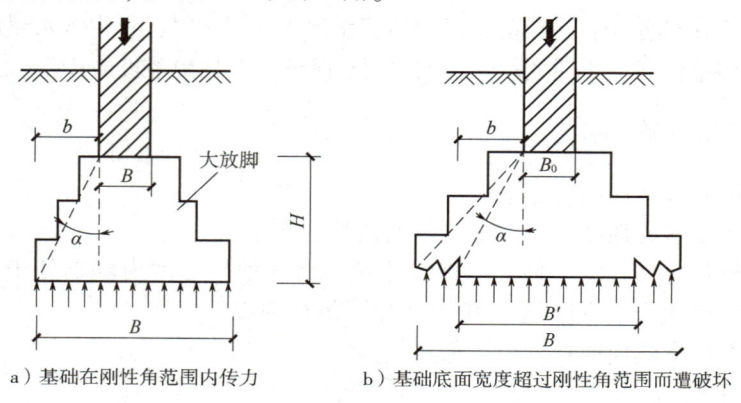

a）基础在刚性角范围内传力　　b）基础底面宽度超过刚性角范围而遭破坏

图 8-1　刚性基础的受力、传力特点

在工程实际中刚性角采用宽高比表示，如砖基础的大放脚宽高比应小于或等于1∶1.5。大放脚的做法，一般采用每两皮砖挑出1/4砖（等高式）或每两皮砖挑出1/4砖与一皮砖挑出1/4砖相间砌筑（间隔式），如图8-2所示。

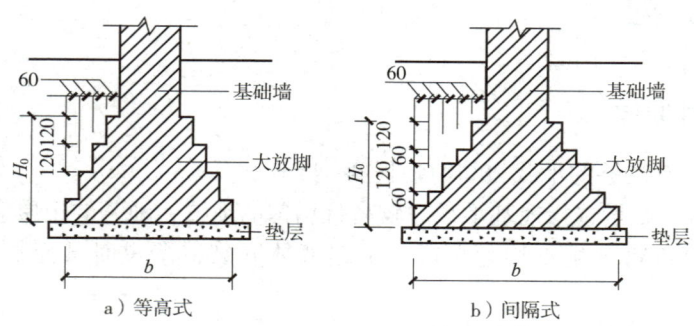

a）等高式　　b）间隔式

图 8-2　砖基础大放脚做法

（2）柔性基础

钢筋混凝土基础称为柔性基础。钢筋混凝土的抗弯和抗剪性能良好，这类基础的高度不受刚性角限制。在同样情况下，与刚性基础比较，采用钢筋混凝土基础可节省大量的材料和挖土的工作量，如图 8-3 所示。柔性基础可在上部结构荷载较大、地基承载力不高等情况下使用。

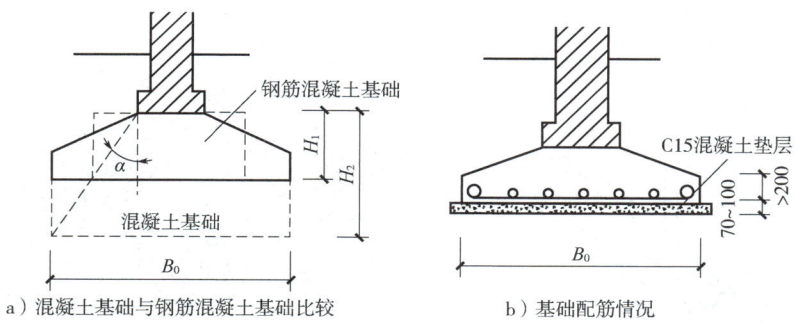

图 8-3 钢筋混凝土基础

2. 按构造形式分类

（1）独立基础

独立基础常用断面形式包括阶梯形、锥形、杯形，适用于多层框架结构或厂房排架柱下基础，如图 8-4 所示。

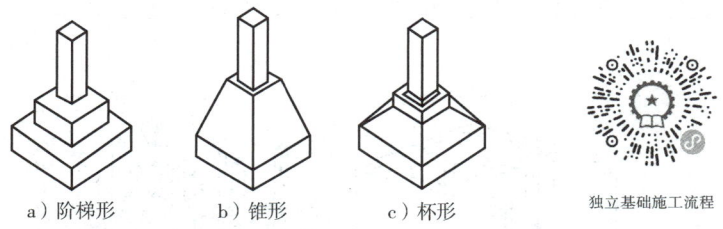

图 8-4 独立基础

（2）条形基础

条形基础是连续带形，也称带形基础，分为墙下条形基础和柱下条形基础。

1）墙下条形基础。一般用于多层混合结构的墙下，低层或小型建筑常用砖、混凝土等刚性条形基础，如图 8-5 所示。如上部为钢筋混凝土墙，或地基较差、荷载较大时，可采用钢筋混凝土条形基础。

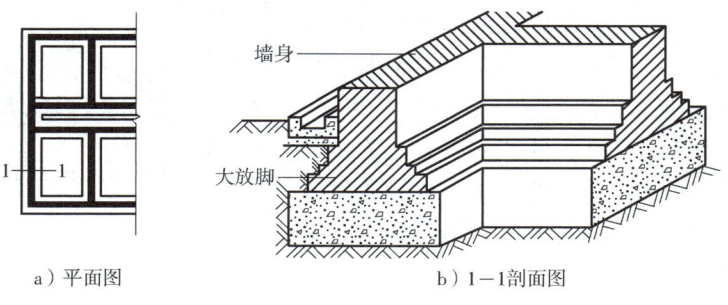

图 8-5 墙下条形基础

2）柱下条形基础。因为上部结构为框架结构或排架结构，荷载较大或荷载分布不均匀，地基承载力偏低，为增加基底面积或增强整体刚度，以减少不均匀沉降，常采用钢筋混凝土柱下条形基础，如图 8-6 所示。将各柱下基础用基础梁相互连接成一体，形成井格基础，如图 8-7 所示。

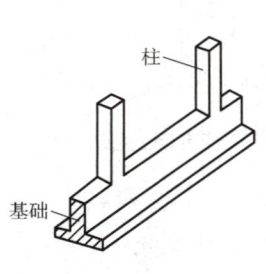
图 8-6　柱下条形基础

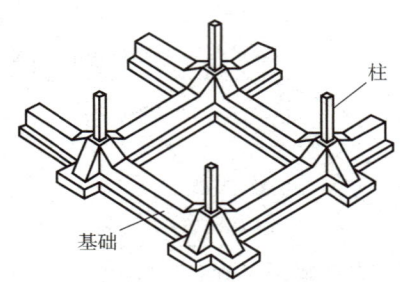
图 8-7　井格基础

（3）筏形基础

建筑物的基础由整片的钢筋混凝土板组成，板直接作用于地基土，称为筏形基础或片筏基础。筏形基础的整体性好，可以跨越基础下的局部软弱土。筏形基础常用于地基软弱的多层砌体结构、框架结构、剪力墙结构的建筑，以及上部结构荷载较大且不均匀或地基承载力低的情况，按其结构布置分为板式和梁板式，其受力特点与倒置的楼板相似，如图 8-8 所示。

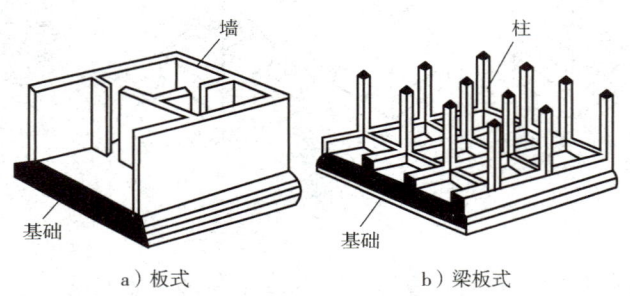
图 8-8　筏形基础

（4）箱形基础

当上部建筑物为荷载大、对地基不均匀沉降要求严格的高层建筑、重型建筑以及软弱土地基上多层建筑时，为增加基础刚度，将地下室的底板、顶板和墙整体浇筑成箱子状的基础，称为箱形基础。箱形基础的刚度较大，且抗震性能好，有较好的地下空间可以利用，能承受很大的弯矩，可用于特大荷载且需设地下室的建筑，如图 8-9 所示。

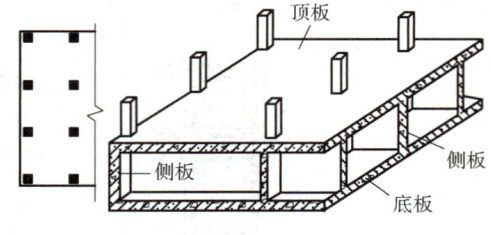
图 8-9　箱形基础

（5）桩基础

当建筑物荷载较大，地基土层软弱且较厚，基础不能埋置于软弱土层内，对软弱土层加固困难又不经济时常采用桩基础。桩基础具有承载力高、沉降量小的特点，是高层建筑中常用的一种深基础。桩基础由承台板（梁）和桩身两部分组成，如图 8-10 所示。其作用是将上部的荷载通过桩端传至深处较坚硬的土层；或通过桩身侧面与周围土壤的摩擦力传给地基。前者为端承桩，后者为摩擦桩。

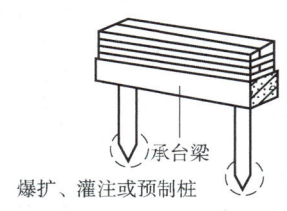
a）墙下桩基础

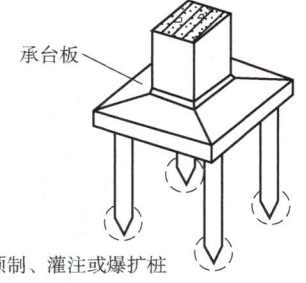
b）柱下桩基础

图 8-10 桩基础

8.2.3 基础构造中的特殊问题

（1）相邻建筑物的基础处理

1）同时在建的新建房屋的相邻基础尽可能埋在同一深度上，并设置沉降缝。

2）当新建房屋与原有的房屋相邻时，新建基础应浅于原有房屋的基础或持平，以保证原有房屋的安全。

3）当新建房屋与原有房屋相邻且基础必须深于原有基础时，新建基础与原有基础之间的距离不得小于新旧基础高差的 2 倍，并且要在新建基础上用挑梁来支承墙梁及外墙，新建墙体与原有建筑墙体间应设置沉降缝。

沉降缝的处理方法

（2）不同埋深的基础处理

因受地形、层高或内外墙交接等条件要求，连续的基础会出现不同的埋深。这个高差应做成踏步形逐台下跌，每踏步高不大于 500mm，踏步长不小于 1000mm，以防止在陡然高差处墙体断裂或发生不均匀下沉。

基础埋深

8.3 地下室

地下室

8.3.1 地下室的构造组成

地下室一般由墙体、底板、顶板、楼梯、门窗等几部分组成。

1）地下室的墙体。地下室的墙体不仅要承受上部的垂直荷载，还要承受土、地下水及土壤冻结时的侧压荷载，所以采用砖墙时其厚度一般不小于 490mm。当荷载较大或地下水位较高时，最好采用钢筋混凝土墙，其厚度不小于 200mm。

2）地下室的底板。地下室的底板主要承受地下室地坪的垂直荷载，当地下水位高于地下室地面时，还要承受地下水的浮力，所以底板要有足够的强度、刚度和抗渗能力。

3）地下室的顶板。地下室的顶板主要承受首层地面荷载，可用预制板、现浇板或预制板上做现浇层，要求有足够的强度和刚度。如为防空地下室，顶板必须采用钢筋混凝土现浇板并按有关规定决定其跨度、厚度和混凝土的强度等级。

4）地下室的楼梯。地下室的楼梯可与上部楼梯结合设置，层高小或用作辅助房间的地下室可设单跑楼梯。防空地下室至少要设置两部楼梯通向地面的安全出口，并且必须有一个独立的安全出口。

5）地下室的门窗。普通地下室的门窗与地上房间门窗相同，窗口下沿距散水面的高度应大于 250mm，以免灌水。当地下室的窗台低于室外地面时，为达到采光和通风的目的，应设采光井，如图 8-11 所示。

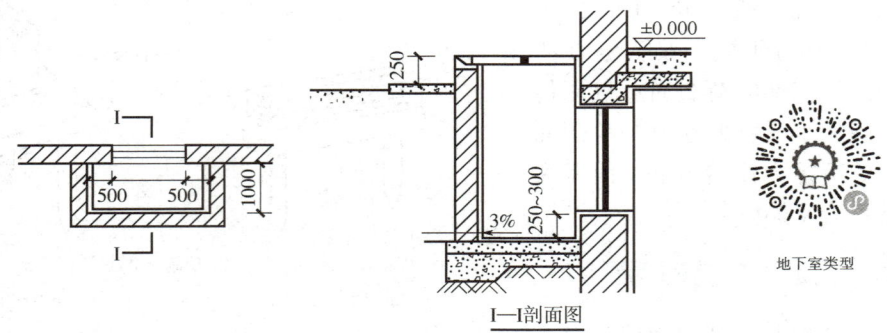

图 8-11　地下室采光井

8.3.2　地下室的防潮与防水

（1）地下室的防潮

当最高地下水位低于地下室底板 300~500mm，且地基范围内及回填土无形成上层滞水的可能时，墙和底板仅受到土中毛细管水和地表水下渗而造成的无压水的影响，只需做防潮处理。对于现浇混凝土外墙，一般可起到自防潮作用，不必再做防潮处理。对于黏土砖墙，其构造要求是：墙体必须用水泥砂浆砌筑，灰缝饱满；外墙外侧用 1∶2.5 水泥砂浆抹 20mm 厚，刷冷底子油一道和热沥青两道或涂刷乳化沥青、阳离子合成乳化沥青等防水冷涂料；然后在防潮层外侧回填黏土或低比例灰土等弱透水性土，宽约 500mm，并逐层夯实。此外，地下室的所有墙体都必须设两道水平防潮层，一道设在地下室底板附近，另一道设在室外地坪以上 150~200mm 处，如图 8-12 所示。

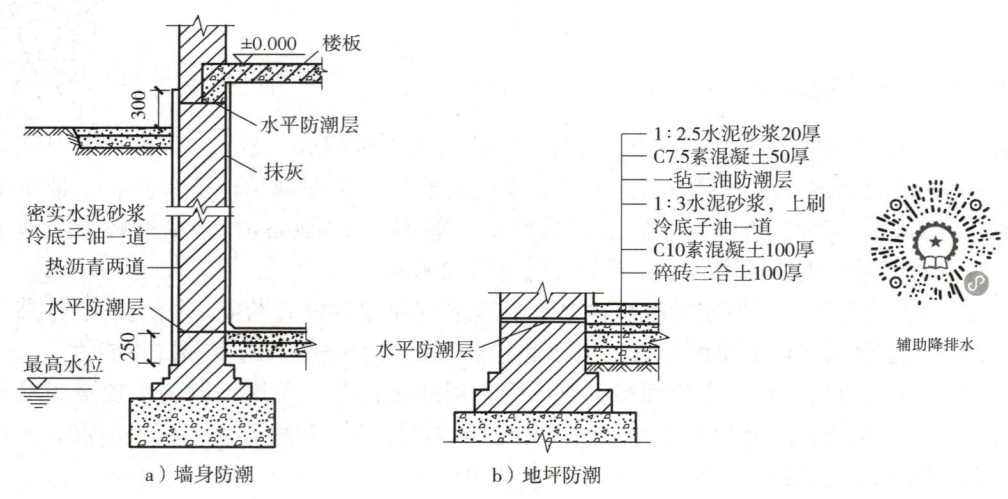

图 8-12　地下室防潮构造

（2）地下室的防水

当最高地下水位高于地下室地坪时，地下室的底板和部分外墙将浸在水中，此时地下室外墙受到地下水的侧压力，地坪受到水的浮力的影响，因此必须对地下室做防水处理。目前我国地下工程防水常用的措施有混凝土构件自防水、卷材防水和辅助降排水。

1）混凝土构件自防水。当地下室的墙和底板均采用钢筋混凝土时，通过调整混凝土的配合比或在混凝土中掺入外加剂等手段，改善混凝土的密实性，提高混凝土的抗渗性能，使得地下室结构构件的承重、围护、防水功能三者合一，如图8-13所示。

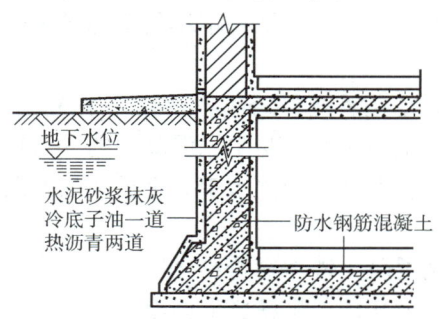

图8-13　混凝土构件自防水

2）卷材防水。卷材防水是以防水卷材和相应的胶粘剂分层粘贴，铺设在地下室底板垫层至墙体顶端的基面上，形成封闭防水层的做法。根据防水层铺设位置的不同分为外防水和内防水，如图8-14所示。

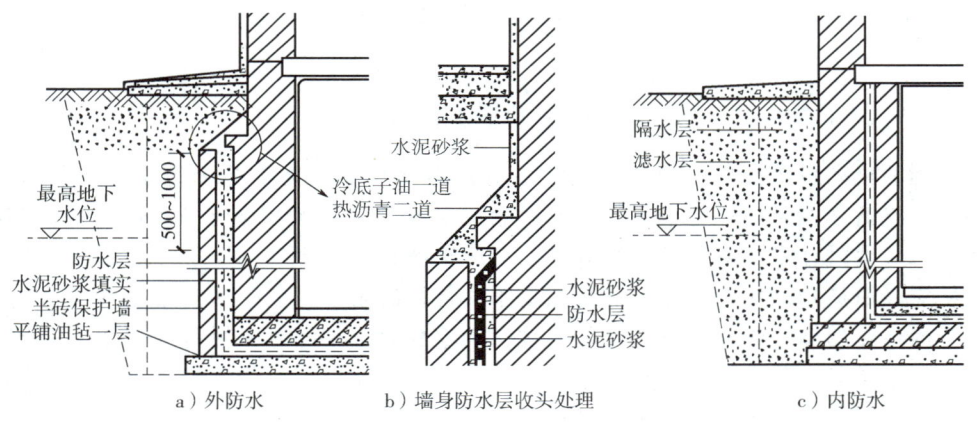

a）外防水　　　　b）墙身防水层收头处理　　　　c）内防水

图8-14　地下室卷材防水构造

卷材防水材料分层粘贴在结构层外表面的做法称为卷材外防水。其具体做法是：先浇筑混凝土垫层，在垫层上粘贴卷材防水层（卷材层数视水压大小选定），在防水层上抹20～30mm厚水泥砂浆保护层，再在保护层上浇筑钢筋混凝土底板。在铺设卷材时，须在底板四周预留接槎，以便与垂直防水卷材衔接。外防水效果好，但维修困难。将防水层粘贴在结构层内表面时称为卷材内防水。内防水效果差，但施工简单，便于维修，常用于修缮工程。

8.3.3　地下室特殊部位的处理

地下室的特殊部位主要有变形缝、穿墙管、后浇带等薄弱环节，在设计时要按要求做细部处理。

1）变形缝：变形缝防水通常采用橡胶止水带，一般设在墙板和底板厚度的中间部位，相邻两处的混凝土缝中塞填浸透沥青的油麻丝。

2）穿墙管：对于结构设计预埋的螺栓、穿墙的各类套管，安装固定模板的止水螺杆同时必须焊接止水环，严格对止水环焊缝处进行检验，敲除浮渣，经检验合格后才能使用。用于支模的穿墙螺栓中间止水片直径不小于 50mm，两端小环为 30mm，螺杆直径为 12mm。

3）后浇带：后浇带是现浇钢筋混凝土结构在施工过程中的一种临时施工缝，通过设置后浇带可以克服温度收缩、混凝土收缩、结构不均匀沉降导致的不利影响。后浇带的防水处理有以下三步：

①铺设钢板止水带：主要是在后浇带两侧各设置一个 3mm 厚 300mm 宽的钢板止水带，钢板止水带连接处必须满焊。钢板止水带与阻挡混凝土的密目钢板网焊接，并固定牢靠。浇筑外墙混凝土时必须浇捣密实，尤其钢板止水带和钢板网处的混凝土要保证密实。后浇带内要保持无杂物的状态。

②支模板：模板须与先浇混凝土墙体紧密结合以避免漏浆。模板应从外部支撑，浇筑后浇带混凝土时选用具有补偿收缩作用的微膨胀混凝土。混凝土应分层浇筑并振捣密实。拆模后应注意覆盖和及时养护。养护时间不少于 28 天。

③防水附加层：待后浇带混凝土充分干燥，且墙体表面缺陷处理及螺杆孔封闭处理后开始施工防水附加层，防水附加层宽度两边各大于后浇带 300mm 以上。

素质拓展案例

比萨斜塔的倾斜

意大利的比萨斜塔，以其倾斜不倒的塔身闻名全世界。这座神奇的塔建造于八百多年前，如今它就矗立在奇迹广场中央，与比萨大教堂相伴。比萨斜塔于 1173 年开始修建时塔身笔直，在修建过程中塔身开始微微倾斜。当时比萨斜塔之所以会倾斜，是由于它地基下面土层的特殊性造成的。比萨斜塔下有好几层不同性质的土层，整个土层由各种软质粉土的沉淀物和非常软的黏土相间形成，而在深约 1m 的地方则是地下水层，不同土层承载力的差异最终形成了现在的奇观。另外比萨斜塔不仅因它的倾斜而出名，还由于它大胆的圆形建筑设计向世人展现了它的独创性。

比萨斜塔

本章小结

通过学习本章内容，使同学们了解地基与基础基本知识以及对地基和基础的要求，熟悉基础类型、构造、设计原理，能处理基础构造中的特殊问题，掌握地下室的构造、防水、防潮及特殊部位的处理，为以后继续学习基础与地下室相关知识打下基础。

实训练习

一、单项选择题

1. 下列选项中属于土坡失稳中的内部因素的是（　　）。
   A. 弃土堆放在坡顶　　　　　　　　B. 土坡外形
   C. 振动的作用　　　　　　　　　　D. 地下水位的影响

2. 下列选项中属于基础按材料及受力特点分类的是（ ）。
   A. 柔性基础　　　B. 独立基础　　　C. 柱下条形基础　　　D. 筏形基础
3. 下列不属于地基对建筑物造成损坏的是（ ）。
   A. 地基承载力　　B. 地基沉降　　　C. 地基变形　　　　D. 土坡失稳
4. 下列属于地下室防水的是（ ）。
   A. 地下室墙体铺设防潮层　　　　　B. 刚性防水
   C. 外防水卷材防水　　　　　　　　D. 沥青防水
5. 下列不属于后浇带防水做法的是（ ）。
   A. 铺设钢板止水带　　　　　　　　B. 支模板
   C. 设置水平防潮层　　　　　　　　D. 防水附加层

二、简答题

1. 地基与基础的设计要求有什么？
2. 地下室由哪几部分组成？
3. 相邻建筑物的基础之间怎么处理？
4. 基础的分类有哪几种？

实训工作单

班级		姓名		日期	
教学项目		基础与地下室			
学习项目	基础构造、地下室防水防潮		学习要求	熟悉基础设计原理、构造；掌握地下室防水防潮及特殊部位处理方法	
相关知识				基础设计方法，地下室防水防潮的施工做法	
其他内容					
学习记录					
评语				指导老师	

第 9 章

墙　体

【学习目标】

1. 了解墙体的作用和分类。
2. 熟悉墙体承重结构的类型。
3. 掌握砖墙的细部结构。
4. 重点掌握砖墙、砌块墙、隔墙的特点和种类。

【素质目标】

增强学生的绿色低碳环保意识，了解绿色墙体和行业发展。

【教学要求】

本章要点	掌握层次	相关知识点
墙体的作用和分类	了解墙体的作用和分类	墙体的特点
墙体承重结构的类型	熟悉墙体承重结构的类型	墙体的种类
砖墙的细部结构	掌握不同砖墙、砌块墙、隔墙的特点和种类	墙体的要求

【项目案例导入】

墙体是房屋不可缺少的重要组成部分，在一般民用建筑中，墙和楼板被称为主体工程，墙体的造价约占工程总造价的30%～40%，墙体的重量约占建筑总重量的40%～65%。如何选择墙体材料和构造方法，将直接影响房屋的使用质量、自重、造价、材料的消耗和施工工期。

【项目问题导入】

1. 墙体的分类和功能要求有哪些？
2. 砖墙的砌筑方式及防潮的做法有哪些？
3. 窗台、过梁、圈梁的形式、尺寸、布置方式和作用是什么？
4. 墙面的装修做法有哪些？

9.1　墙体概述

9.1.1　墙体的作用和分类

1. 墙体的作用

1）承重作用。承重墙是建筑物的竖向承重构件，它不仅承受自重，还承受来自屋顶、楼板（梁）的荷载、风荷载和地震荷载。

2）围护作用。墙体可以防止风、雨、雪对建筑物的侵袭，防止室内热量的损失，并提供隔热、隔声、防水等功能。

3）分隔作用。通过墙体将房屋内部划分为若干个房间和使用空间。

4）装饰作用。墙面装饰是建筑装饰的重要组成部分。

2. 墙体的分类

（1）按所在的位置分类

墙体根据其位置分为外墙和内墙。墙体按其排列方向可分为纵墙和横墙，沿建筑物长轴方向排列的墙体称为纵墙，沿建筑物短轴方向排列的墙体称为横墙，如图9-1所示。

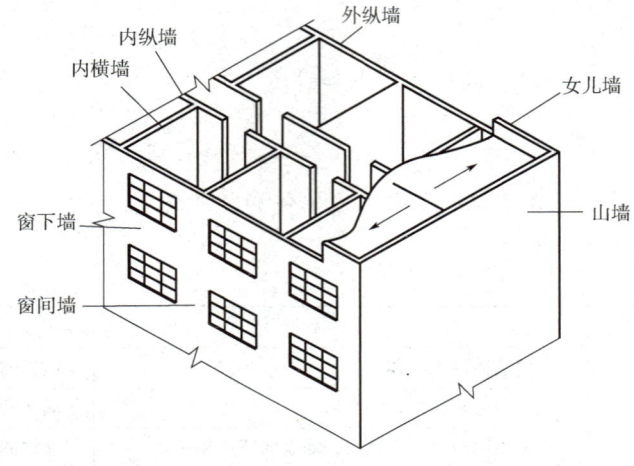

图9-1 墙体各部分名称图

（2）按受力情况分类

墙体根据受力情况，可分为承重墙和非承重墙。直接承受楼板（梁）和屋顶荷载的墙称为承重墙，不承受这些外部荷载的墙称为非承重墙。非承重墙包括隔墙、内墙和幕墙。

（3）按材料分类

按所用材料的不同，墙体有砖和砂浆砌筑的砖墙、利用工业废料制作的各种砌块砌筑的砌块墙、现浇或预制的钢筋混凝土墙、石块和砂浆砌筑的石墙等。

（4）按构造形式分类

根据结构形式的不同，墙体可分为实心墙、空心墙和组合墙，如图9-2所示。

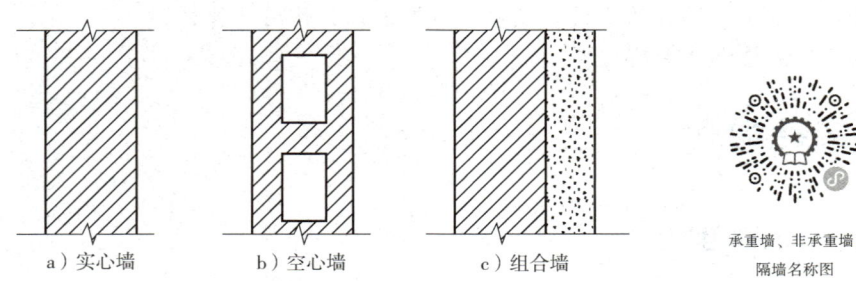

图9-2 墙体的构造形式

(5) 按施工方法分类

根据不同的施工方法，墙体可分为砌块墙、板墙和面板墙。砌块墙由砖、石、砌块和砂浆等材料组成；板墙是指现场模板施工所浇筑的墙体，如混凝土墙；面板墙是把预制构件通过在施工现场安装并连接在一起形成的墙，如木板墙。

内外墙面装饰的作用和分类

9.1.2 墙体承重结构类型

墙体有 4 种承重方案：横墙承重、纵墙承重、纵横墙混合承重和墙与柱混合承重。

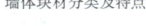

墙体块材分类及特点

(1) 横墙承重

横墙承重是将楼板及屋面板等水平承重构件搁置在横墙上，楼面及屋面荷载依次通过楼板、横墙、基础传递给地基，如图 9-3a 所示。

(2) 纵墙承重

墙体承重的优缺点

纵墙承重是将楼板及屋面板搁置在纵墙上，横墙只起分隔空间和连接纵墙的作用。由于横墙不承重，起不到抵抗水平荷载的作用，因此建筑的整体刚度较差，如图 9-3b 所示。

(3) 纵横墙混合承重

纵横墙混合承重建筑的横墙和纵墙都是承重墙，简称混合承重。纵横墙混合承重综合了横墙承重和纵墙承重的优点，该承重方式平面布置灵活、适用性较强，如图 9-3c 所示。

(4) 墙与柱混合承重

墙与柱混合承重建筑的水平承重构件的一端搁置在墙体上，另一端搁置在柱子上，由墙体和柱子共同承担水平承重构件传递的荷载，适用于室内布置有较大空间的建筑，如图 9-3d 所示。

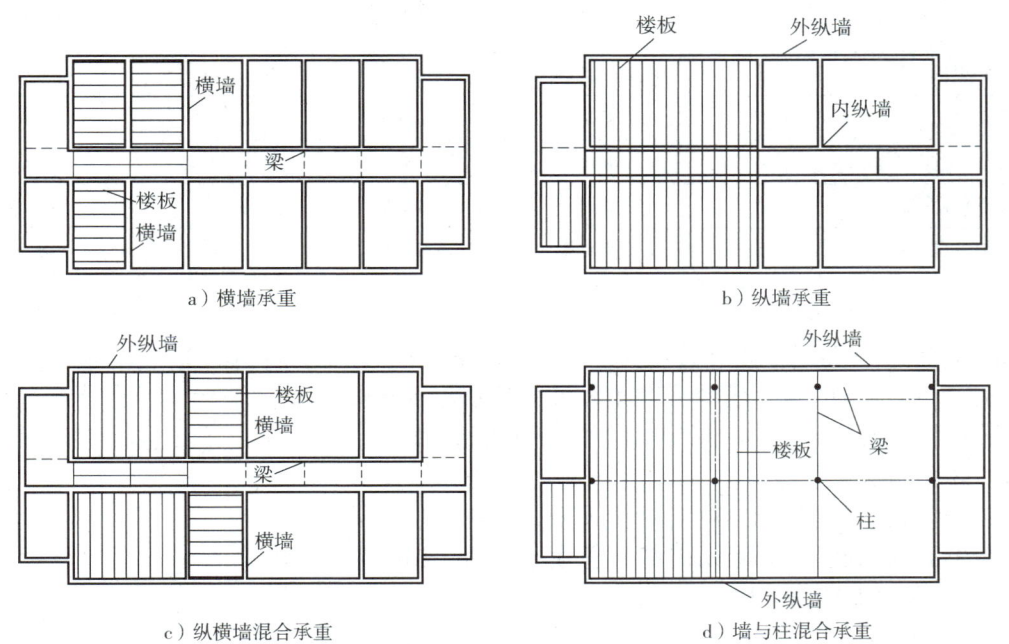

图 9-3 墙体承重方案

9.1.3 对墙体的要求

对墙体的主要要求如下：
1) 具有足够的强度和稳定性。
2) 具有必要的保温、隔热性能。
3) 满足隔声要求。
4) 满足防火要求。
5) 满足防水防潮要求。
6) 适应工业化要求。

砌体结构建筑

9.2 砖墙的构造

9.2.1 砖墙材料的尺寸及组砌方式

1. 砖墙材料的尺寸

（1）砖墙厚度

标准砖的尺寸为240mm×115mm×53mm，长宽厚之比为4:2:1（砖宽、砖厚包括了灰缝厚度，一般取10mm）。砖墙的厚度有半砖墙、四分之三砖墙、两砖墙、一砖墙、一砖半墙等。常见砖墙厚度尺寸见表9-1。

表9-1 常见砖墙厚度尺寸 （单位：mm）

砖墙断面					
尺寸组成	115×1	115×1+53+10	115×2+10	240+10+115	115×2+240+20
构造尺寸	115	178	240	365	490
标志尺寸	120	180	240	370	490
工程称谓	一二墙	一八墙	二四墙	三七墙	四九墙
习惯称谓	半砖墙	3/4砖墙	一砖墙	一砖半墙	两砖墙

（2）墙段长度和洞口尺寸

通常以砖的宽度和灰缝（115mm + 10mm = 125mm）作为砌体的组合模数，以此为尺寸基数确定各部分尺寸，墙段长度及洞口尺寸计算如图9-4所示。

2. 砖墙的组砌方式

砖墙组砌方式是指砌体中砖的排列形式。为了保证墙体的强度，其组砌原则是砖缝必须横平竖直、错缝搭接，砖缝砂浆饱满、厚薄均匀。

（1）实心砖墙

实心砖墙是用普通实心砖砌成的实心墙。在砌体

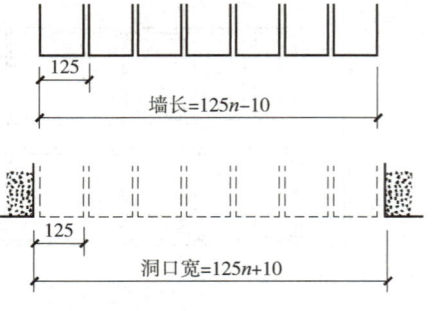

图9-4 墙段长度和洞口尺寸

结构中,每层砖称为"一层",与墙垂直的砖称为"顶砖",沿墙长边砌筑的砖称为"沿砖"。实心砖墙常见砌筑方式如图9-5所示。

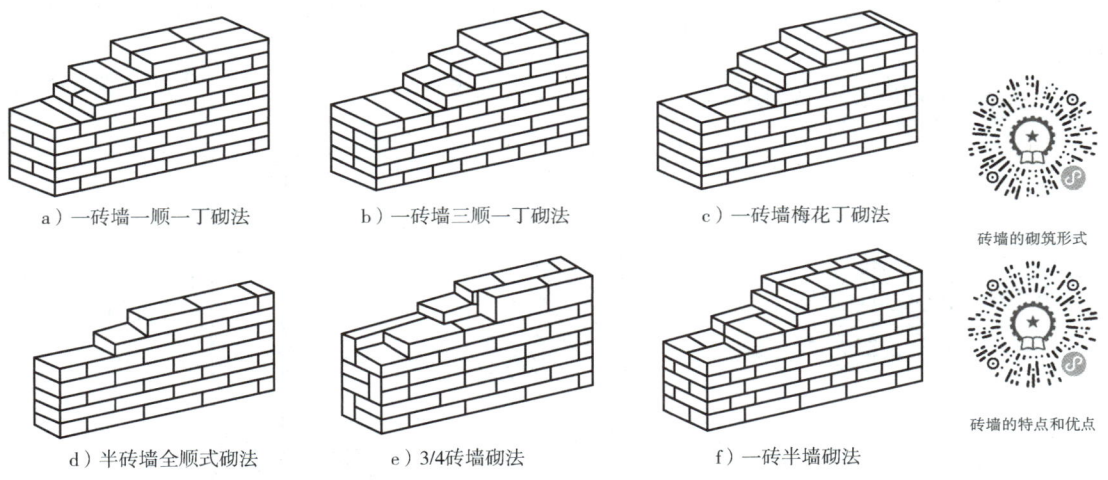

图9-5 实心砖墙砌筑方式

(2) 空斗墙

空斗墙是用实心砖或扁砖与边砖组合而成的一种空体墙。空斗墙的砌法有两种,即无眠空斗墙和有眠空斗墙。无眠空斗墙是完全由斗砖砌筑成的墙,有眠空斗墙是由1皮眠砖层与1~3皮斗砖层相间砌筑成的墙。

(3) 多孔砖和空心砖墙

空心砖墙是指由各种空心砖砌筑成的墙体,有承重和非承重两种。非承重空心砖墙主要由炉渣和其他工业废料制成。承重空心砖墙一般采用直孔烧结多孔砖(图9-6),故又称多孔砖墙。空心砖墙的砌筑形式为下皮错开半砖。砌体转角处、内外墙交叉处、壁柱及独立砖柱处无须切砖。

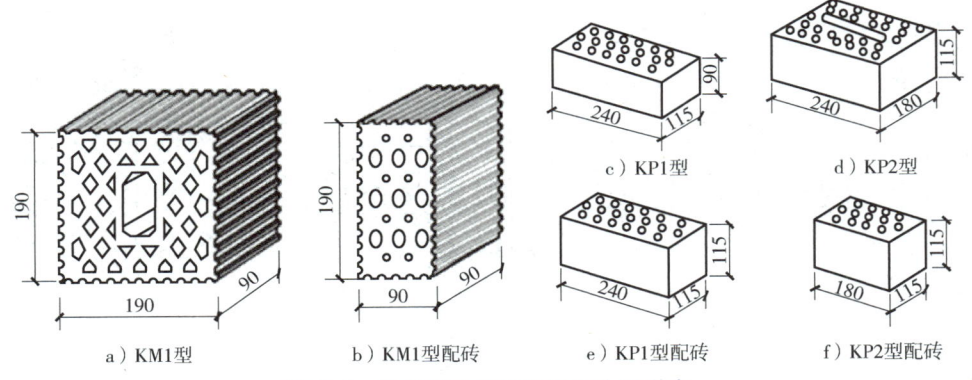

图9-6 几种多孔砖的规格和孔洞形式

9.2.2 砖墙的细部构造

砖墙的细部构造主要包括墙身防潮层、勒脚、散水、踢脚板、窗台、门窗过梁、圈梁和构造柱等。

1. 墙身防潮层

墙身防潮的方法是在墙脚铺设防潮层,以防止土壤和地面水渗入砖砌体。墙身防潮层应在所有的内外墙中连续设置。按构造形式不同,墙身防潮层可分为水平防潮层和垂直防潮层两种。

1) 防潮层的位置。防潮层的具体位置如图 9-7 所示。

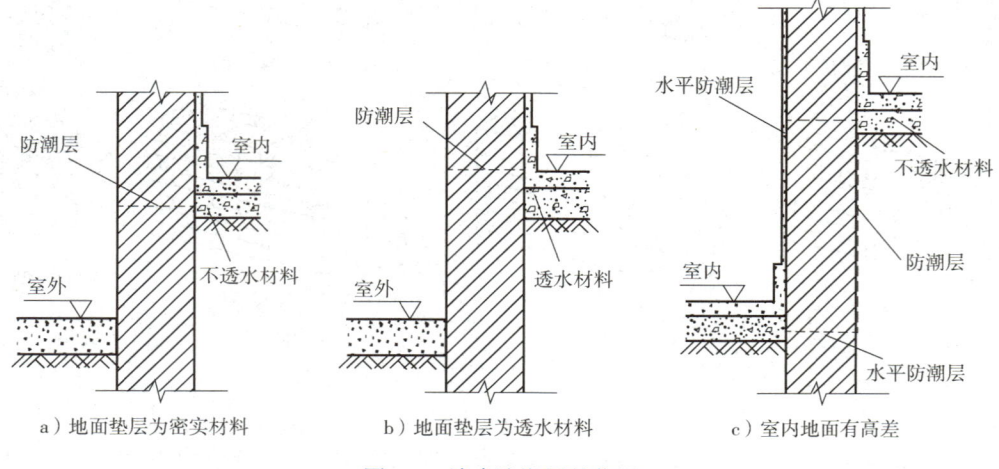

图 9-7 墙身防潮层的位置

2) 防潮层的做法。墙身防潮层的做法主要有以下几种。
① 油毡防潮层的做法如图 9-8a 所示。
② 防水砂浆防潮层的做法如图 9-8b 所示。
③ 细石混凝土防潮层的做法如图 9-8c 所示。

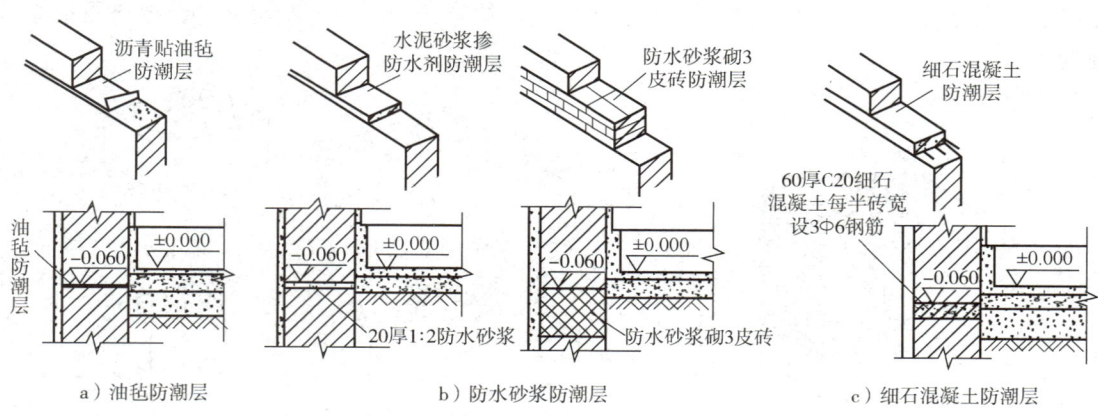

图 9-8 墙身防潮层的做法

2. 勒脚

勒脚是外墙与室外地坪接触的部分,用来保护墙体,防止地面水、屋檐滴下的雨水溅到墙身或地面水对墙脚的侵蚀,提升建筑物的立面美观度。勒脚高度应距室外地坪 500mm 以上。勒脚的做法如图 9-9 所示。

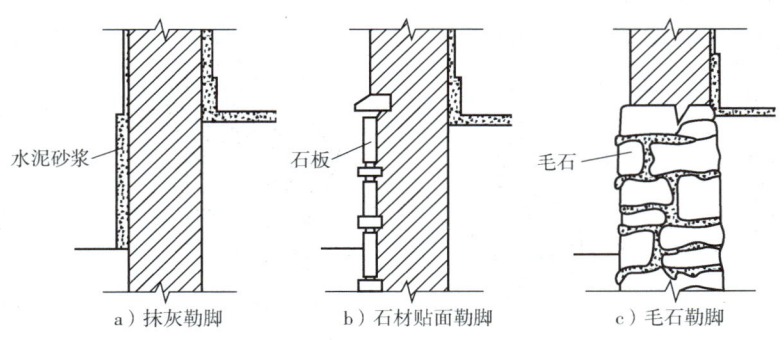

图 9-9 勒脚的做法

3. 散水

散水是指在建筑外墙四周将地面做成向外倾斜的坡面，可将屋顶落水或地表水及时排至建筑范围外，保护墙基不受雨水的侵蚀。散水坡度一般为 3%～5%，宽度为 600～900mm。当屋面排水方式为自由落水时，其宽度比屋檐挑出宽度大 150～200mm。散水的做法如图 9-10 所示。

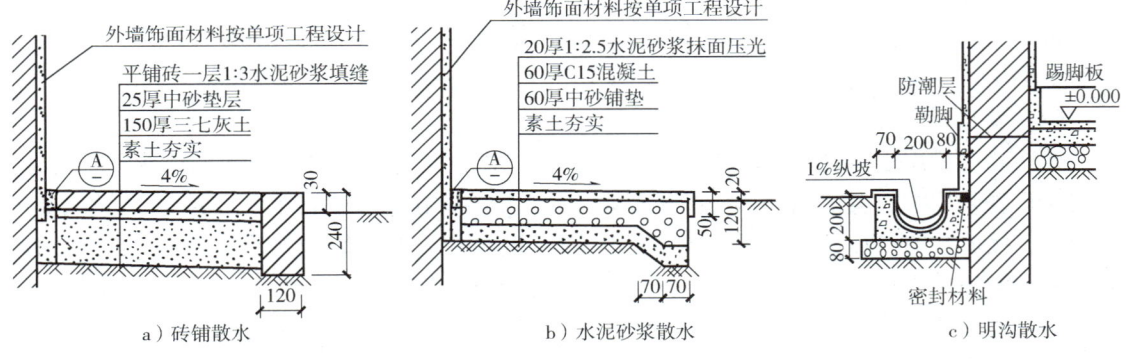

图 9-10 散水的做法

4. 踢脚板

踢脚板是室内墙面的下部与室内楼地面交接处的构造，其作用是保护墙面，防止因外界碰撞而损坏墙体和清洁地面时弄脏墙身。踢脚板高度一般为 120～150mm，常用的踢脚板材料包括水泥砂浆、水磨石、大理石、缸砖和石板等。踢脚板的做法如图 9-11 所示。

5. 窗台

窗洞下部应设窗台，窗台可分为外窗台和内窗台。外窗台可以用砖砌挑出，用来排除窗面流下的雨水，防止雨水渗入墙身及沿窗缝渗入室内，同时避免雨水污染外墙面。外墙面材料为贴面砖时，墙面被雨水冲洗干净，也可不设悬挑窗台。内窗台不受雨水冲刷，可不必设悬挑窗台，它主要用于保护室内墙面及存放东西等。窗台构造如图 9-12 所示。

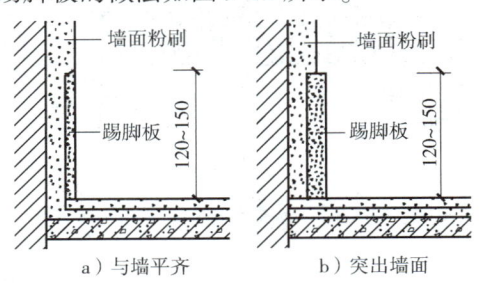

图 9-11 踢脚板的做法

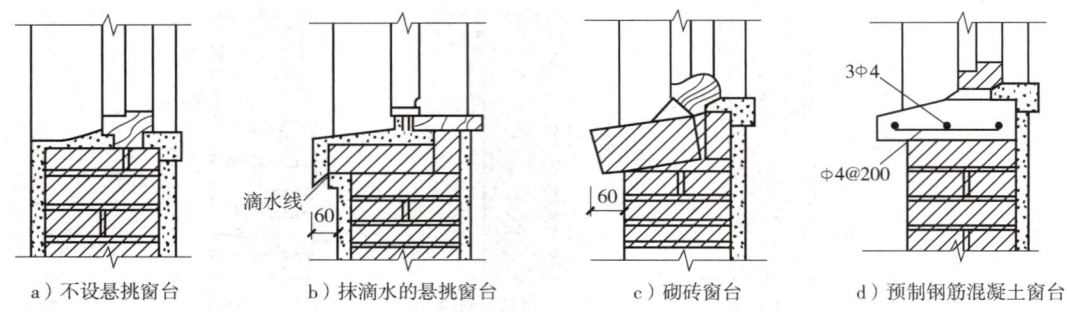

图 9-12 窗台构造

6. 门窗过梁

按材料和构造方式的不同,过梁有砖拱过梁、钢筋砖过梁和钢筋混凝土过梁三种。

(1) 砖拱过梁

砖拱过梁有平拱和弧拱两种,工程中大多用平拱。平拱砖过梁由普通砖侧砌和立砌形成,砖应当为单数并对称于中心向两边倾斜。灰缝呈上宽(小于或者等于15mm)下窄(大于或者等于5mm)的楔形,如图9-13a所示。平拱砖过梁的跨度不应超过1.2m。它虽然节约钢材和水泥,但是施工麻烦,整体性差,不宜用于上部有集中荷载、较大振动荷载或者可能产生不均匀沉降的建筑。

(2) 钢筋砖过梁

钢筋砖过梁用于跨度在2m以内的清水墙的门窗洞口上,用不低于M5的砂浆进行砌筑。它在底部砂浆层中放置的钢筋不应少于3根Φ6,并放置在第一皮砖和第二皮砖之间,也可将钢筋直接放在第一皮砖下面的砂浆层内,同时钢筋伸入两端墙内不小于240mm,并加弯钩。这种梁施工方便,整体性好,其示意图如图9-13b所示。

(3) 钢筋混凝土过梁

钢筋混凝土过梁分为现浇和预制两种,过梁两端伸入墙内的支撑长度不小于240mm,以保证过梁在墙上有足够的承载面积。钢筋混凝土过梁有矩形截面和L形截面等几种形式,如图9-13c所示。矩形截面的过梁一般用于混水墙,在寒冷地区为了避免在过梁内表面产生凝结水,常采用L形截面的过梁。

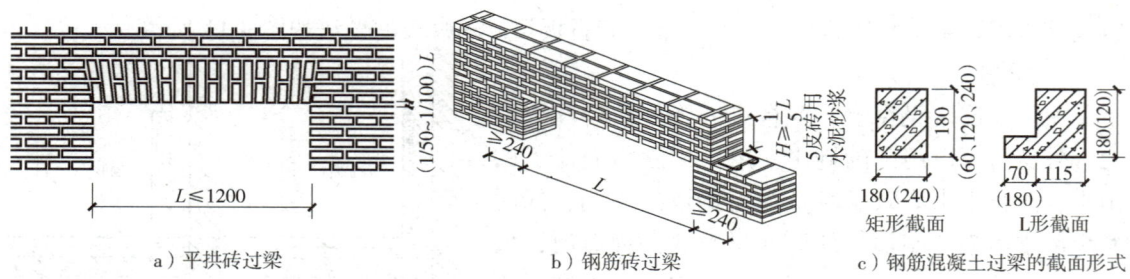

图 9-13 门窗过梁的形式

7. 圈梁

圈梁有钢筋砖圈梁和钢筋混凝土圈梁两种。钢筋砖圈梁目前已很少使用。钢筋混凝土圈梁宜设置在与楼板或屋面板同一标高处（称为板平圈梁）或紧贴板底（称为板底圈梁）。圈梁的构造如图 9-14 所示。

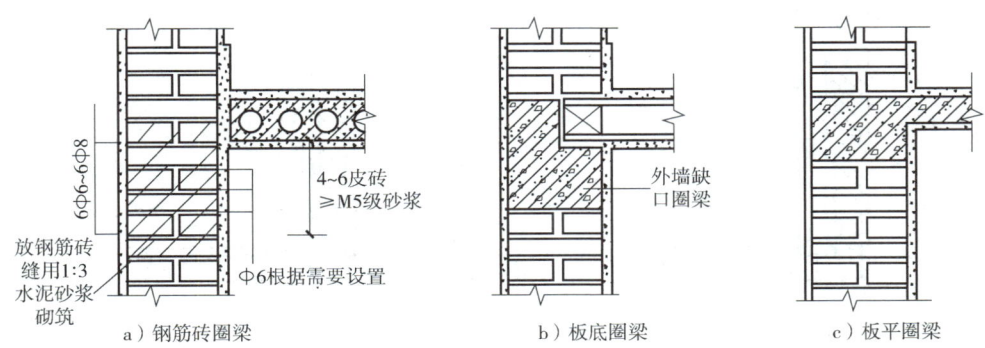

图 9-14　圈梁的构造

9.3　砌块墙的构造

9.3.1　砌块墙的特点

砌块墙与普通砖墙的主要不同是砌块强度低，墙体整体性能差，只能作为填充墙，个别强度高一些的砌块，可用来砌筑部分围护墙体；普通砖的强度高，其砌筑的墙体整体性好，可作为承重墙体（如砖混结构的承重墙、独立砖柱），也可作为围护结构。

9.3.2　几种常见砌块墙的种类和构造

1. 过梁与圈梁

过梁是砌块墙的重要组成部分，它不仅起着连接梁和承受门窗上部荷载的作用，而且起到调节作用。当层高与砌块墙高有差异时，过梁高度的变化可起到调节作用，使砌块的通用性更强，同时为加强砌块墙的整体性，砌块建筑应在适当的位置设置圈梁，如图 9-15 所示。

过梁、圈梁、构造柱的搭接及钢筋位置

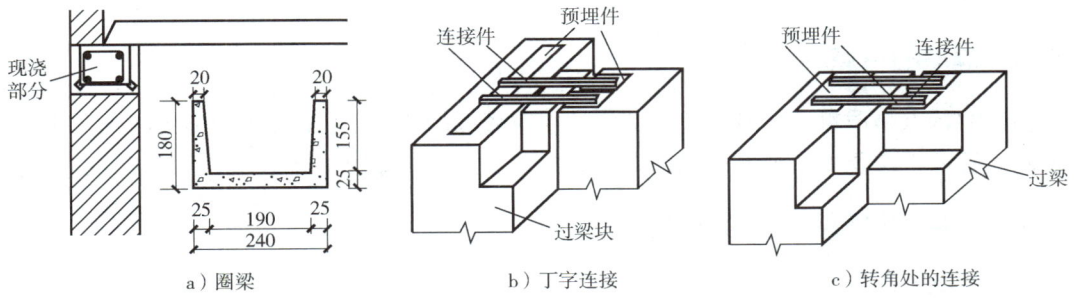

图 9-15　圈梁与过梁的形式

2. 构造柱

砌块墙的竖向加强措施是在外墙转角以及内外墙交接处增设构造柱，将砌块在垂直方向连成整体。构造柱多利用空心砌块将其上下孔洞对齐，于孔中配置Φ9～Φ12钢筋分层插入，并用C20细石混凝土分层填实，而且构造柱与圈梁、基础必须有较好的连接，这对抗震加固也十分有利，如图9-16所示。

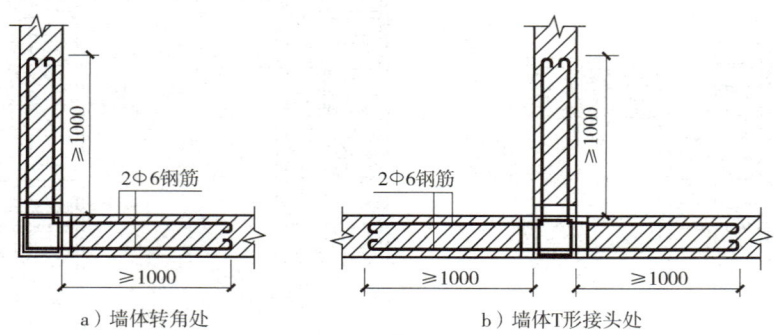

图9-16　砌块墙构造柱

3. 空心砌块墙墙芯柱

当采用混凝土空心砌块时，应在房屋四角、外墙转角楼梯间四角设芯柱，芯柱用C15细石混凝土填入砌块孔中，并在孔中插入通长钢筋。空心砌块墙墙芯柱如图9-17所示。

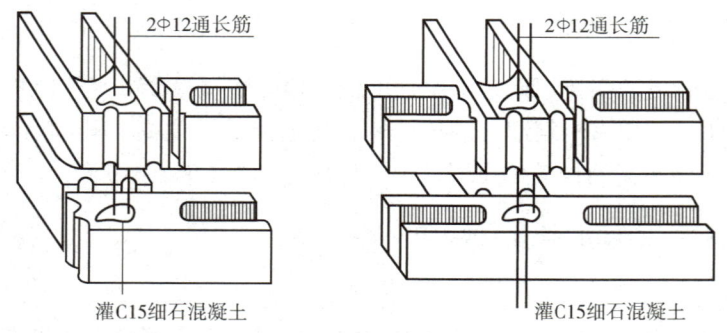

图9-17　空心砌块墙墙芯柱

9.4　隔墙的构造

9.4.1　隔墙的特点

隔墙的特点是质量小、厚度薄，其能减小对楼板的压力，同时还节省家居空间，还能适应不同位置的特殊要求，如有的隔断墙具有隔声、耐水、耐火的特点。

9.4.2　几种常见隔墙的种类和构造

1. 块材隔墙

块材隔墙用普通砖、空心砖、加气混凝土砌块等块材砌筑而成，这种隔墙不用龙骨，主要是靠自身来承接重量，具有取材方便、造价较低、隔声效果好的优点，同时具有自重大、墙体厚、湿作业多、拆移不便等缺点。

（1）普通砖隔墙

砖砌隔墙多采用普通砖砌筑，分成 1/4 砖厚和 1/2 砖厚两种，以 1/2 砖砌隔墙为主。1/2 砖砌隔墙又称半砖隔墙，标志尺寸为 120mm，采用普通砖顺砌而成。普通砖隔墙如图 9-18 所示。

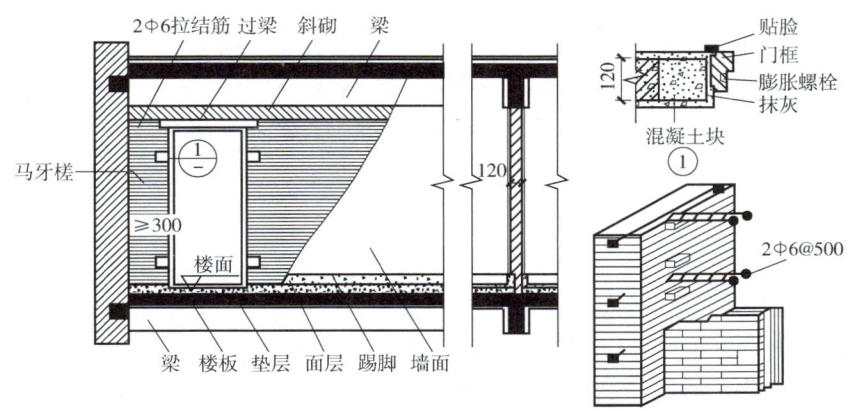

图 9-18　普通砖隔墙构造

（2）砌块隔墙

为了减少隔墙的自重，可采用质轻、块大的各种砌块，目前常用加气混凝土砌块、粉煤灰硅酸盐砌块、水泥炉渣空心砖等砌筑隔墙。砌块隔墙如图 9-19 所示。

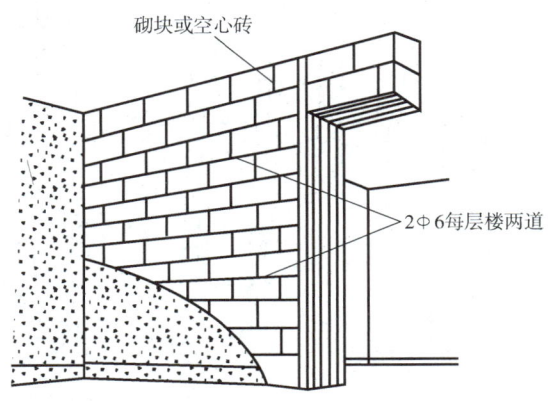

图 9-19　砌块隔墙构造

2. 板材隔墙

板材隔墙是指将各种轻质竖向通长的预制薄型板材用各种黏结剂拼合在一起形成的隔墙。其单板高度相当于房间净高，面积较大，且不依赖骨架，直接装配而成。目前采用的大多为条板。例如加气混凝土条板、石膏条板、复合板和泰柏板等。板材隔墙具有自重轻、安装方便、施工速度快、工业化程度高等优点，板材隔墙如图 9-20 所示。

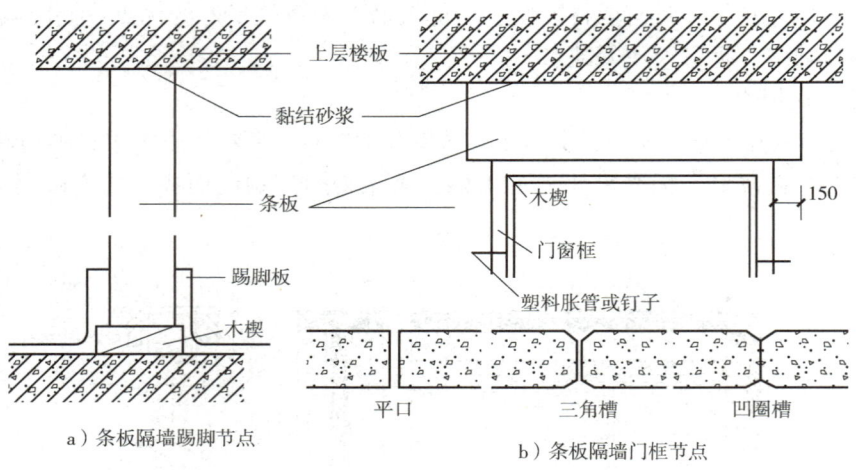

a) 条板隔墙踢脚节点　　　b) 条板隔墙门框节点

图 9-20　板材隔墙构造

3. 骨架隔墙

骨架隔墙又称为立筋隔墙，它是以木材、钢材或其他材料构成骨架，把面层钉结或粘贴在骨架上形成的隔墙，所以隔墙由骨架和面层两部分组成。木骨架具有自重轻、构造简单、便于拆装的优点，但防水、防潮、防火、隔声性能较差。骨架隔墙如图 9-21 所示。

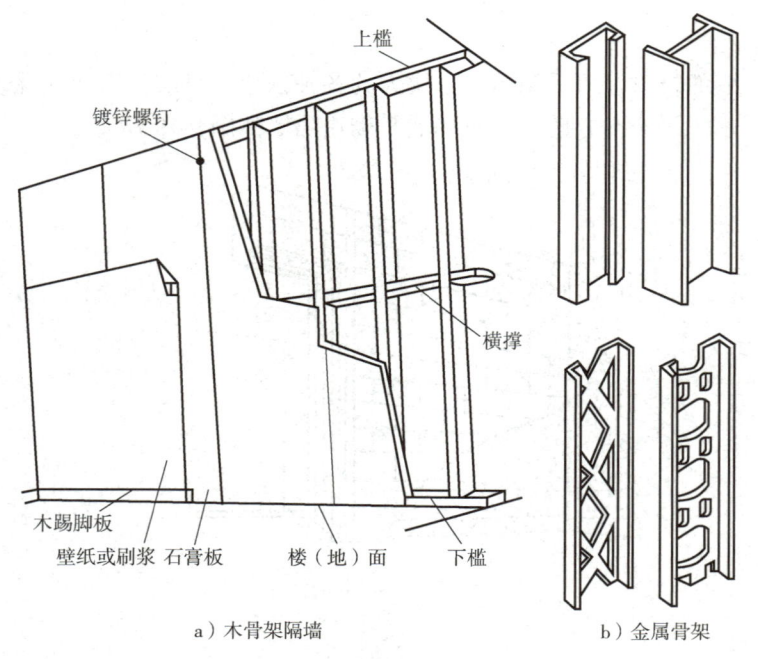

a) 木骨架隔墙　　　b) 金属骨架

图 9-21　骨架隔墙构造

4. 玻璃隔墙

玻璃隔墙是用金属型材或木质材料制成框架，将玻璃嵌入框架内，最终形成的隔墙。玻璃隔墙有透光、密闭性好等优点。玻璃隔墙如图 9-22 所示。

5. 玻璃砖隔墙

玻璃砖隔墙不同于玻璃隔墙，是用铝合金的型材和木材做框架，用黏结砂浆把玻璃砖黏结成一个整体而形成的隔墙。光线可以透过玻璃砖隔墙，不影响采光性。玻璃砖隔墙如图9-23所示。

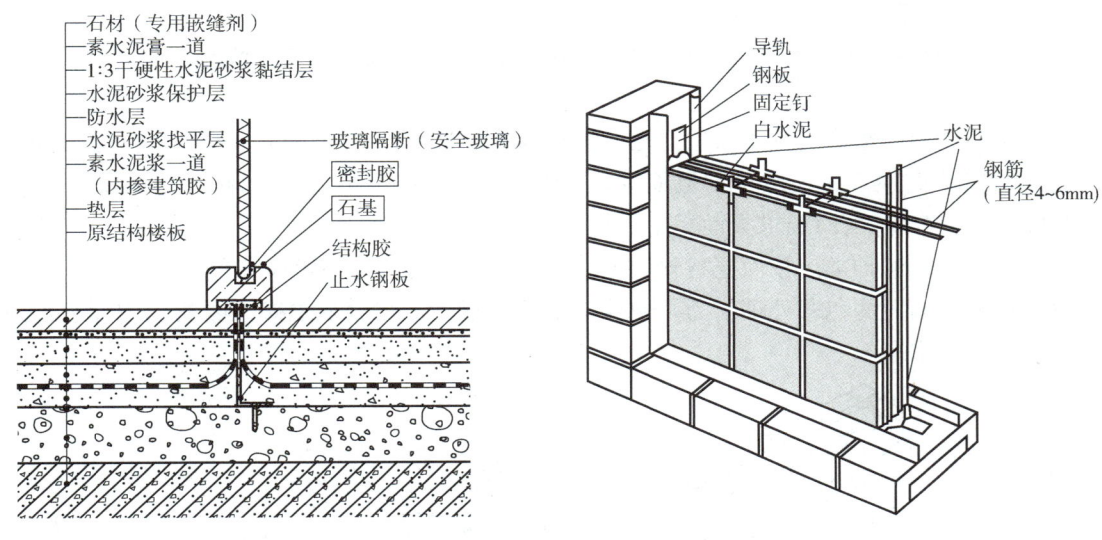

图9-22 玻璃隔墙构造　　　　　　　图9-23 玻璃砖隔墙构造

6. 活动隔墙

活动隔墙主要用于星级酒店、酒楼包厢、公司会议室等，是推拉式的可活动的隔墙，可以任意地推拉分割合并屋内空间，灵活简便，可以拆除，可以重组，可以重复使用，施工时只需安装在顶棚上即可，不需要安装地轨，省去了很多财力物力，使用起来也很方便，一个人便可完成改变空间大小，不用时只需沿着固定的轨道推入藏板间即可。

9.5　墙面装修构造

9.5.1　墙面装修的特点

1. 涂料注意环保性

涂料产品最好选择水性涂料，可以用水稀释，环保性能比油性涂料要好很多，施工也比较方便。涂料刷好之后要注意晾干，晾干期间要注意湿气对涂料和墙面的侵害。

2. 壁纸图案要对好

壁纸拼缝时先对图案、后拼缝，使上下图案吻合。贴好后要注意有没有气泡产生，如果有气泡的话，需要将气泡小心挤出，小范围的气泡可以集中到一处变为大气泡再一并挤出。而为了防止壁纸壁布受潮脱落，可以刷上一层防潮涂料，刷好待其干燥后用干抹布将壁纸表面清洁一遍。

3. 瓷砖贴前要泡水

瓷砖粘贴前必须在清水中浸泡两小时以上，等砖体不冒泡时取出晾干待用。铺粘时遇到管线、灯具开关、卫生间设备的支承件等，必须用整砖套割吻合。贴完瓷砖之后，用棉丝将瓷砖表面擦净，然后用白水泥浆或填缝剂擦缝。

9.5.2　几种常见墙面装修的种类和构造

1. 抹灰类墙面

抹灰又称为粉刷，是将砂浆或石渣浆抹到墙面上的一种操作工艺，属湿作业范畴，是一种传统的墙面装修。

1）抹灰墙面的组成与基本做法。墙面抹灰通常由底层（找平层）、中层（垫层）和面层三层组成。外墙抹灰时，要先对墙面进行分格，以便于施工接槎、控制抹灰层伸缩以及今后的维修。内墙面抹灰时要求大面平整、均匀、无裂痕。

2）常用抹灰的种类。按面层材料及做法不同，抹灰可分为一般抹灰和装饰抹灰。

3）抹灰类墙面的色彩处理。为了使抹灰墙面美观，常在砂浆中掺入颜料以增加装饰效果，如图9-24所示。

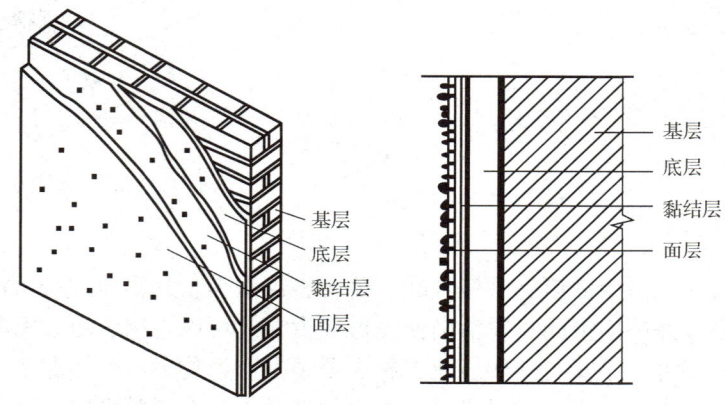

图9-24　墙面抹灰装修构造

2. 贴面类墙面

贴面类墙面装修是指将各种天然石材或人造石材板、块，通过绑、挂或直接粘贴于基层表面的装修做法。

天然石材及人造石材墙面装修。常见天然石材有花岗石、大理石和青石等；常见人造石材有预制水磨石、人造大理石等。现常用的安装方法有石材拴挂法和石材干挂法，如图9-25所示。

3. 涂料类墙面

涂料类墙面装修是指利用各种涂料敷于基层表面，形成完整、牢固的膜层，从而起到保护和装饰墙面作用的一种装修做法。涂料饰面除具有良好的耐水性、耐碱性外，还具有良好的耐洗刷性、耐冻融循环性、耐久性和耐沾污性。同时具有造价低、装饰性好、工期短、工效高、自重轻，以及操作简单、维修方便、更新快等特点，因而在建筑上得到了广泛的应用和发展。当外墙施涂涂料面积过大时，可以以外墙的分格缝、墙的阴角处或落水管等处为分界线，在同一墙面应用同一批号的涂料，每遍涂料不宜施涂过厚，涂料要均匀，颜色应一致。涂料类墙面构造如图9-26所示。

涂料饰面

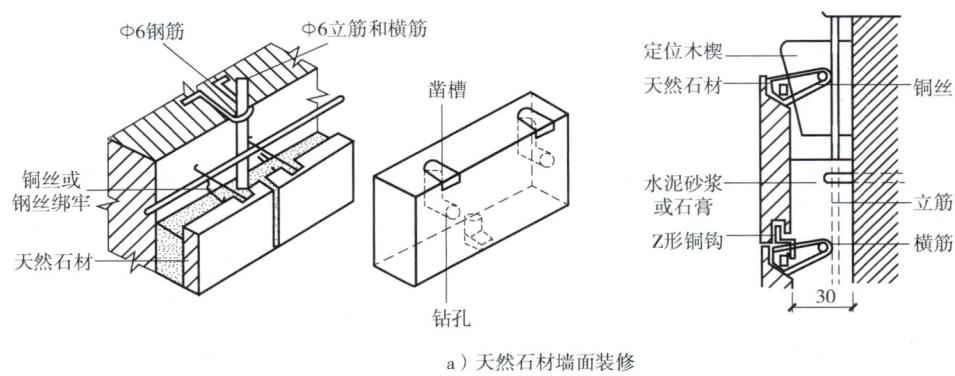

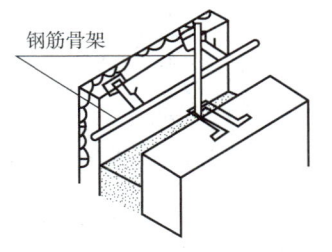
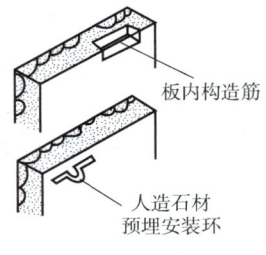
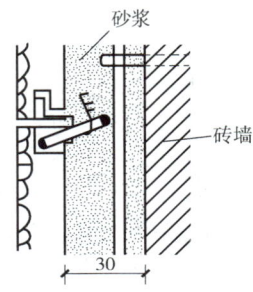

a）天然石材墙面装修

b）人造石材墙面装修

图 9-25 贴面的做法

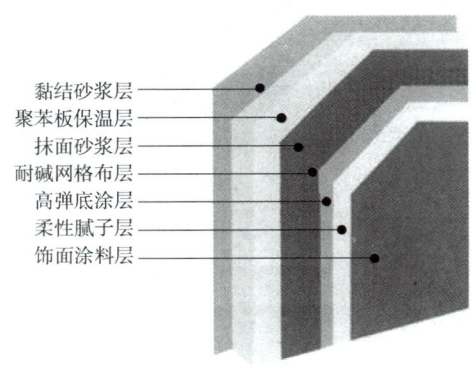

图 9-26 涂料类墙面构造

4. 裱糊类墙面

裱糊类墙面装修是将各种装饰性的壁纸、壁布、织锦等卷材类的装饰材料裱糊在墙面上的一种装修做法。裱糊类饰面装饰性强、造价较经济、施工方法简捷高效、材料更换方便，并且在曲面和墙面转折处粘贴可以顺应基层，取得连续的饰面效果。裱糊类墙面装饰应采用预排对花拼缝整幅裱糊，裱糊的顺序为先上后下，先高后低，应使饰面材料的长边对准基层上弹出的垂直准线，用刮板或胶辊赶平压实，阴阳转角应垂直，阴角处壁纸、壁布应搭接顺光，阳面处不得有接缝，并应包角压实。

5. 铺钉类墙面

铺钉类墙面装修是指利用天然木板或各种人造薄板,用镶、钉、粘等固定方式对墙面进行的装修处理。这种做法一般不需要对墙面抹灰,故属于干作业范畴,可节省人工、提高工效,一般适用于装修要求较高或有特殊使用功能的建筑中。

铺钉类墙面装修一般由骨架和面板两部分组成。骨架有木骨架和金属骨架之分。木骨架由墙筋和横档组成,通过预埋在墙上的木砖钉固到墙身上。金属骨架中多采用冷轧薄钢板制成的槽形断面墙筋。为防止骨架与面板受潮而损坏,可先在墙体上刷热沥青一道再干铺油毡一层,也可在墙面上抹 9mm 厚混合砂浆并涂刷热沥青两道。装饰面板多为人造板,如纸面石膏板、硬木条、胶合板、装饰吸声板、纤维板、彩色钢板及铝合金板等。铺钉类墙面构造如图 9-27 所示。

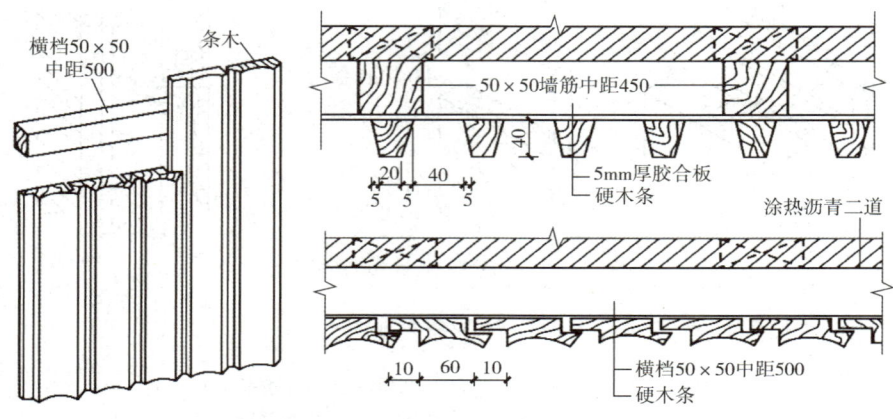

图 9-27　铺钉类墙面构造

6. 特殊做法的抹灰涂料类墙面

特殊做法的抹灰涂料类墙面根据其用料、构造做法及装饰效果的不同可分为弹涂墙面、滚涂墙面、拉毛墙面和扫毛抹灰墙面等。

9.6　墙体节能构造

9.6.1　墙体节能的特点

墙体节能一般是由外墙外保温、中空玻璃窗、壁挂炉供热、地板辐射采暖、屋面保温层、四防门全方位构成的保温围护结构;墙体的节能,意味着热损失少,即围护结构的传热损失和通过门窗、墙体缝隙的空气渗透热损失少。节能通常是指采用新型节能建材优化建筑物墙体及其供热系统,使房屋具有优越的保温隔热性能,让人有"冬暖夏凉"的感觉。

9.6.2　几种常见墙体节能的种类和构造

墙体保温通常有四种形式,即内保温、夹层保温、外保温、围护结构异常部位的保温设计。

1. 内保温

"内保温"技术,即在建筑空间内部墙体附加保温材料以达到节能目的。我国在实施建筑节能设计标准的初期,大都采用外墙内保温的方法。但外墙内保温做法存在三大问题:一是热工效率较低,外墙有些部位如丁字墙、圈梁处难以处理而形成热桥,使保温性能有所降低;二是保温层在住户室内,对二次装修、增设吊挂设施带来不少麻烦,一旦出现质量问题,维修时会对住户造成很大困扰;三是内保温占用室内空间,减少用户使用面积。内保温构造如图9-28所示。

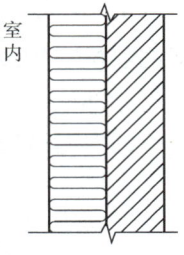

图9-28 内保温构造

2. 夹层保温

"夹层保温"技术,即对外围护墙采用分层处理的措施,形成墙体—保温材料—墙体体系,达到保温节能目的。建筑界曾试图用工业化生产的方式解决建筑的保温和节能问题,然而由于生产方式复杂,不能有效地解决建筑中存在的热桥问题,夹层保温的做法逐渐被墙体外保温的做法所取代。夹层保温构造如图9-29所示。

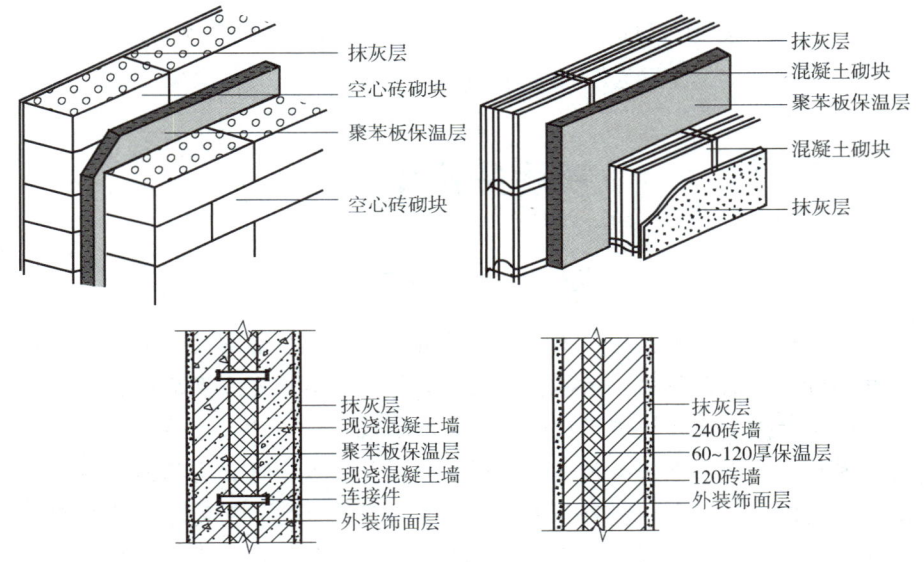

图9-29 夹层保温构造

3. 外保温

"外保温"技术,即在建筑物外墙外侧附加保温材料达到节能目的。外墙外保温技术是目前大力推广的一种建筑节能技术。外墙外保温与外墙内保温相比,节能构造技术合理,使用同样规格尺寸、相同性能的保温材料,外保温比内保温的节能效果要好。外墙外保温技术不仅适用于新建建筑,也适用于既有建筑的节能改造。外保温材料包覆在主体结构的外侧,能够有效保护建筑的主体结构,延长建筑物的使用寿命;有效减少了建筑结构热桥,增加建筑的有效使用空间;同时消除了因围护结构保温隔热性能差,导致外墙室内一侧产生结露和霉变的现象,提高了室内居住环境的舒适度。外保温构造如图9-30所示。

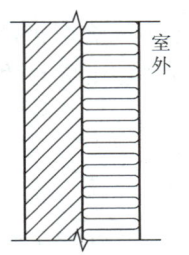

图9-30 外保温构造

4. 围护结构异常部位的保温设计

在围护结构中，存在着不少传热异常的部位，例如门窗缝隙、结构转角、交角以及结构内部的热桥（钢或钢筋混凝土骨架、圈梁、过梁、板材的肋条等），热桥的形式如图9-31所示。这些部位由于构造上的特点，其传热损失比主体部分大得多，因此，必须对这些部位采取相应的保温措施。

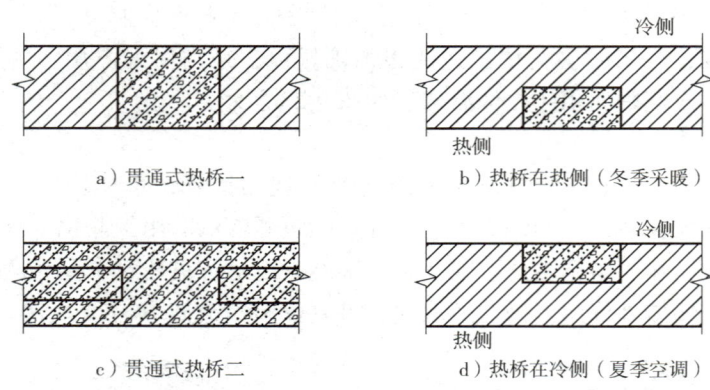

图9-31　热桥的形式

素质拓展案例

绿墙的来源与应用

据记载，我国春秋时期吴王夫差建造苏州城墙时，就利用藤本植物进行了垂直绿化；在西方，古希腊和古罗马的园林中，葡萄、蔷薇和常春藤等被用来布置成绿廊。

近年来，随着世界各国在城市现代化进程上的加快，城市建设用地与绿化用地的矛盾日益突出，人们对绿化的需求越来越强烈，不得不开始关注城市绿化空间的发展。人们在实施城市屋顶绿化的同时，也渐渐地把目光投向了蕴藏着巨大绿化空间的城市建筑物垂直面上。

上海世博会主题馆西侧墙面绿化面积达到 $5000m^2$，它采用了小灌木容器贴墙固定的方式，为目前世界最大的生态墙。绿化隔热外墙在夏季可以阻隔太阳光的辐射，使外墙表面附近的空气温度降低，降低传导作用；冬季叶子枯萎后也不影响墙面得到太阳辐射热，植物形成保温层，延长外墙的使用寿命。上海世博会上绿墙的大量使用，为今后的城市建设提供了良好的模板。

绿墙

本章小结

墙体在建筑物中所处的位置不同，功能与作用也不同，对应的设计要求也不同。本章内容主要介绍了块材墙体的分类、作用、构造以及隔墙与隔断的构造等各方面的知识，帮助同学了解墙体这一建筑物的组成部分。

实训练习

一、单项选择题

1. （　　）是建筑物的竖向承重构件，它不仅承受自重，还承受来自屋顶、楼板（梁）的荷载以及风荷载和地震荷载。

　　A. 砌体墙　　　　　　B. 承重墙　　　　　　C. 砖墙　　　　　　D. 剪力墙

2. （　　）是将楼板及屋面板等水平承重构件搁置在横墙上，楼面及屋面荷载依次通过楼板、横墙、基础传递给地基。

　　A. 横墙承重　　　　　　　　　　　　B. 纵墙承重

　　C. 纵横墙混合承重　　　　　　　　　D. 墙与柱混合承重

3. （　　）是完全由斗砖砌筑成的墙，（　　）是由1皮眠砖层与1~3皮斗砖层相间砌筑成的墙。

　　A. 实心砖墙　　　　　　　　　　　　B. 多孔砖和空心砖墙

　　C. 无眠空斗墙　　　　　　　　　　　D. 有眠空斗墙

4. （　　）的方法是在墙脚铺设防潮层，以防止土壤和地面水渗入砖砌体。

　　A. 墙身防潮　　　　　　　　　　　　B. 防水砂浆防潮层

　　C. 细石混凝土防潮层　　　　　　　　D. 油毡防潮层

5. （　　）墙面是指利用各种涂料敷于基层表面，形成完整、牢固的膜层，从而起到保护和装饰墙面作用的一种装修做法。

　　A. 贴面类　　　　　B. 裱糊类　　　　　C. 铺钉类　　　　　D. 涂料类

二、多项选择题

1. 墙体的作用包括（　　）。

　　A. 承重作用　　　B. 围护作用　　　C. 分隔作用　　　D. 荷载作用

　　E. 装饰作用

2. 砖墙的组砌方式包括（　　）。

　　A. 一砖墙一顺一丁砌法　　　　　　　B. 一砖墙三顺一丁砌法

　　C. 一砖墙梅花丁砌法　　　　　　　　D. 半砖墙全顺式砌法

　　E. 3/4砖墙砌法

3. 常见砌块墙的构造有（　　）。

　　A. 过梁与圈梁　　　B. 框架柱　　　C. 构造柱　　　D. 骨架

　　E. 细石混凝土

4. 常见隔墙的构造有（　　）。

　　A. 块材隔墙　　　B. 骨架隔墙　　　C. 构造柱隔墙　　　D. 板材隔墙

　　E. 砌块式隔墙

5. 墙面装修的特点有（　　）。

　　A. 涂料墙面环保性好　　　　　　　　B. 壁纸墙面图案丰富

C. 瓷砖墙面硬度高 D. 石材墙面不易清洁
E. 抹灰类与涂料类墙面施工复杂

三、简答题

1. 简述墙体类型的分类方式及类别？
2. 砖墙的细部构造都有哪些？
3. 砖墙组砌的要点是什么？

实训工作单

班级		姓名		日期	
教学项目		墙体			
学习项目	砖墙、砌块墙、隔墙、墙面装修、节能构造		学习要求	了解墙体的作用、分类和特点，掌握各种墙体构造	
相关知识			掌握几种墙体的构造		
其他内容					
学习记录					
评语				指导老师	

第 10 章

楼板与地面

【学习目标】

1. 了解楼板层的分类和作用。
2. 掌握现浇钢筋混凝土楼板的构造。
3. 掌握地面的构造。
4. 掌握阳台与雨篷构造的组成及连接构造。

【素质目标】

了解行业质量要求，培养职业素养。

【教学要求】

本章要点	掌握层次	相关知识点
楼板层的作用及其设计要求	掌握其作用	楼板层的作用
钢筋混凝土楼板的构造	1. 了解现浇整体式钢筋混凝土楼板 2. 了解预制装配式钢筋混凝土楼板 3. 了解预制装配整体式钢筋混凝土楼板	钢筋混凝土楼板
地面和顶棚的构造	掌握地面及顶棚的构造	地面、顶棚
阳台和雨篷	1. 掌握阳台的构造组成 2. 掌握雨篷的构造组成	阳台、雨篷

【项目案例导入】

工程中常用的楼板分为现浇板和预制板，其中现浇板分为无梁楼板、井式楼板、梁式楼板、平板式楼板、压型钢板组合楼板等；预制板分为实心平板、槽形板、空心板等。

【项目问题导入】

分析上述各种类型楼板的基本知识及构造识图方法。

10.1 楼板层的基本构成及分类

10.1.1 楼板层的作用及其设计要求

1. 楼板层的作用

楼板层是建筑中沿水平方向分隔上下空间的水平受力构件。楼板层除了承

楼板层的设计

受自重和传递垂直荷载和水平荷载外，对墙体也起到水平支撑的作用，同时还应具有一定程度的保温、隔声、防火、防水等能力。建筑物中的各种水平设备管线也将在楼板层内安装。

2. 楼板层的设计要求

1）强度和刚度的要求：楼板层应具有足够的强度和刚度，保证建筑的安全正常使用。

2）隔声的要求：为避免楼层上下空间的相互干扰，楼板层应具备一定的隔绝空气传声和撞击传声的能力。不同建筑质量等级和不同的使用要求有不同程度的隔声要求。

3）热工和防火的要求：一般楼层和地层应有一定的蓄热性，即地面应有舒适的感觉。楼板层防火要求应根据建筑物的等级、对防火的要求等进行设计。

4）防水、防潮的要求：对于一些地面潮湿容易积水的房间，如厨房、卫生间等，应处理好楼地面的防水问题。

5）管线的要求：对有管道、线路敷设要求的楼板层，须仔细考虑各种设备管线的走向。

6）满足经济的要求：选用楼板时应考虑材料的经济性，并尽量为建筑工业化创造条件。

10.1.2 楼板层的构成

楼板层主要由面层、结构层、附加层和顶棚层四部分组成（图10-1）。

1）面层：面层又称地面，是楼板层中与家具和设备直接接触的部分，主要作用是保护楼板、分布荷载和绝缘、隔声等，同时也对室内装饰有重要影响。

2）结构层：结构层是楼板层的承重部分，包括板和梁，主要功能在于承受楼板层的荷载，并将荷载传递给墙或柱，同时还对墙体起水平支撑作用，增加建筑物的整体刚度。

3）附加层：附加层也称功能层，根据楼板层的具体要求而设置，主要作用是隔声、隔热、保温、防水、防潮、防腐蚀、防静电等。根据需要，附加层有时和面层合二为一，有时又和顶棚层合为一体。

4）顶棚层：顶棚层位于楼板层的下表面，又称天棚，是建筑室内上部空间的装饰层，起保护结构层和安装灯具、敷设管线的作用。

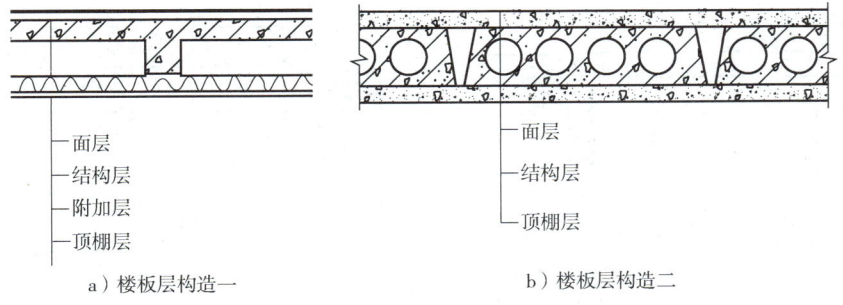

图 10-1 楼板层的构造组成

10.1.3 楼板的类型

根据其结构层所用材料的不同，楼板可分为木楼板、砖拱楼板、钢筋混凝土楼板和钢衬板组合楼板等多种类型。

1）木楼板：木楼板是在由墙或梁支撑的木搁栅上铺钉木板，木搁栅之间有剪刀撑，下做板条抹灰顶棚。木楼板自重轻、构造简单、保温隔热性能好、观感好，但其隔声、耐久、耐火性能较差，易腐蚀，难维护，为了节约木材，现采用较少。木楼板示意图如图10-2a所示。

2）砖拱楼板：砖拱楼板可节约钢材、水泥、木材，但自重大，施工复杂，承载力及抗震性能均较差，现在基本不用。砖拱楼板示意图如图10-2b所示。

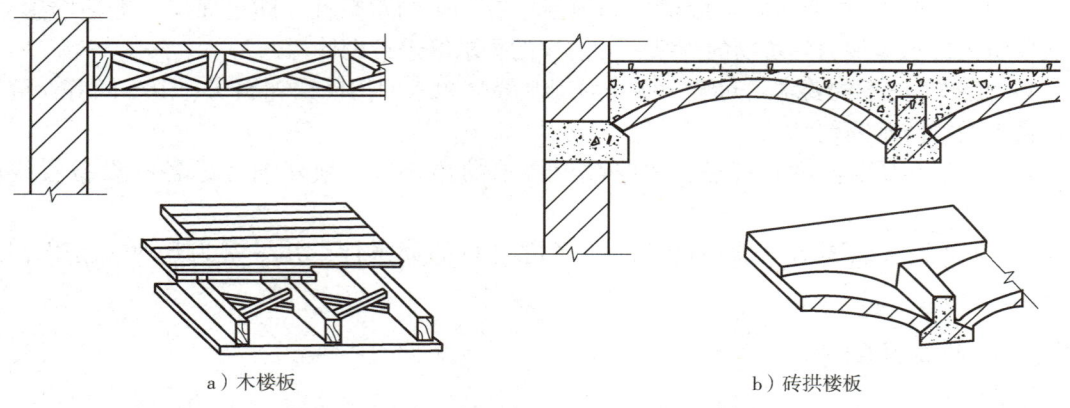

a）木楼板　　　　　　　　　　b）砖拱楼板

图10-2　楼板示意图一

3）钢筋混凝土楼板：钢筋混凝土楼板强度高、刚度大，耐久性和耐火性好，还具有良好的可塑性，便于工业化生产和施工，目前被广泛采用。钢筋混凝土楼板示意图如图10-3a所示。

4）钢衬板组合楼板：钢衬板组合楼板又称为压型钢板混凝土组合楼板，即在型钢梁上铺设压型钢板作为永久性底模，在其上整体浇筑混凝土而成的复合楼板，它具有整体性好、刚度大、强度高、抗震性能好的特点，适用于大空间和大跨度的高层民用建筑和工业建筑，如图10-3b所示。

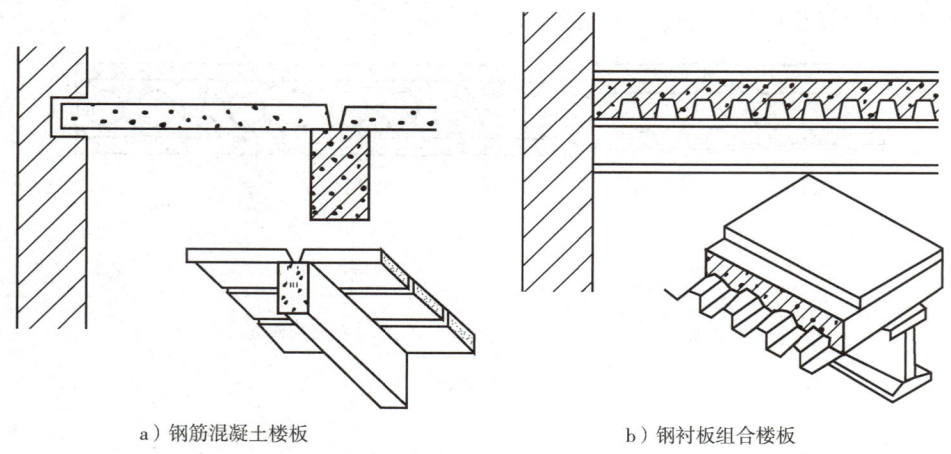

a）钢筋混凝土楼板　　　　　　　　b）钢衬板组合楼板

图10-3　楼板示意图二

10.2 钢筋混凝土楼板的构造

10.2.1 现浇整体式钢筋混凝土楼板

现浇整体式钢筋混凝土楼板是在其结构位置处现场支模、绑扎钢筋、浇筑混凝土而成型的楼板结构，主要优点是结构整体性能良好，且制作灵活。缺点是对模板的需求量较多，工序较为复杂，工期较长，施工时受天气的影响较大。它适用于对抗震设防和整体性有较高要求的多层建筑。

现浇钢筋混凝土楼板

根据受力和传力情况的不同，现浇整体式钢筋混凝土楼板可分为板式楼板、梁板式楼板、井式楼板、无梁楼板和压型钢板混凝土组合楼板等。

1）板式楼板：楼板下不设梁，将板现浇成一块平面，直接支承在承重墙上，这种楼板称为板式楼板。它适用于板跨 2~3m 的建筑平面尺寸较小的房间（多用于混合结构住宅中的厨房、卫生间）及公共建筑的走廊，板式楼板底面平整、美观，施工方便，目前采用较多。板式楼板分为单向板和双向板。

楼板的结构布置

2）梁板式楼板：当房间的平面尺寸较大时，为使楼板结构的受力与传力较为合理，常在楼板下设梁以增加板的支点，从而减小板的跨度，使荷载先由板传给梁，再由梁传给墙或柱，这种楼板结构称为梁板式结构，梁有主梁与次梁之分，梁板式楼板结构示意图如图 10-4 所示。

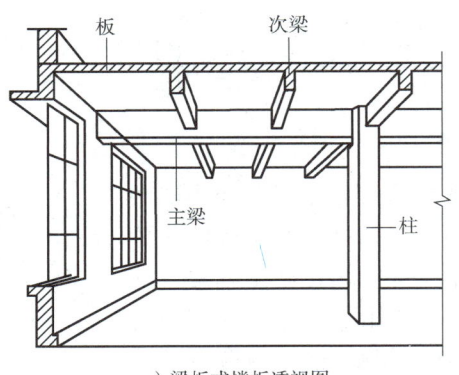
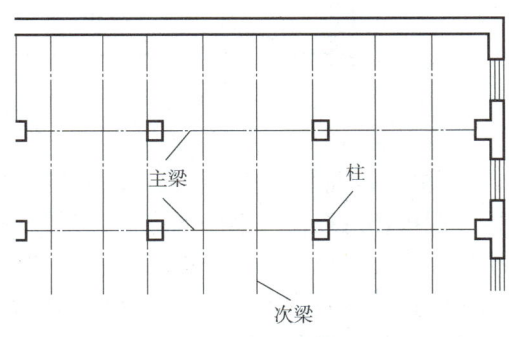

a）梁板式楼板透视图　　　　b）梁板式楼板平面图

图 10-4　梁板式楼板结构示意图

3）井式楼板：井式楼板是梁板式楼板的一种特殊形式。当房间尺寸较大，并接近正方形时，常沿两个方向布置等距离、等截面高度的梁（不分主、次梁）（板为双向板），形成井格形的梁板结构，纵梁和横梁同时承担由板传递下来的荷载。井式楼板有正井式楼板和斜井式楼板两种。梁与墙之间正交的为正井式，梁与墙之间斜向布置为斜井式。井式楼板示意图如图 10-5 所示。

4）无梁楼板：无梁楼板是将现浇整体式钢筋混凝土板直接支承于柱上，分为有柱帽和无柱帽两种。当楼面荷载比较小时，可采用无柱帽楼板；当楼面荷载较大时，为提高楼板的承载能力、刚度和抗冲切能力，必须在柱顶加设柱帽。无梁楼板楼层净空较大，顶棚平整，采光、通风和卫生条件较好，适用于商店、仓库和展览馆等活荷载较大的建筑。无梁楼板的结构示意图如图 10-6 所示。

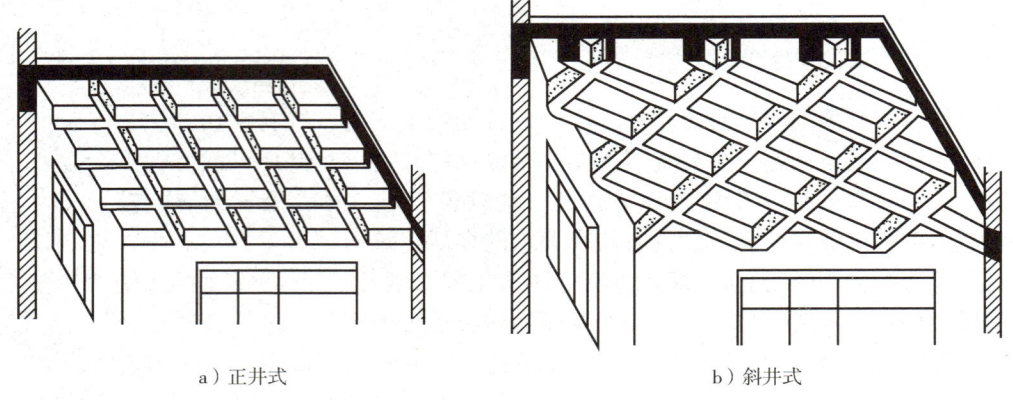

a）正井式　　　　　　　　　　　　b）斜井式

图 10-5　井式楼板示意图

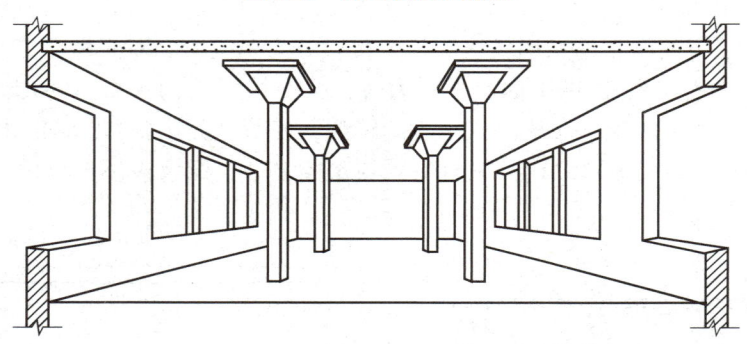

图 10-6　无梁楼板的结构示意图

5）压型钢板混凝土组合楼板：压型钢板混凝土组合楼板是以截面为凹凸形的压型钢板作衬板，与钢筋混凝土浇筑在一起支承在钢梁上，构成的整体楼板结构；同时，板上的肋条能与混凝土共同工作，可以简化施工程序，加快施工速度；其具有刚度大、整体性好的优点；主要适用于需有较大空间的高层、多层民用建筑及大跨度工业厂房中。压型钢板混凝土楼板组合示意图如图 10-7 所示。

楼板结构的经济尺度

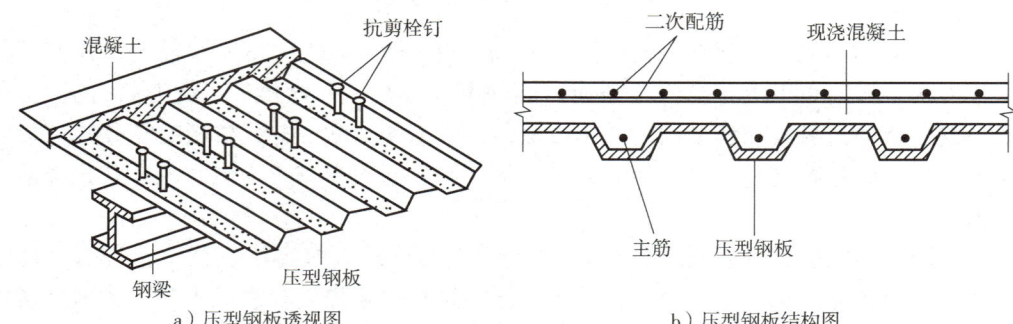

a）压型钢板透视图　　　　　　　　b）压型钢板结构图

图 10-7　压型钢板混凝土楼板组合示意图

10.2.2 预制装配式钢筋混凝土楼板

预制装配式钢筋混凝土楼板是把楼板分成若干构件，在预制加工厂或施工现场外预先制作，然后在施工现场进行安装的钢筋混凝土楼板。这种楼板可以节约模板、提高工效，但楼板整体性差，不宜在抗震设防要求较高的地区使用。

预制装配式施工的优势

1. 预制装配式钢筋混凝土楼板的类型

1）实心平板：实心平板制作简单，上下表面平整，但板的跨度受限制，隔声效果较差，一般用于跨度较小的部位，如走道板、平台板、走廊等。

实心平板的两端支承在墙或梁上，板跨一般在 2.4m 以内，板宽为 500～900mm，板厚为 50～80mm。实心平板示意图如图 10-8 所示。

板搁置在墙上

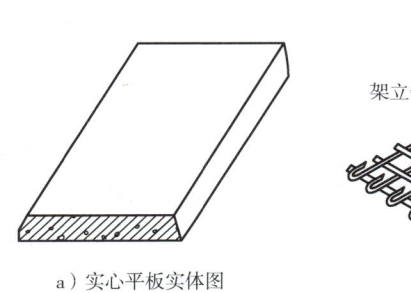

a）实心平板实体图　　b）实心平板构造图

图 10-8　实心平板示意图

2）槽形板：槽形板由板和边肋组成，是一种梁板结合的构件，即在实心板两侧设纵向边肋，形成槽形截面。槽形板有预应力和非预应力两种。由于其两侧有肋，故槽形板的板厚较小，而跨度可以较大。槽形板板宽为 500～1200mm，板的经济跨度一般为 3～6m。槽形板的自重较轻，用料省，并且便于在楼板上临时开洞，但隔声性能较差。

槽形板分槽口向下（正槽板）和槽口向上（反槽板）两种。槽口向下的槽形板受力较为合理，但板底不平整、隔声效果差；槽口向上的倒置槽形板，受力不甚合理，铺地时需另加构件，但槽内可填轻质构件，顶棚处理、保温、隔热及隔声的施工较容易。槽形板示意图如图 10-9 所示。

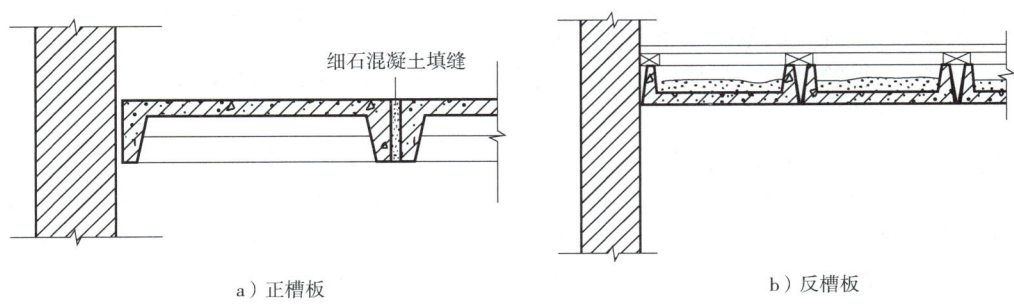

a）正槽板　　b）反槽板

图 10-9　槽形板示意图

3）空心板：空心板是将平板沿纵向抽空而成，孔洞形状有圆形、矩形等，由于圆形孔制作时抽芯脱模方便且刚度好，所以其应用最普遍。空心板上下表面平整，隔声效果较实心板和槽形板好，是预制板中应用最广泛的一种类型，但其不宜任意开洞，故不能用于管道穿越较多的房间，并且空心板纵向长边不应搁置在墙上，否则会形成三边支承的板，易导致板的开裂。空心板示意图如图10-10所示。

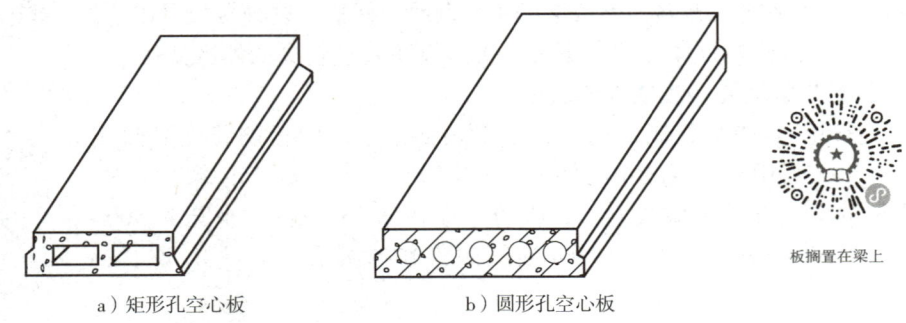

图 10-10　空心板示意图

2. 预制装配式钢筋混凝土楼板的结构布置

1）结构布置：板的结构布置有板式和梁板式两种，预制板直接搁置在墙上的称为板式结构布置；若将预制板搁置在梁上的称为梁板式结构布置，如图10-11所示。

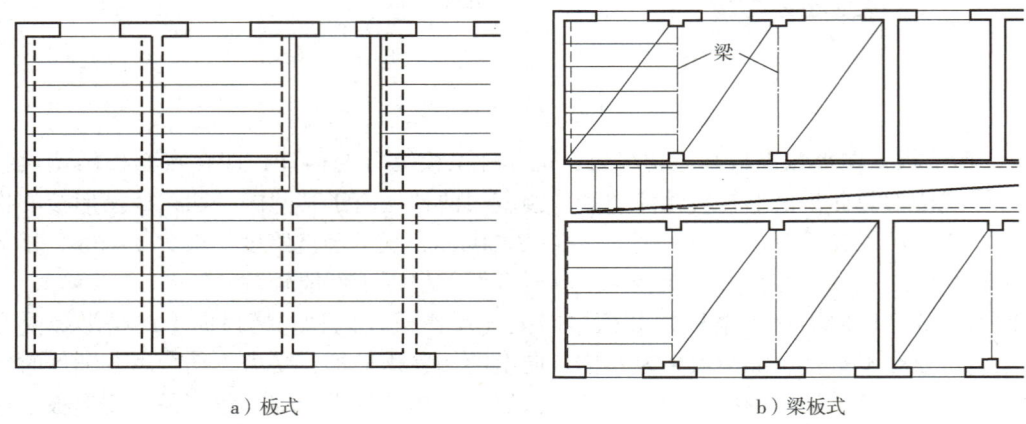

图 10-11　预制装配式钢筋混凝土楼板的结构布置

在进行结构布置时应遵循以下几点原则：

①尽量减少板的规格、类型。板的规格过多，不仅给板的制作带来麻烦，而且施工也比较复杂，应简化施工。

②优先选用宽板，减少板缝的现浇混凝土量，窄板作调缝板使用。

③楼板的长边不得搁置在梁或砖墙内，避免出现三面支承情况而导致板产生裂缝。

④按支承楼板的墙或梁的净尺寸计算楼板的块数，不够整块数的尺寸可通过调整板缝或于墙边挑砖或增加局部现浇板等办法来解决。当缝差超过200mm时，应考虑重新选板或采用调缝板。板缝差的处理如图10-12所示。

⑤遇有上下管线、烟道、通风道穿过楼板时，尽量将该处楼板现浇，防止圆孔板开洞过多。

⑥空心板安装前要做好堵头，以防板端被压坏。

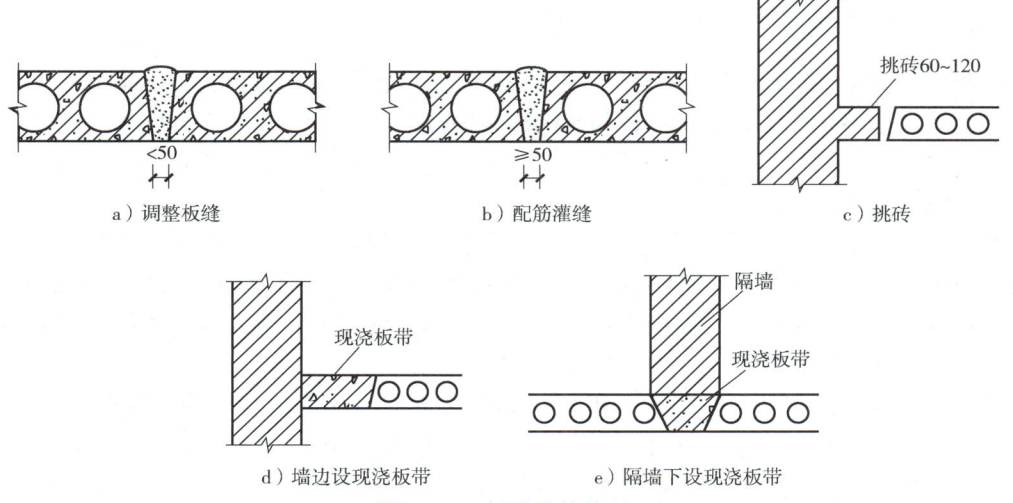

图 10-12 板缝差的处理

2) 板缝构造：板的接缝有侧缝、端缝两种。板侧缝有 V 形缝、U 形缝、凹槽缝三种形式，V 形缝和 U 形缝便于灌缝，多在楼板较薄时采用；凹槽缝连接牢固，楼板整体性好，相邻的板之间共同工作效果较好，但灌缝不方便。板侧缝的示意图如图 10-13 所示。

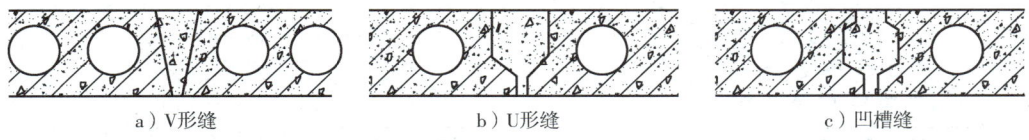

图 10-13 板侧缝的示意图

板的端缝处理，一般只需将板缝内填实细石混凝土，使之相互联结。为了增强建筑物抗水平力的能力，可将板端外露的钢筋交错搭接在一起，然后浇筑细石混凝土灌缝，以增强板的整体性和抗震能力。

3) 隔墙处理：预制装配式钢筋混凝土楼板上设立隔墙时，宜采用轻质隔墙，可搁置在楼板的任何位置。若隔墙自重较大，如采用砖隔墙、砌块隔墙等，则应避免将隔墙搁置在一块板上，通常将隔墙设置在两块板的接缝处。当采用槽形板或小梁搁板的楼板时，隔墙可直接搁置在板的纵肋或小梁上；当采用空心板时，须在隔墙下的板缝处设现浇板带或梁来支承隔墙。隔墙处理示意图如图 10-14 所示。

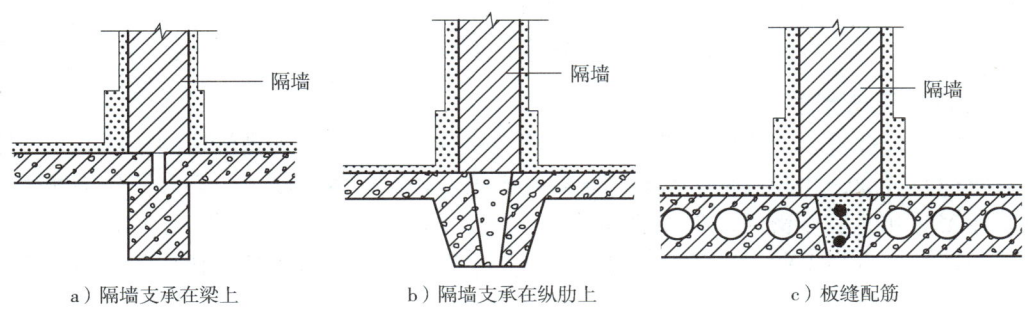

图 10-14 隔墙处理示意图

10.2.3 预制装配整体式钢筋混凝土楼板

预制装配整体式钢筋混凝土楼板是将楼板中的部分构件预制安装后，再通过现浇的部分连接成整体。这种楼板结合了现浇板和装配楼板的优点，整体性较好，又可节省模板，施工速度也较快。常见的预制装配式钢筋混凝土楼板有叠合式楼板和密肋填充块楼板两种。

1. 叠合式楼板

叠合式楼板是由预制板和现浇钢筋混凝土叠合而成的装配整体式楼板，预制板既是楼板结构的组成部分，又是现浇钢筋混凝土叠合层的永久模板，具有模板、结构、装修的功能，适用于对整体刚度要求较高的高层建筑和大开间建筑。现浇叠合层内应设置负弯矩钢筋，并可在其中敷设水平设备管线。

叠合式楼板的预制部分，可以采用预应力和非预应力实心薄板，预制板的经济跨度为 4~6m，最大可达到 9m，板宽为 1.1~1.8m，板厚为 50~70mm。叠合式楼板的总厚度视预制板的跨度而定，以大于或等于预制板厚度的两倍为宜，通常为 150~250mm。为使预制薄板与现浇叠合层结合牢固，应对薄板的板面进行适当处理，如在板面刻槽、设置三角形结合钢筋等，预制薄板叠合楼板的构造如图 10-15 所示。

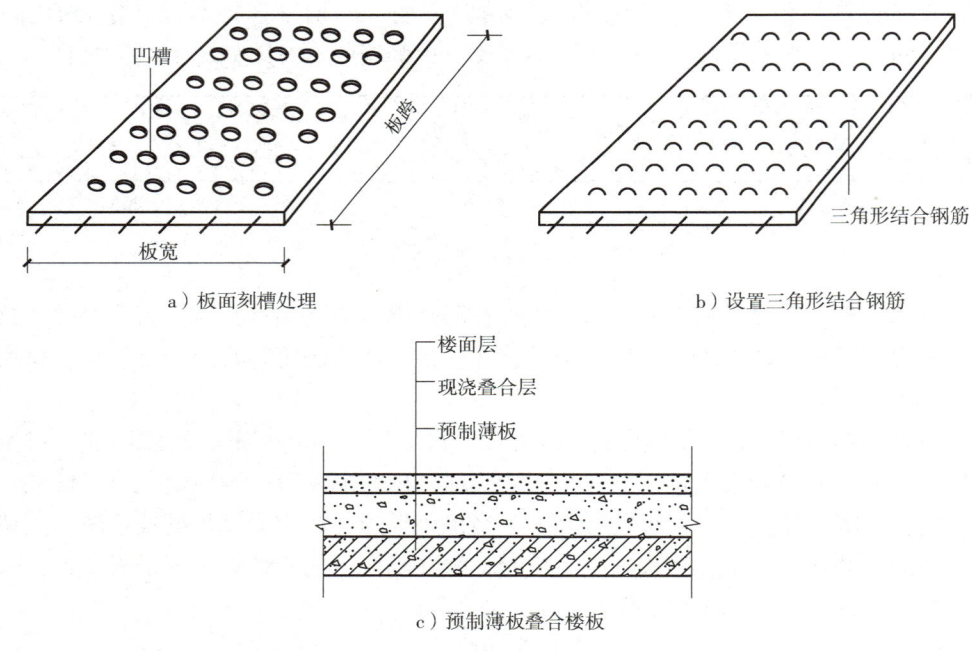

图 10-15 预制薄板叠合楼板的构造

2. 密肋填充块楼板

密肋填充块楼板由密肋楼板和轻质空心填充块叠合而成，分为现浇密肋楼板和预制小梁现浇板两种。现浇密肋楼板是由预制陶土空心砌块、预制矿渣混凝土空心砖等作为肋间填充块来现浇密肋和面板。密肋填充块楼板底面平整，隔声效果好，能充分利用不同材料的性能，节约模板，有利于敷设设备管线且整体性好。密肋填充块楼板的结构如图 10-16 所示。

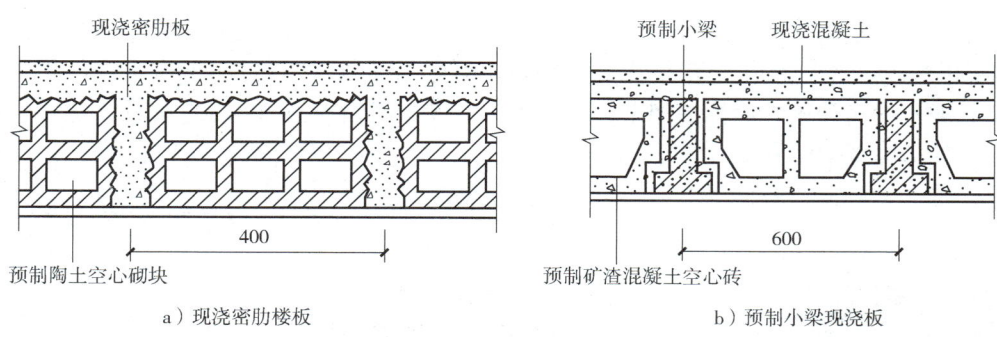

图 10-16　密肋填充块楼板的结构

10.3　地面的构造

1. 地面的构造组成

地面通常是指底层地坪，主要由面层、垫层和基层三个基本构造层组成，当不能满足使用或构造要求时，可考虑增设结合层、隔离层、找平层、防水层等附加层。地面的构造组成如图 10-17 所示。

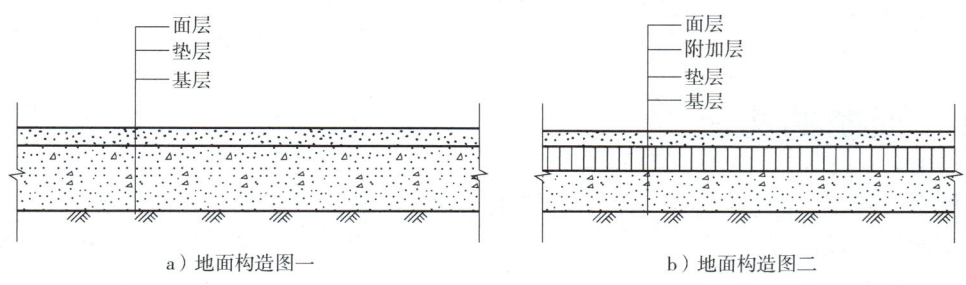

图 10-17　地面的构造组成

1）面层：面层是地坪上表面的铺筑层，又称地面，它起着保护室内使用条件和装饰地面的作用。面层的材料和做法应根据室内的使用要求、耐久性要求来确定。

2）垫层：垫层是承受面层荷载并将荷载均匀地传递给基层的构造层，分刚性垫层和柔性垫层两类，通常采用 C15 混凝土来作垫层，其厚度一般为 60～100mm。

3）基层：基层位于垫层之下，用以承受垫层传下来的荷载。通常是将土层压实来作基层（素土夯实），基层也称地基。当建筑物标准较高或地面荷载较大，以及室内有特殊使用要求时，应在素土夯实的基础上，再加铺灰土、三合土、碎石、矿渣等材料，加强地基处理，其厚度不宜小于 60mm。

4）附加层：地面的附加层主要是为了满足某些特殊使用功能要求而设置的，如防潮层、防水层、管线敷设层、保温隔热层等。

2. 地面的排水防水构造

在用水频繁的房间，如厕所、盥洗室、浴室、实验室等，由于水管较多、用水频繁，地面容易积水，且易发生渗漏水现象，因此应做好楼地面的排水和防水。

楼板立管的防水处理

为排除室内积水，地面应有一定坡度，一般为1%~1.5%，同时应设置地漏，使水有组织地排向地漏。有水房间地面应比无水房间地面标高低20~30mm，若有水房间楼地面标高与走廊或其他房间楼地面标高相平，则可在门口设置高出地面20~30mm的门槛。地面防水和排水构造如图10-18所示。

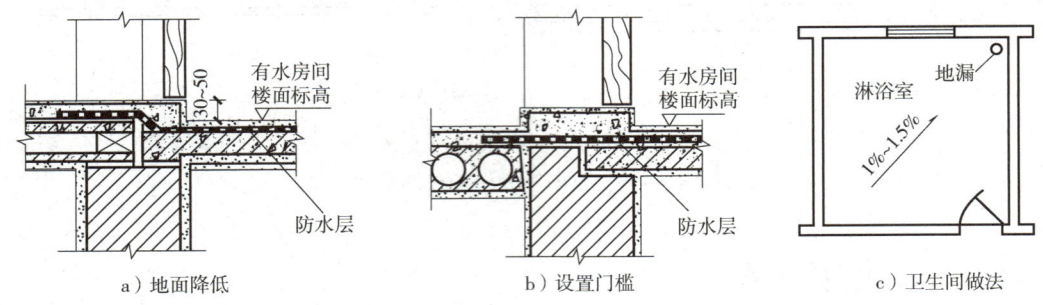

图 10-18　有水房间地面防水和排水构造

对有水房间地面宜采用现浇钢筋混凝土楼板。面层材料通常为整体现浇水泥砂浆、水磨石或瓷砖等防水性能较好的材料。对防水质量要求较高的地方，可在楼板与面层之间设置一道防水层，常见的防水材料有防水卷材、防水砂浆和防水涂料。为防止水沿房间四周侵入墙身，应将防水层沿房屋四周墙边向上深入踢脚板内100~150mm。当遇到门洞时，其防水层应铺出门外至少250mm。

楼板隔声

10.4　顶棚的构造

顶棚是楼板下层的装修层，又称为天花板。顶棚的表面应美观、光洁，有特殊要求的房间顶棚应具有防火、保湿、隔热、隔声等功能。顶棚按照其构造做法可分为直接式顶棚和悬吊式顶棚两种。

1. 直接式顶棚

直接式顶棚是直接在钢筋混凝土楼板下面喷刷涂料、抹灰或贴面形成的顶棚。直接式顶棚构造简单，施工方便，适用于大量性的民用建筑。

1）涂料顶棚：在楼板底面填缝刮平后，直接在板下喷或刷白色涂料，增加顶棚的反光效果。

2）抹灰顶棚：当楼板底面不够平整或顶棚装修标准较高时，应在板底抹灰后再喷刷涂料。

3）贴面顶棚：当板底平整不需要在顶棚敷设管线，且对于装修要求不是太高时，可以先用砂浆进行找平后再进行板底粘贴壁纸等。

4）结构顶棚：利用结构本身暴露在外的结构构件，不做任何装饰处理的顶棚，称为结构顶棚。

2. 悬吊式顶棚

悬吊式顶棚又称吊顶。当房屋装修标准较高，楼板底部不平整或需要在楼板下敷设管线作设备夹层时，将顶棚悬吊于楼板结构层下一定距离，形成吊顶。

吊顶的结构由悬吊构件（吊筋）、龙骨和面层三部分组成。

1)悬吊构件：悬吊构件即吊筋，又称吊杆。借助射钉将吊筋一端固定在楼板的结构层上，在另一端固定主龙骨，吊筋主要承受的是吊顶面层和龙骨的荷载，并将其荷载传给屋面板、楼板和屋架等。吊筋高度即为吊顶空间高度，常用金属吊筋为直径6~8mm的钢筋，吊筋间距为900~1200mm。

2)龙骨：龙骨由主龙骨和次龙骨（主搁栅、次搁栅）组成。通常采用薄壁型钢和铝合金制作的轻型龙骨，主龙骨与吊筋连接。主龙骨通常是单向布置借助螺栓、焊接等与吊筋连接。主龙骨之间的间距为900~1200mm。次龙骨固定在主龙骨上，次龙骨间距为400~1200mm，龙骨之间用配套的连接件连接。

3)面层：吊顶的面层分为抹灰类面层、板材类面层和搁栅类面层三种。

①抹灰类面层：抹灰类面层是在木龙骨上铺钉木条板，在上面抹纸筋石灰浆，其造价成本低，但抹灰面容易出现龟裂且防火性能极差。

②板材类面层：将面层板材固定在龙骨上，龙骨可外露也可不外露，板材则采用金属板作为面层材料。

③搁栅类面层：搁栅类面层吊顶是通过单体构件组合而成的开敞式吊顶。

10.5 阳台、雨篷

10.5.1 阳台

1. 阳台的构造组成

1)阳台板：阳台板宜采用现浇钢筋混凝土制成，是主要的承重构件。阳台板按悬臂构件进行结构计算配置钢筋，采用强度等级不低于C20的混凝土浇筑，阳台悬臂外伸长1200~1800mm。

2)阳台栏板：钢筋混凝土栏板应采用现浇制成，需按结构计算配置钢筋，且钢筋混凝土栏板与阳台板应整体浇筑。

3)栏杆和扶手：栏杆和扶手是主要的安全围护构件。栏杆由不锈钢管、铸铁花饰、方钢和扁钢制作，图案由建筑设计需要确定。不锈钢栏杆一般用于公共建筑和高档住宅的阳台。金属栏杆与阳台板的连接一般有两种方法：一种是在阳台板上预留孔槽，将栏杆立柱插入，用细石混凝土浇灌；另一种是在阳台板上预埋钢板或钢筋，将栏杆与钢板或钢筋焊接在一起。栏杆与阳台的连接如图10-19所示。

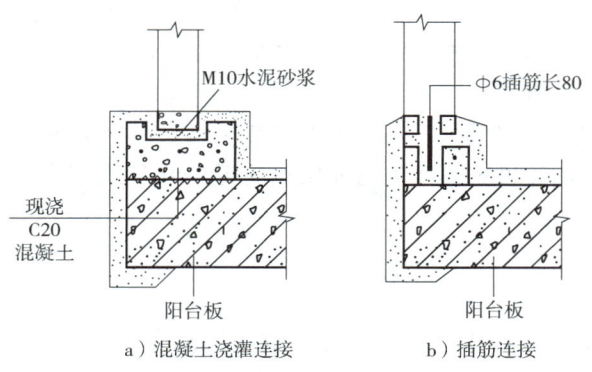

图10-19 栏杆与阳台的连接

扶手与墙的连接是将扶手或扶手中的预埋件伸入墙内预留孔中，与墙内的预埋件焊接牢固，用水泥砂浆灌实，如图 10-20 所示。

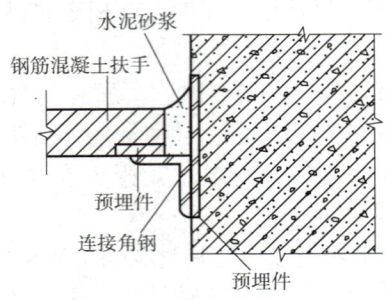

图 10-20　扶手与墙的连接

2. 阳台的分类与结构布置

1) 阳台的分类：阳台根据其与外墙的相对位置可分为挑阳台、凹阳台、半凹半挑阳台和转角阳台四种，如图 10-21 所示。

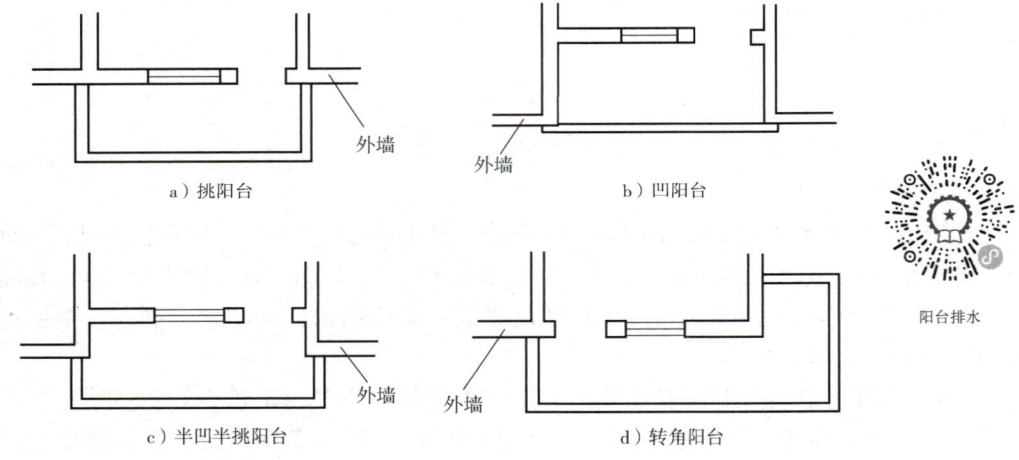

图 10-21　阳台的类型

2) 阳台的结构布置：阳台的承重结构有搁板式、挑板式和挑梁式三种方式。

①搁板式：在凹阳台中，将阳台板搁置于阳台两侧凸出来的墙上，即形成搁板式阳台。

②挑板式：挑板式阳台的一种做法是利用楼板从室内向外延伸，即形成挑板式阳台。挑板式阳台构造简单，施工方便。

③挑梁式：从横墙上伸出挑梁，阳台板搁置在挑梁上。挑梁压入墙内的长度一般为悬挑长度的 1.5 倍左右。为防止挑梁端部外露而影响美观，可增设边梁。阳台的结构布置形式如图 10-22 所示。

10.5.2　雨篷

雨篷是设于建筑物入口处和顶层阳台之上的遮雨悬臂构件，是建筑物立面细部处理部位。按结构形式不同，雨篷有悬板式和梁板式两种。

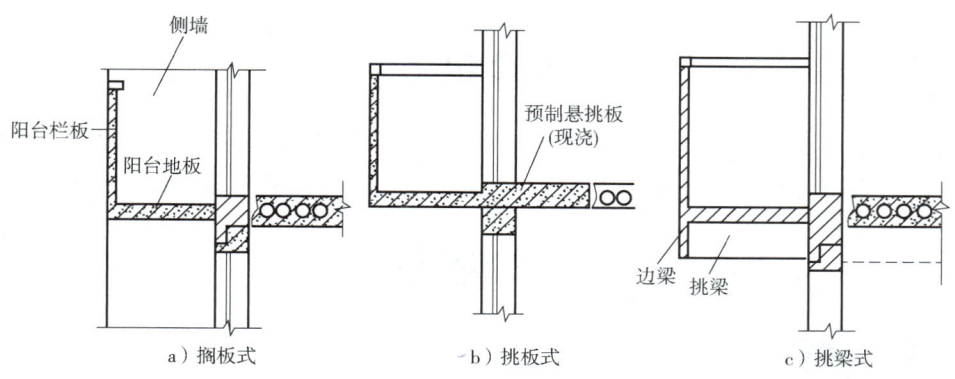

图 10-22 阳台的结构布置形式

1) 悬板式雨篷：外挑长度一般为 0.9~1.5m，板根部厚度不小于挑出长度的 1/8，且不小于 70mm。雨篷宽度比门洞每边宽 250mm。雨篷排水方式可采用无组织排水和有组织排水两种。

2) 梁板式雨篷：多用在宽度较大的入口处，如影剧院、商场等主要出入口处，悬挑梁从建筑物的柱上挑出，为使板底平整，多做成倒梁式。

雨篷顶面应做好防水和排水处理。通常采用防水砂浆抹面，厚度一般为 20mm，并应上翻至墙面形成泛水，其高度不小于 250mm；同时，还应沿排水方向做出排水坡。雨篷的构造如图 10-23 所示。

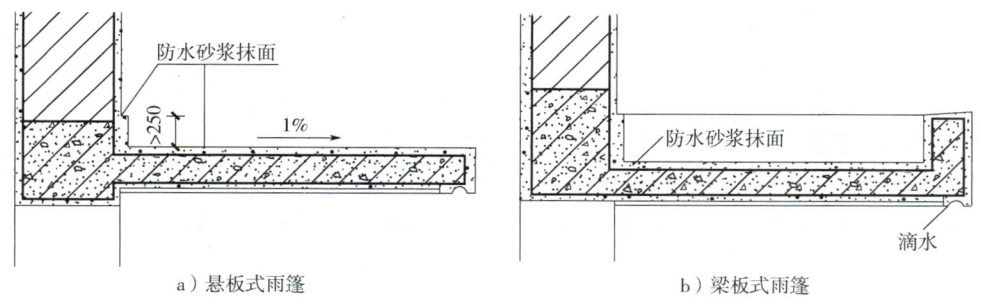

图 10-23 雨篷构造

素质拓展案例

随着人们生活水平的提高，住宅的质量越来越引起人们的重视。人们在购房时越来越关注房屋的隔声性能。良好的隔声性能是绿色建筑的重要特征之一。在建筑中，楼上人的脚步声，拖动家具、撞击物体所产生的撞击声等噪声，会对楼下房间的住户造成特别严重的干扰。因此，楼板层是影响建筑隔声性能的重要构件，所以楼板层在材料的选择和施工时的每一个环节都要严格把关。

本章小结

通过学习本章内容，使同学们了解楼板与地面的基本构成与分类，熟悉地面与顶棚构造，掌握钢筋混凝土楼板构造及阳台、雨篷构造，为以后继续学习相关知识打下基础。

实训练习

一、单项选择题

1. 楼板层通常由（   ）组成。
   A. 面层、垫层、地坪　　　　　　　　B. 面层、结构层、顶棚层
   C. 垫层、地坪、楼板　　　　　　　　D. 支承、楼板、顶棚
2. 以下属于楼板附加层特点的是（   ）。
   A. 保护楼板　　　B. 承重　　　C. 保温隔热　　　D. 上部空间的装饰
3. 现在被广泛采用的楼板是（   ）
   A. 钢筋混凝土楼板　　　　　　　　　B. 木楼板
   C. 砖拱楼板　　　　　　　　　　　　D. 钢衬板组合楼板
4. 实心平板制作简单，上下表面平整，下列不能采用实心平板的是（   ）。
   A. 走道板　　　B. 平台板　　　C. 走廊　　　D. 厨房地面
5. 下列属于隔墙处理方式的是（   ）。
   A. U形缝　　　　　　　　　　　　　B. 隔墙放在柱子上
   C. 板缝配筋　　　　　　　　　　　　D. 隔墙下设置现浇板带

二、多项选择题

1. 下列属于楼板层设计要求的有（   ）。
   A. 强度和刚度　　B. 防水防潮　　C. 美观　　D. 隔声
   E. 防电
2. 板缝差处理方式有（   ）。
   A. 设置V形缝　　　　　　　　　　　B. 配筋灌浆
   C. 墙边设现浇板带　　　　　　　　　D. 设置凹形缝
   E. 挑砖
3. 顶棚是楼板下层的装修层，又称为天花板，其构造形式较多。面层作为其中的一小部分，其主要类型有（   ）。
   A. 抹灰类　　　B. 直接式　　　C. 悬吊式　　　D. 搁栅类
   E. 白色胶类

三、简答题

1. 楼板层的作用有哪些？
2. 预制整体式钢筋混凝土楼板结构布置的原则有哪些？

实训工作单

班级		姓名		日期	
教学项目		楼板与地面			
学习项目	楼板、地面、顶棚、阳台及雨篷	学习要求	掌握各种构件的构造		
相关知识					
其他内容					
学习记录					
评语				指导老师	

第 11 章

楼　　梯

【学习目标】

1. 了解什么是楼梯。
2. 了解什么是钢筋混凝土楼梯。
3. 了解什么是台阶与坡道。
4. 了解什么是电梯与自动扶梯。

【素质目标】

培养自主学习的能力，引导学生善于观察，拓展知识。

【教学要求】

本章要点	掌握层次	相关知识点
楼梯概述	1. 了解楼梯的组成 2. 了解楼梯的形式	楼梯的组成与形式
钢筋混凝土楼梯的概述	1. 了解现浇式钢筋混凝土楼梯 2. 了解预制装配式钢筋混凝土楼梯	现浇式、预制装配式钢筋混凝土楼梯的分类
台阶与坡道的概述	1. 了解室外台阶 2. 了解坡道	室外台阶与坡道的设计要求
电梯与自动扶梯的概述	1. 了解电梯 2. 了解自动扶梯	电梯与自动扶梯的设计要求

【项目案例导入】

东方大厦为内廊式的综合大楼，层高为 3.6m，楼梯间的开间为 3.3m，进深为 6m，室内外地面高差为 450mm，墙厚为 240mm，轴线居中，如图 11-1 所示。

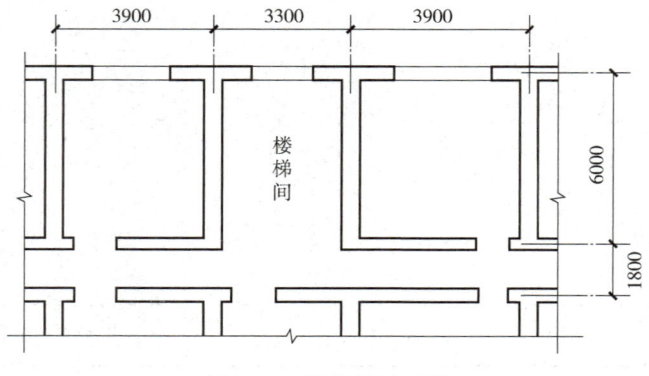

图 11-1　楼梯间平面图

第11章 楼梯

【项目问题导入】

根据本章所学的知识设计该楼梯。

11.1 楼梯概述

11.1.1 楼梯的组成

建筑物的各个楼层之间，需要有上、下交通设施相互联系，常见的设施有楼梯、电梯、自动扶梯、爬梯、坡道等。在层数较多，或者有特殊需求的建筑中，即使设置有电梯或自动扶梯，也必须同时设置楼梯，以便紧急时使用。楼梯应做到上、下通行方便，有足够的通行宽度和疏散能力，包括人行及搬运家具物品，并满足坚固、耐久、安全、防火及一定的审美要求。

楼梯一般由楼梯段、楼梯平台、栏杆（栏板）和扶手三部分组成，如图11-2所示。楼梯所处的空间称为楼梯间。

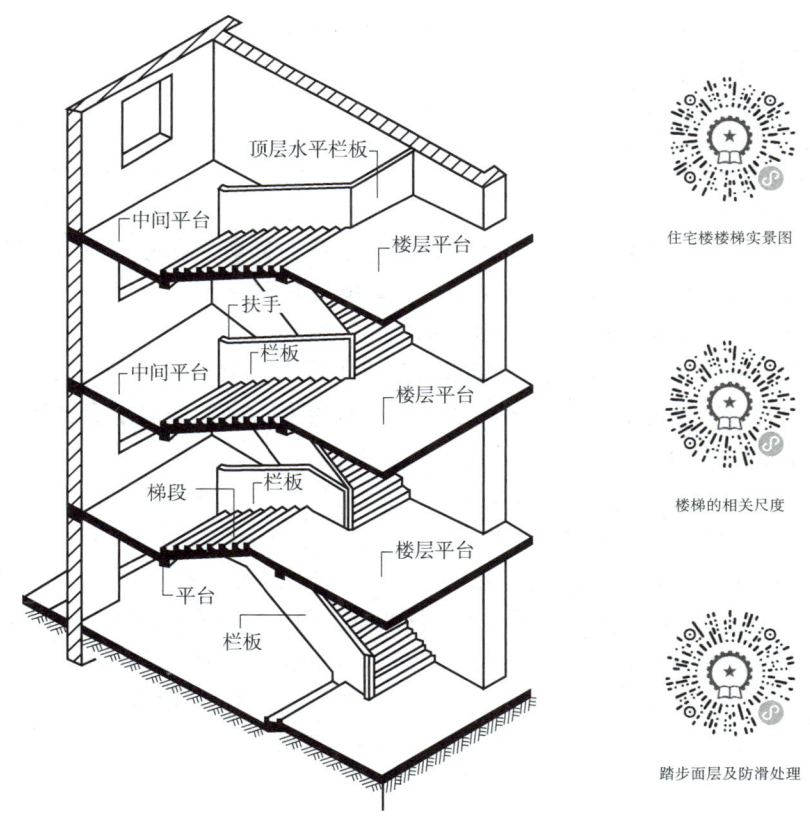

图11-2 楼梯的组成

1. 楼梯段

楼梯段又称楼梯跑，是楼层之间的倾斜构件，同时也是楼梯的主要使用和承重部分。它由若干个踏步组成。踏步又分为踏面（供行走时踏脚的水平部分）和踢面（形成踏步高差

171

的垂直部分），踏步的数量称为"步"或"级"。楼梯的坡度就是由踏步的长度和宽度形成的。为减少人们上下楼梯时的疲劳和适应人们行走的习惯，一个楼梯段的踏步数要求最多不超过18级，最少不少于3级。踏步的高度一般不宜大于210mm，常为140～180mm；踏步的宽度则应与人脚长度相适应，一般不宜小于250mm，常为260～320mm。确定踏步尺寸的方法和公式有很多，通常采用经验公式，即

$$2h + b = 600 \sim 620$$

式中　h——踏步高度（mm）；

　　　b——踏步宽度（mm）；

600～620——人的平均步距（mm）。

民用建筑中，楼梯踏步的最小宽度与最大高度的要求见表11-1。

表11-1　楼梯踏步最小宽度和最大高度

楼梯类别	最小宽度/mm	最大高度/mm
住宅共用楼梯	260	175
幼儿园、小学校园等楼梯	260	150
电影院、剧场、体育馆、商场、医院、旅馆和大中学校等楼梯	280	160
其他建筑楼梯	260	170
专用疏散楼梯	250	180
服务楼梯、住宅套内楼梯	250	200

2. 楼梯平台

楼梯平台是指连接两个梯段之间的水平部分，是楼梯梯段与楼面连接的水平段或连接两个梯段之间的水平段，供楼梯转折或使用者略作休息之用。平台的标高有时与某个楼层相一致，有时介于两个楼层之间。与楼层标高相一致的平台称为楼层平台，介于两个楼层之间的平台称为中间平台。楼梯平台的深度应不小于梯段的宽度，且不小于1.2m，有搬运大型物件的需要时应适当加宽。直跑楼梯的中间平台深度，以及通向走廊的开敞式楼梯楼层平台深度，可不受此限制。

3. 栏杆（栏板）和扶手

为了在楼梯上行走的安全，在梯段和平台的临空边缘应设置栏杆或栏板，它必须坚固可靠，有足够的安全高度，其顶部设供人扶用的连续构件，称为扶手。楼梯扶手的高度是指踏步前缘至扶手顶面的垂直距离。儿童使用的楼梯，扶手的高度一般为600mm；室内楼梯扶手的高度通常取900mm；室外楼梯扶手的高度应不小于1050mm；高层建筑扶手的高度应再适当提高，但不宜超过1200mm。

栏杆扶手的不同形式示意图

【例11-1】某单元式住宅的层高为2.7m，室内外地面高差为0.6m，采用双跑平行楼梯，楼梯中间平台下设通道，试确定该楼梯的踏步尺寸。

11.1.2　楼梯的形式

建筑物中楼梯的类型很多，按材料的不同，可分为钢筋混凝土楼梯、钢楼梯、木楼梯及组合材料楼梯；按位置的不同，可分为室内楼梯和室外楼梯；按使用性质的不同，可分为主要楼梯、辅助楼梯、疏散楼梯及消防楼梯；按楼梯的平面形式不同，可分为单跑楼梯、交叉式楼

梯、双跑楼梯、剪刀式楼梯和弧形楼梯等。这里主要介绍楼梯的平面形式，如图 11-3 所示。

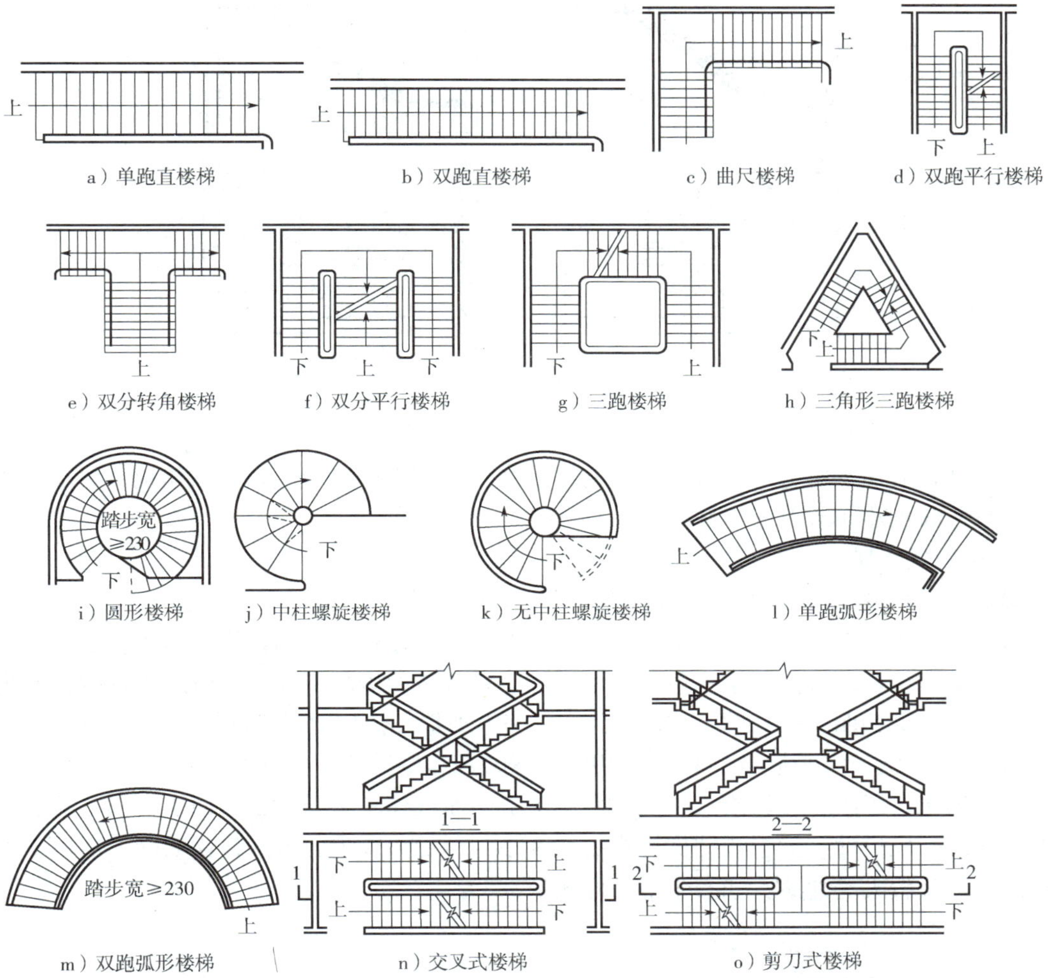

图 11-3 楼梯的平面形式

11.2 钢筋混凝土楼梯

楼梯平面形式的具体介绍

板式梯段与梁板式梯段的区别

11.2.1 现浇式钢筋混凝土楼梯

现浇式钢筋混凝土楼梯是把楼梯段和平台整体浇筑在一起的楼梯，其整体性好、刚度大、抗震性能好，不需要大型起重设备，但施工进度慢，耗费模板多，施工程序较复杂。
下面主要介绍板式楼梯、梁板式楼梯和扭板式楼梯。

1. 板式楼梯

板式楼梯由梯段板、平台梁和平台板组成，如图 11-4a 所示，将梯段板支承在平台梁上，平台梁支承在梯间墙上，其荷载传递为：梯段板荷载→平台梁→梯间墙→基础→地基。梯段板下可无平台梁，而将梯段板与平台板合成一折板，可提高楼梯平台下的净高，如图 11-4b 所示。

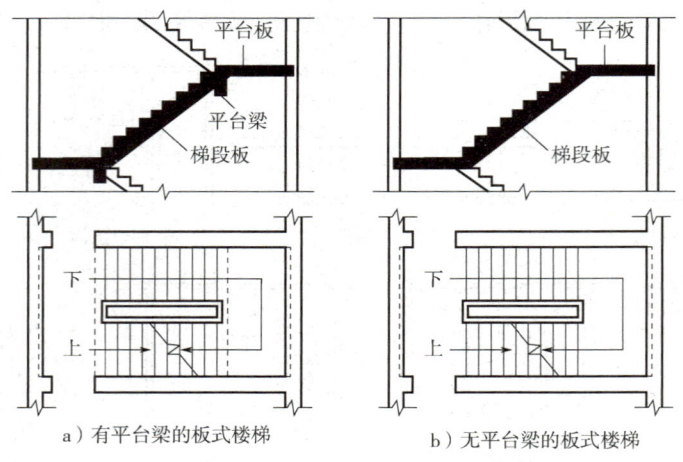

图 11-4 板式楼梯的构造
a）有平台梁的板式楼梯
b）无平台梁的板式楼梯

板式楼梯底面平整外形美观，便于支模装修，适用于梯段跨度较小的建筑，要求梯段板的水平投影长度小于或等于 3000mm。

2. 梁板式楼梯

梁板式楼梯的梯段由踏步板和斜梁组成，踏步板支承在斜梁上，踏步板把荷载传给斜梁，斜梁两端支承在平台梁上，平台梁再支承在墙上。楼梯荷载的传力过程为：踏步板→斜梁→平台梁→楼梯间墙。斜梁一般设两根，位于踏步板两侧的下部，这时踏步外露，称为正梁式梯段，又称为明步，如图 11-5a 所示，板底不平整，抹面比较费工。斜梁也可以位于踏步板两侧的上部，这时踏步被斜梁包在里面，称为反梁式梯段，又称为暗步，如图 11-5b 所示，这种做法可以阻止垃圾或灰尘从梯井中落下，而且梯段底面平整，便于粉刷。缺点是梁占据梯段的一段尺寸。梁板式楼梯楼梯板跨度小，且受力合理，荷载传递明确，适用于大跨度建筑及荷载较大的建筑，如教学楼、商场等。

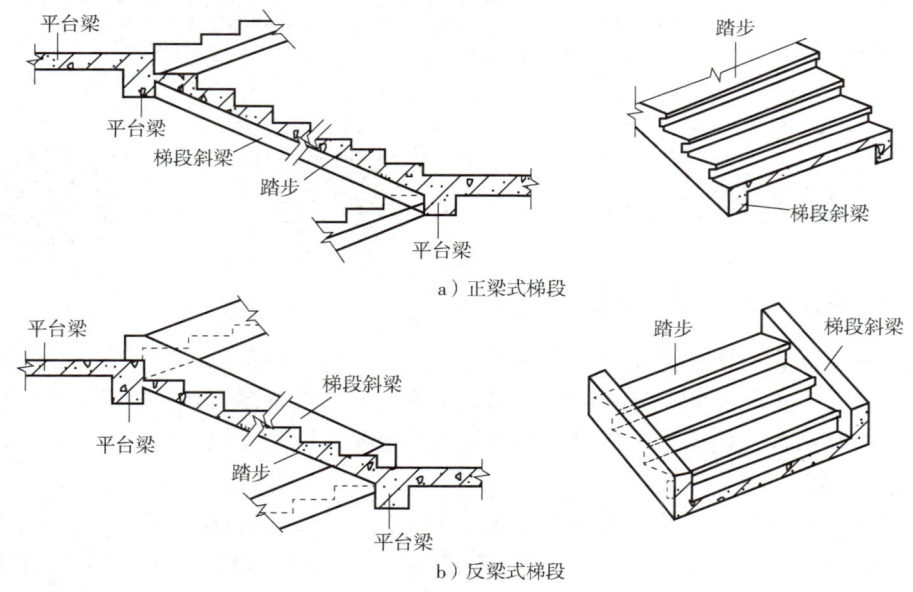

a）正梁式梯段

b）反梁式梯段

图 11-5 现浇钢筋混凝土梁板式楼梯

梁板式梯段在结构布置上有双梁布置和单梁布置之分,如图 11-6 所示。单梁式楼梯是近年来公共建筑中采用较多的一种结构形式。这种楼梯的每个梯段由一根梯梁支承踏步。梯梁布置有两种方式:一种是单梁悬臂式,另一种是单梁挑板式。单梁楼梯受力复杂,梯梁不仅受弯,而且受扭,但这种楼梯外形轻巧、美观,常为建筑空间造型所采用。

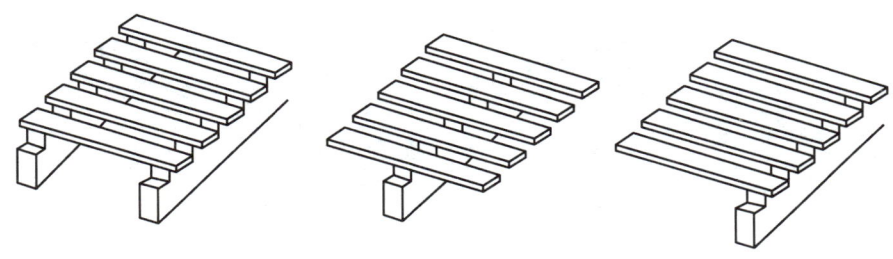

图 11-6 梯梁设置示意图

3. 扭板式楼梯

扭板式钢筋混凝土楼梯底面平整,结构占空间少,造型美观,但由于板跨大、受力复杂、结构设计和施工难度较大,材料消耗量大。一般适用于建筑标准较高的公共建筑。为了使梯段造型轻盈,常在靠近边缘处局部减薄出挑,如图 11-7 所示。

11.2.2 预制装配式钢筋混凝土楼梯

预制装配式钢筋混凝土楼梯具有节约模板和人工、减少现场湿作业、加快施工速度、提高工程质量等优点,它的大量应用还有利于提高建筑的工业化程度。因此,这种形式的楼梯是目前各类建筑中应用最广泛的。

预制装配式钢筋混凝土楼梯根据生产、运输、吊装和建筑体系等的不同而有许多不同的构造形式,例如按构件的尺寸大小分,有小型构件式与中、大型构件式两种。其中,小型构件装配式楼梯的预制踏步和它们的支承结构通常是分开的,其主要特点就是构件小而轻,易

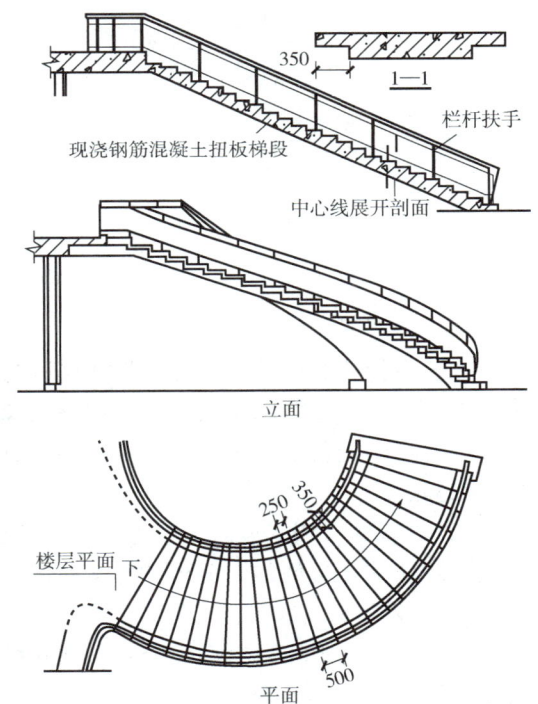

图 11-7 现浇钢筋混凝土扭板式楼梯

制作,但施工复杂而慢,有些还需要用较多的人力和湿作业,适用于施工条件较差的地区。而中、大型构件装配式楼梯可以减少预制构件的品种和数量,可以利用吊装工具进行安装,这对于简化施工过程,加快施工进度,减轻劳动强度等都十分有利。此外,若按梯段的构造与支承方式分则还有梁承式、墙承式、悬臂式、悬吊式等数种。

1. 预制装配梁承式钢筋混凝土楼梯

预制装配梁承式钢筋混凝土楼梯是指梯段由平台梁支承的楼梯构造方式。

中大型构件装配式楼梯

由于在楼梯平台与斜向梯段交汇处设置了平台梁，避免了构件转折处受力不合理和节点处理的困难，在一般民用建筑中较为常用。预制构件可按梯段（板式或梁板式梯段）、平台梁、平台板三部分进行划分，如图 11-8 所示。

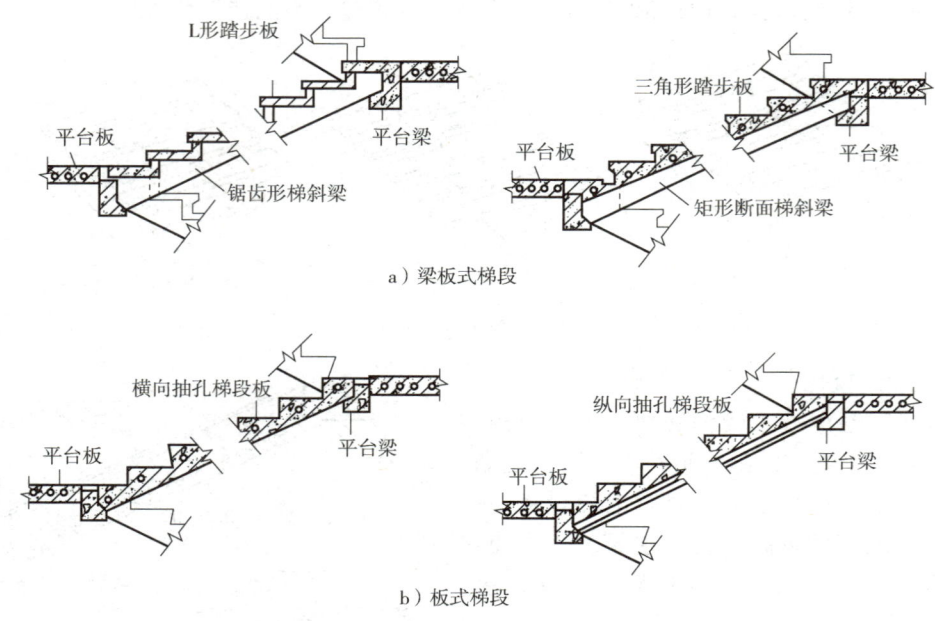

图 11-8　预制装配梁承式钢筋混凝土楼梯

（1）梯段

梯段有板式和梁板式两种。板式梯段为整块或数块带踏步条板。梁板式梯段由踏步板和梯斜梁组成，一般在踏步板两端各设一根梯斜梁，踏步板支承在梯斜梁上。

1）踏步板，踏步板断面形式有一字形、L 形、三角形等，断面厚度根据受力情况为 40～80mm。

2）梯斜梁，用于搁置一字形、L 形断面踏步板的梯斜梁为锯齿形断面构件，用于搁置三角形断面踏步板的梯斜梁为矩形断面构件。

（2）平台梁

为了便于支承梯斜梁和梯段板，平衡梯段水平分力，并减少平台梁所占结构空间，一般将平台梁做成 L 形断面。

（3）平台板

平台板可根据需要采用钢筋混凝土空心板、槽板或平板。平台板一般平行于平台梁布置，以利于加强楼梯间的整体刚度。当垂直平台梁布置时，常用实心的小平板。

2．预制装配墙承式钢筋混凝土楼梯

预制装配墙承式钢筋混凝土楼梯是指预制钢筋混凝土踏步板直接搁置在墙上的一种楼梯形式，如图 11-9 所示。其踏步板一般采用一字形、L 形断面。这种楼梯由于在梯段之间有墙，搬运家具不方便，也阻挡视线，上下人流易相撞。通常在中间墙上开设观察口，以使上下人流视线流通。也可将中间墙两端靠平台部分局部收进，以使空间通透，有利于改善视线和搬运家具物品，但这种方式对抗震不利，施工也较麻烦。

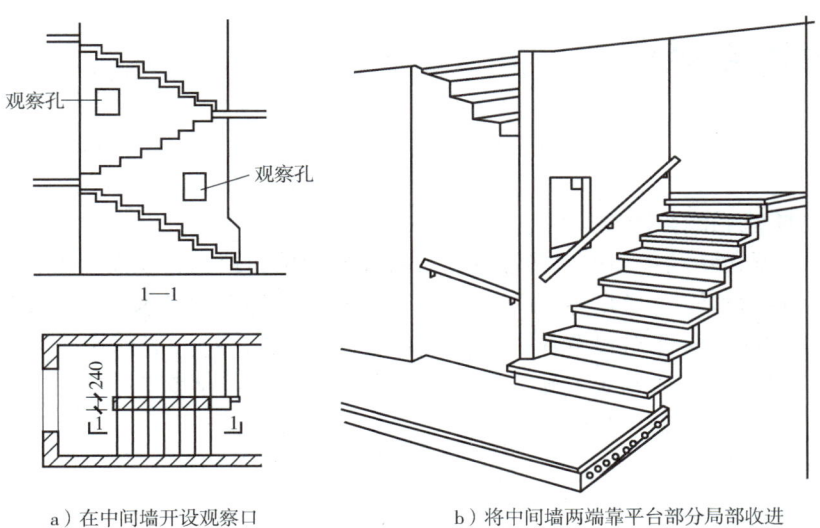

a）在中间墙开设观察口　　　　b）将中间墙两端靠平台部分局部收进

图 11-9　墙承式钢筋混凝土楼梯

3. 预制装配悬臂式钢筋混凝土楼梯

预制装配悬臂式钢筋混凝土楼梯是指预制钢筋混凝土踏步板一端嵌固于楼梯间侧墙上，另一端凌空悬挑的楼梯形式，如图 11-10 所示。预制装配悬臂式钢筋混凝土楼梯用于嵌固踏步板的墙体厚度不应小于 240mm，踏步板悬挑长度一般小于或等于 1800mm。踏步板一般采用 L 形带肋断面形式，其入墙嵌固端一般做成矩形断面，嵌入深度为 240mm。

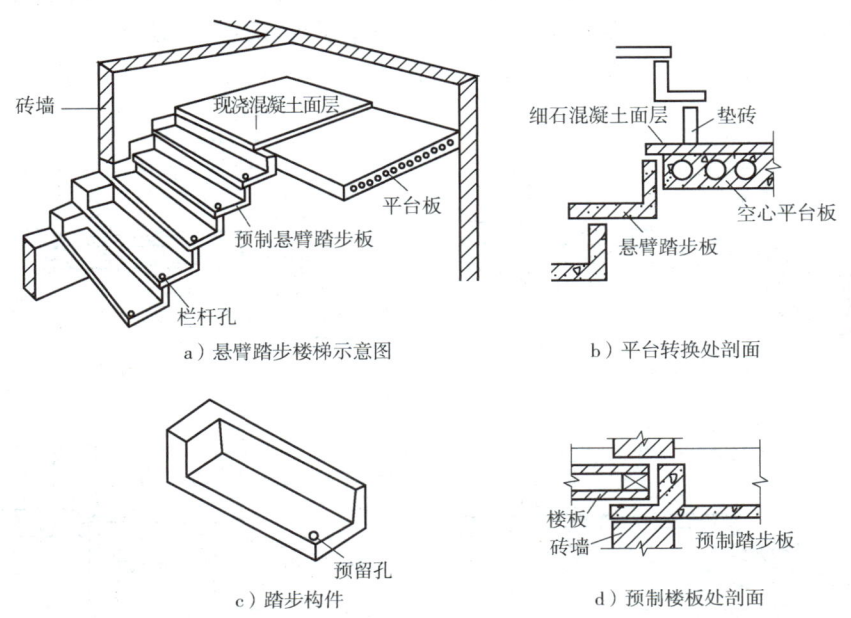

a）悬臂踏步楼梯示意图　　　　b）平台转换处剖面

c）踏步构件　　　　d）预制楼板处剖面

图 11-10　悬臂踏步楼梯

这种楼梯的优点是楼梯间空间通透，结构占空间少，可以节约平台梁等构件材料，但其楼梯间，整体刚度极差，不能用于有抗震设防要求的地区。

11.3　台阶与坡道

11.3.1　室外台阶

1. 室外台阶的组成与尺寸

室外台阶一般包括踏步和平台两部分，台阶又分为单面踏步、双面踏步、三面踏步，其形式是由建筑物的性质决定的。台阶的坡度应比楼梯小，通常踏步高度为100～150mm，踏步宽度为300～400mm。平台设置在出入口与踏步之间，起缓冲过渡作用。平台深度一般不小于1000mm，为防止雨水积聚或流入室内，平台面宜比室内地面低20～60mm，并向外找坡，坡度为1%～4%，以利排水。

2. 室外台阶的材料与构造

室外台阶应在建筑物主体工程完成后再进行施工，并与主体结构之间留出约10mm的沉降缝。室外台阶应坚硬耐磨，具有较好的耐久性、抗冻性和抗水性。台阶按材料不同有混凝土台阶、石台阶、钢筋混凝土台阶等。混凝土台阶应用最普遍，它由面层、混凝土结构层和垫层组成。面层可用水泥砂浆或水磨石，也可采用陶瓷锦砖、天然石材或人造石材等块材面层。垫层可采用灰土（北方干燥地区）、碎石等，如图11-11a所示。台阶也可采用条石或毛石，其中条石台阶不需另做面层，如图11-11b所示。当基础较差或踏步数较多时可采用钢筋混凝土台阶，钢筋混凝土台阶构造同楼梯，如图11-11c所示。为防止台阶与建筑物因沉降不同而出现裂缝，台阶应与建筑物主体之间设置沉降缝，并应在施工时间上滞后于主体建筑。在严寒地区，若台阶下面的地基为冻胀土，为保证台阶稳定，减轻冻土影响，可采用换土法，换上保水性差的砂、石类土，如图11-11d所示，或采用钢筋混凝土架空台阶。

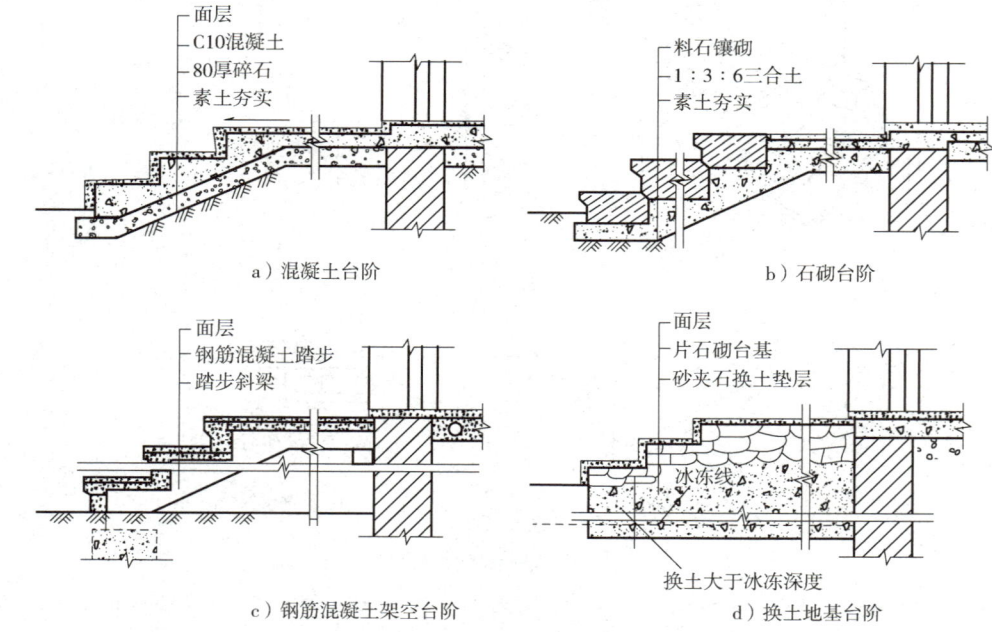

图11-11　室外台阶的构造

室外台阶由于位置明显，人流量大须慎重处理。一般不直接紧靠门口设置台阶，应在出入口前留1m宽以上的平台作为缓冲；在人员密集的公共场所、观众厅的入场门口、太平门，在紧靠门口1.4m范围内不应设置踏步；室内外高差较小、不经常开启的外门可在距外墙面0.3m以外设踏步。

11.3.2 坡道

在公共建筑中，为方便车辆的出入通行需在建筑的出入口处设坡道。坡道多为单面坡形式，坡道坡度应以有利于车辆通行为佳。

坡道的分类

1. 坡道坡度

按照建筑物的使用性质、面层材料和做法选择坡道的坡度。通常坡道的坡度为1/12~1/6，最佳坡度为1/10。面层采用粗糙材料和设防滑条的坡道，坡度不应大于1/6；锯齿形坡道的坡度为1/4；残疾人通行的坡道坡度不大于1/12。不同位置的坡道坡度和宽度也是不一样的，见表11-2。

表11-2 不同位置的坡道坡度和宽度

坡道位置	最大坡度	最小宽度/m
有台阶的建筑入口	1∶12	1.20
只设坡道的建筑入口	1∶20	1.50
室内走道	1∶12	1.00
室外通路	1∶20	1.50
困难地段	1∶10~1∶8	1.20

2. 坡道的构造

坡道与台阶一样，应耐久、耐磨和抗冻性好的材料，宜采用混凝土坡道。坡道的构造和做法与台阶相似，对坡度大于1/8且防滑要求较高的坡道，需设防滑条或做成锯齿形，如图11-12所示。

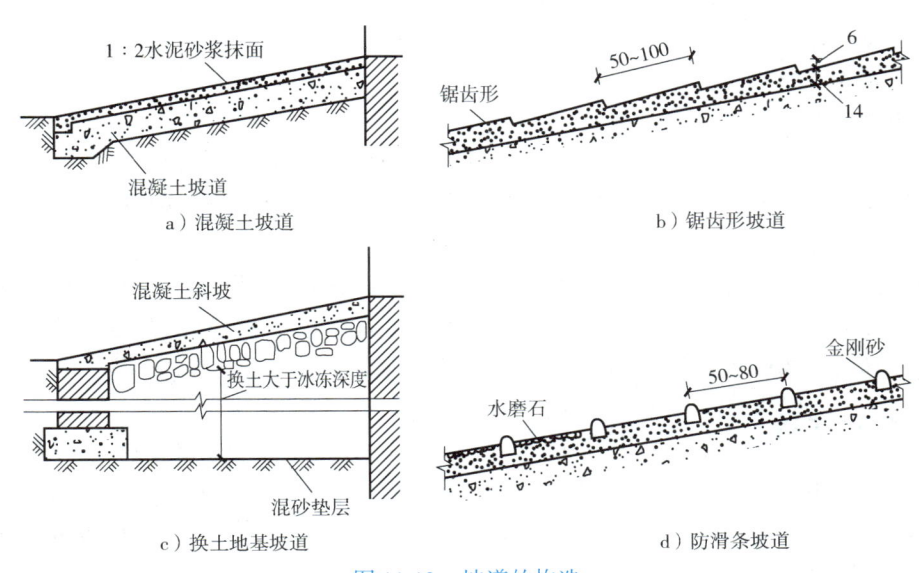

图11-12 坡道的构造

11.4 电梯与自动扶梯

11.4.1 电梯

电梯的类型

住宅楼电梯实景图

为了解决人们上下楼时的体力及时间消耗问题,对于七层以上(含七层)住宅或建筑高度超过 16m 的住宅,必须设置电梯。六层及六层以上办公建筑、四层及四层以上的老年人建筑、建筑高度大于 20m 的宿舍、四层及四层以上的医院门诊楼或病房楼等也应设置电梯。

1. 电梯的设计要求

(1) 电梯井道

电梯井道是电梯运行的通道,井道内包括出入口、电梯轿厢、导轨、导轨撑架、平衡重及缓冲器等。不同用途的电梯,井道的平面形式不同。电梯井道的设计应满足如下要求:

1) 井道的防火。井道是建筑中的垂直通道,极易引起火灾的蔓延,因此井道四周应为防火结构。井道壁一般采用现浇钢筋混凝土或框架填充墙。同时当井道内设置两部及以上电梯时,需用防火围护结构予以隔开。

2) 井道的隔振与隔声。电梯运行时会产生振动和噪声,一般在机房机座下设弹性垫层隔振;在机房与井道间设高 1.5m 左右的隔声层。

3) 井道的通风。为使井道内空气流通,火警时能迅速排除烟和热气,应在井道肩部和中部适当位置(高层时)及地坑等处设置不小于 300mm × 600mm 的通风口,上部可以和排烟口结合,排烟口面积不少于井道面积的 3.5%。通风口总面积的 1/3 应经常开启。通风管道可在井道顶板上或井道壁上直接通往室外。

(2) 电梯机房

电梯机房一般设在井道的顶部。机房和井道的平面相对位置允许机房任意向一个或两个相邻方向伸出,并满足机房有关设备安装的要求。机房楼板应平坦整洁,能承受 6kPa 的均布荷载,并按机器设备要求的部位预留孔洞。通向机房的通道和楼梯宽度不小于 1.2m,楼梯坡度不大于 45°。

(3) 井道地坑

考虑电梯停靠时的冲力,井道地坑在最底层平面标高下不小于 1.4m,作为轿厢下降时所需的缓冲器的安装空间。地坑应注意防水、防潮处理,坑壁应设爬梯和检修灯槽。

2. 电梯的构造

电梯由轿厢、电梯井道和运载设备三部分组成,如图 11-13 所示。轿厢是直接载人、运货的厢体,应造型美观、经久耐用。电梯井道涉及井道、地坑和机房三部分,井道的尺寸由轿厢的尺寸确定。运载设备包括动力、传动和控制系统。

11.4.2 自动扶梯

自动扶梯适用于有大量人流上下的公共场所,如车站、超市、商场等。自动扶梯可正、逆两个方向运行,可作提升及下降使用,机器停转时可作普通楼梯使用。平面布置可单台设置或双台并列设置。

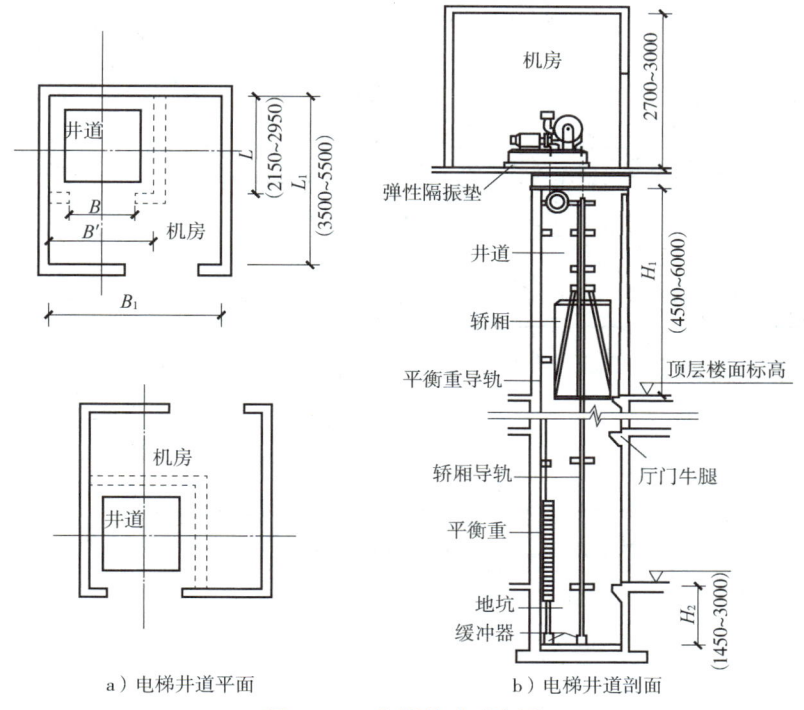

a) 电梯井道平面　　b) 电梯井道剖面

图 11-13　电梯构造示意图

自动扶梯由电动机械牵动梯段踏步连同栏杆扶手带一起运转。机房悬挂在楼板下面，楼层下设置装饰外壳，底层则设置地坑。机房上方的自动扶梯口处应采用活动地板，以利检修，地坑应做防水处理。自动扶梯的运行原理是采取机电系统技术，由电动机变速器以及安全制动器所组成的推动单元拖动两条环链，而每级踏板都与环链连接，通过滚轮的滚动，踏板便沿主构架中的轨道循环地运转，而在踏板上面的扶手带以相应速度与踏板同步运转。

自动扶梯的坡道比较平缓，一般采用 30°，运行速度为 0.5～0.7m/s，宽度按输送能力有单人和双人两种，基本尺寸如图 11-14 所示，型号规格见表 11-3。

表 11-3　自动扶梯的型号规格

梯形	输送能力/(人/h)	提升高度 H/m	速度/(m/s)	扶梯宽度	
				净宽 B/mm	外宽 B_1/mm
单人梯	5000	3～10	0.5	600	1350
双人梯	8000	3～8.5	0.5	1000	1750

自动扶梯一般设在室内，也可以设在室外。根据其在建筑物中的位置及建筑物平面布局，主要有以下几种布置方式，如图 11-15 所示。

1）并联排列式，楼层交通乘客流动可以连续，升和降两个方向的交通均分离清楚，外观豪华，但安装面积大，如图 11-15a 所示。

2）平行排列式，安装面积小，但楼层交通不连续，如图 11-15b 所示。

3）串联排列式，楼层交通乘客流动可以连续，如图 11-15c 所示。

4）交叉排列式，乘客流动升和降两个方向均为连续，且搭乘场相距较远，升、降客流互不干扰，安装面积小，如图 11-15d 所示。

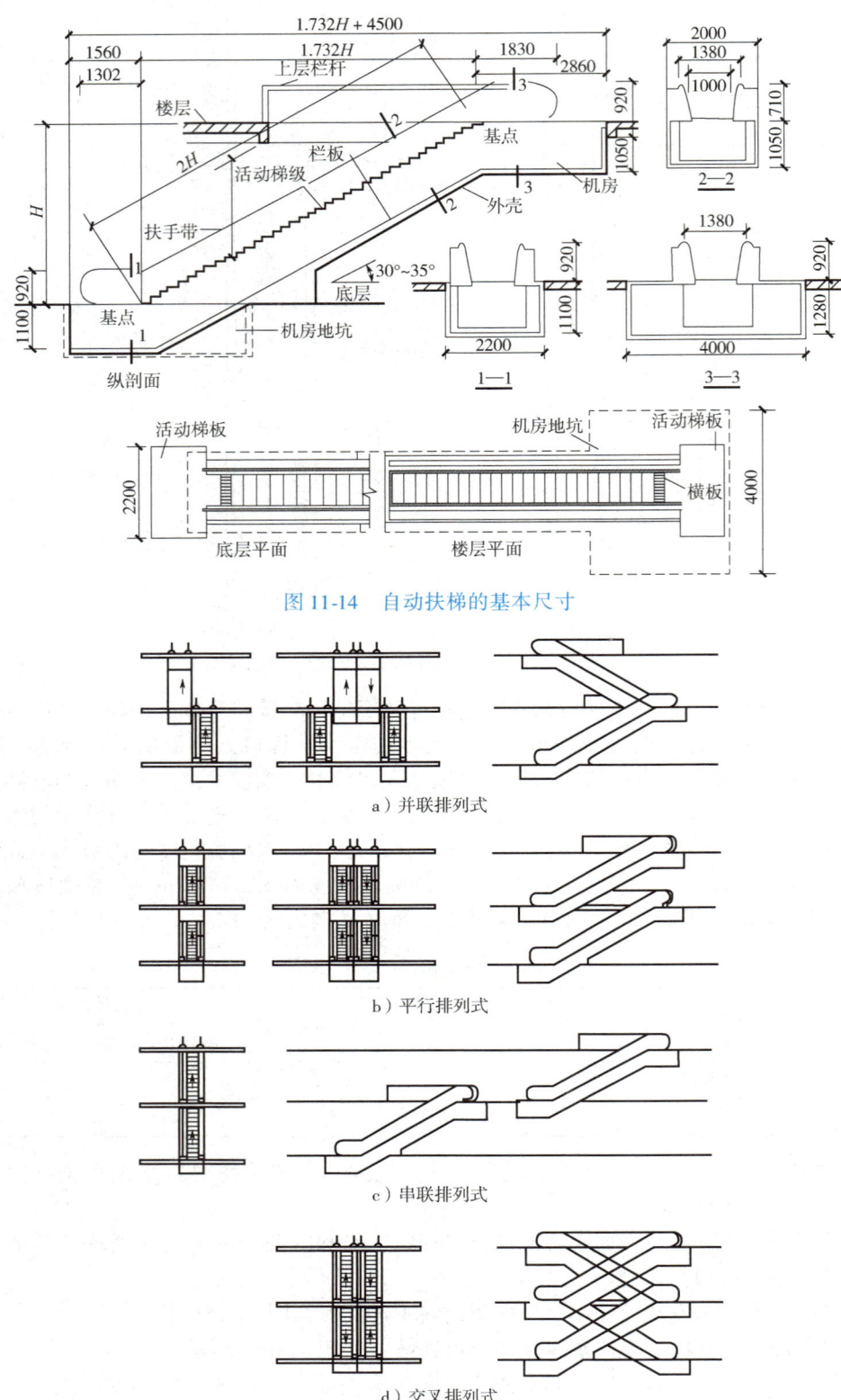

图 11-14 自动扶梯的基本尺寸

a）并联排列式

b）平行排列式

c）串联排列式

d）交叉排列式

图 11-15 自动扶梯的布置方式

素质拓展案例

在人来人往的地方，要如何做好人流疏散呢？比如图书馆、办公楼、教学楼、体育馆等人员密集的建筑物，它们的楼梯类型一样吗？回想一下，现实生活中的建筑物依据什么来确定楼梯类型？

在楼梯施工过程中，安装工人经常由于一个问题出错：楼梯尺寸。因为装修设计图上的层高和建筑结构图中的高度是不一样的，建筑结构图中的高度不含装饰层的厚度尺寸，需要另外计算。一个楼梯设计师对于层高经常不加考虑地使用建筑结构图的层高，而没有计算装饰层的厚度，所以为了避免此类错误，装修时应该首先用墨线弹出装饰层的高度，然后测量人员需要对层高重新测量。

本章小结

通过本章的学习，学生们主要了解楼梯、钢筋混凝土楼梯、台阶与坡道、电梯与自动扶梯。通过本章的学习，同学们能够对楼梯有一个基础的了解，并掌握相关的知识点，然后举一反三，学以致用。

实训练习

一、单项选择题

1. 下列关于楼梯构造的说法正确的是（　　）。
   A. 单跑楼梯梯段的踏步数一般不超过15级
   B. 踏步宽度不应小于280mm
   C. 一个梯段的踏面数与踢面数相等
   D. 楼梯各部位的净空高度均不应小于2m

2. 预制装配梁承式钢筋混凝土楼梯的预制构件可分为（　　）。
   A. 梯段板、平台梁、栏杆扶手　　B. 平台板、平台梁、栏杆扶手
   C. 踏步板、平台梁、平台板　　　D. 梯段板、平台梁、平台板

3. 室外台阶的踏步高一般为（　　）。
   A. 150mm　　　B. 180mm　　　C. 120mm　　　D. 100～150mm

4. 室外台阶踏步宽一般为（　　）。
   A. 300～400mm　B. 250～300mm　C. 250mm　　　D. 210mm

5. 残疾人通行的坡道坡度不大于（　　）。
   A. 1/10　　　　B. 1/8　　　　C. 1/12　　　　D. 1/6

二、多项选择题

1. 下列哪些是预制装配式钢筋混凝土楼梯（　　）。
   A. 扭板式　　　B. 梁承式　　　C. 悬臂式　　　D. 墙承式
   E. 板式

2. 预制楼梯踏步板的断面形式有（　　）。
   A. 一字形　　　　　B. L形　　　　　C. 倒L形　　　　　D. 三角形
   E. 矩形
3. 梁板式梯段的构件组成包括（　　）。
   A. 梯斜梁　　　　　B. 平台　　　　　C. 栏杆　　　　　D. 踏步板
   E. 梯井
4. 板式楼梯的组成有（　　）。
   A. 梯段板　　　　　B. 平台梁　　　　C. 平台板　　　　D. 梯间墙
   E. 基础
5. 下列属于自动扶梯的布置方式的有（　　）。
   A. 并联排列式　　　B. 平行排列式　　C. 串联排列式　　D. 交叉排列式
   E. 串叉排列式

三、简答题

1. 楼梯主要由哪些部分组成？
2. 简述电梯的设计要求。
3. 简述什么是室外台阶以及它的工艺流程有哪些？

实训工作单

班级		姓名		日期	
教学项目		楼梯			
学习项目	楼梯、台阶、坡道、电梯与自动扶梯		学习要求	掌握基本概念,熟悉设计要求	
相关知识			现浇式、预制装配式钢筋混凝土楼梯的分类,室外台阶及坡道的基本设计要求		
其他内容			电梯与自动扶梯的运行图		
学习记录					
评语				指导老师	

第 12 章

门 窗

【学习目标】

1. 了解熟知门和窗是建筑物的围护构件，门和窗的组成及各种分类的方法。
2. 掌握木门窗的构造。
3. 掌握钢门窗、铝合金门窗、塑料门窗的构造。

【素质目标】

培养文化底蕴，增强文化自信，通过建筑艺术提高美学素养。

【教学要求】

本章要点	掌握层次	相关知识点
门窗的形式与尺度	了解门窗的形式与尺度	门窗的形式与尺度
木门窗的构造	掌握木门窗的构造	木门窗的构造
新型门窗的构造	掌握新型门窗的构造	钢门窗、铝合金门窗及塑料门窗的构造
建筑遮阳	了解建筑遮阳	建筑遮阳的作用与分类

【项目案例导入】

坐落于北京的中德科学中心是中国国家自然科学基金委员会（NSFC）和德国科学基金会（DFG）共同成立的科研资助机构。

中德科学中心门窗改造项目对门窗性能和做工工艺要求很高，某公司经过自身持续努力，前后送了四次样窗，最后该门窗由于做工好，在众多门窗产品竞争中脱颖而出，业主最终选择了该产品。

【项目问题导入】

门窗的形式与尺度以及木门窗的构造是怎样的？

12.1 门窗的形式与尺度

12.1.1 门的形式与尺度

1. 门的形式

（1）按在建筑物中所处的位置分类

按在建筑物中所处的位置，门有内门和外门之分。内门位于内墙上，应满足分隔要求，

门窗的作用

如隔声、隔视线等；外门位于外墙上，应满足围护要求，如保温、隔热、防风沙、耐腐蚀等。

（2）按控制方式分类

按控制方式分类，门可分为手动门、传感控制自动门等。

（3）按所用材料分类

按所用材料的不同，门可分为木门、钢门、铝合金门、塑料门及塑钢门等。

按门的开启方式分类1

（4）按功能分类

按功能分类，门可分为一般门和特殊门。特殊门具有特殊的功能，构造复杂，通常用于对门有特别使用要求的场所，例如保温隔声门、防火门、防盗门、人防门、防爆门、防X射线门等。

按门的开启方式分类2

（5）按开启方式分类

按开启方式，门可以分为平开门、弹簧门、推拉门、折叠门、转门、卷帘门及升降门等。

2. 门的尺度

一般单扇门的洞口宽度为700～1000mm；双扇门的洞口宽度为1200～1800mm；当洞口宽度大于3000mm时，应设四扇门。门的洞口高度一般为2000～2100mm，当门洞口高度不小于2400mm时，应设亮子窗，高度为300～600mm。

在居住建筑中，卫生间门的洞口宽度不小于700mm，厨房门的洞口宽不小于800mm，居室门的洞口宽度不小于900mm，门洞口高度都不小于2000mm。

12.1.2　窗的形式与尺度

1. 窗的形式

（1）按窗的框架材质分类

按所用框架材料的不同，窗可分为木窗、钢窗、铝合金窗和塑料窗等单一材料的窗以及塑钢窗、铝塑窗等复合材料的窗。

按窗的开启方式分类1

（2）按窗的层数分类

按照层数，窗可分为单层窗和双层窗两种。其中，单层窗构造简单、造价低，多用于一般建筑；双层窗的保温、隔声、防尘效果好，多用于对窗有较高功能要求的建筑。双层窗扇和双层中空玻璃窗的保温、隔声性能优良，是节能型窗的理想类型。

按窗的开启方式分类2

（3）按窗的开启方式分类

按开启方式，窗可分为固定窗、平开窗、悬窗、立转窗、推拉窗、百叶窗等。

2. 窗的尺度

窗的尺寸取决于房间的采光通风、构造做法和建筑造型等要求。为确保窗的坚固耐久，应限制窗扇的尺寸，一般平开木窗的窗扇高度为800～1200mm，宽度不大于500mm；上下悬窗的窗扇高度为300～600mm；中悬窗的窗扇高度不大于1200mm，宽度不大于1000mm；推拉窗的窗扇高宽均不宜大于1500mm。目前，各地均有窗的通用设计图集，可根据具体情况直接选用。

【例 12-1】某小镇西侧紧邻温榆河，内有 3km 温榆河支流穿小镇而过，是北京不多的纯天然水域蜿蜒穿过的别墅项目。小镇整体绿化率超过 60%，低密度高绿化，环境优美，居住舒适。某门窗厂承接了该小镇项目，在方案设计之初，遵循一贯坚持的"更大视野、更隔声"的产品诉求，从风格设计及产品性能上，充分满足客户居住舒适度。弯弧窗、圆弧窗设计，站在建筑的角度思考门窗，让门窗和建筑、环境融为一体，使客户获得更多的舒适和自由。

结合上文分析门窗的类别。

12.2 木门窗的构造

12.2.1 平开木窗的构造

平开木窗一般由窗框、窗扇和五金零件三部分组成。窗框又称窗樘，是窗与墙体的连接部分，由上框、下框、边框、中横框和中竖框组成。窗扇是窗的主体部分，分为活动扇和固定扇两种，一般由上冒头、下冒头、边梃和窗芯（又叫窗棂）组成骨架，中间固定玻璃、窗纱或百叶。窗扇与窗框多用五金零件相连接，常用的五金零件包括铰链、插销、风钩及拉手等。当建筑的室内装修标准较高时，窗洞口周围可增设贴脸、筒子板、压条、窗台板及窗帘盒等附件。

1. 窗框

窗框由上框、下框、中横框（中横档）、中竖框、边框等木料榫接而成。当窗高大于或等于 1500mm 时，需设中横框，若有多个窗扇组合，则需设中竖框。其安装方法有两种：一种是立口，即施工时先将窗樘固定后再砌窗间墙；另一种是塞口，即在砌墙时先留出窗洞，以后再安装窗框。

窗框的安装

窗框的断面尺寸为经验尺寸，一般尺度的单层窗窗框的厚度为 40～50mm，宽度为 70～95mm。中竖框双面窗扇需加厚一个铲口的深度 10mm；中横框除加厚 10mm 外，若需加披水板，一般还要加宽 20mm 左右。

2. 窗扇

窗扇由上冒头、下冒头、边框、窗芯等木料榫接而成，窗扇的厚度为 35～42mm，上、下冒头和边框的宽度为 50～60mm，下冒头若加披水板，应比上冒头加宽 10～25mm。窗芯宽度一般为 27～40mm。为镶嵌玻璃，在窗扇外侧要做裁口，其深度为 8～12mm，但不应超过窗扇厚度的 1/3。窗扇的内侧常做装饰性线脚，既减少挡光又美观。两窗扇之间的接缝处，常做高低缝的盖口，也可以一面或两面加钉盖缝条，以提高防风、挡雨能力。

3. 五金零件

常用的五金零件有铰链（合页）、拉手、插销、风钩等。

12.2.2 平开木门的构造

平开木门一般由门框、门扇、五金零件及附件组成。

1. 门框

门框是由上框、边框、中横框（有亮子时需设）、中竖框（多扇门时需加设）等榫接而成。

门的构造

2. 门扇

门扇是由骨架和面层（或称门芯板）组成。骨架是由上冒头、下冒头、中冒头、边框等木料组成。面层（门芯板）有胶合板、纤维板、实心木板等。

3. 五金零件、附件

五金零件、附件有铰链（合页）、插锁、门锁、拉手、门碰头、铁三角等。

门窗保温节能的构造措施

【例12-2】据悉，某温泉酒店位于广东河源，项目融入客家建筑、徽派建筑和中式江南园林风格等，并以传统美学门窗点睛，兼具传统匠心和顶级时尚，呈现出雕梁画栋、移步异景的惊艳效果。

结合上文分析平开木门窗的构造。

12.3 新型门窗的构造

12.3.1 彩板钢门窗

1. 钢门的构造

（1）组成

钢门由门框和门扇组成，一般分单扇门和双扇门。单扇门宽一般为900mm，双扇门宽一般为1500mm或1800mm，高度一般为2100mm或2400mm。钢门扇可以按需要做成半截玻璃门，下部为钢板、上部为玻璃，也可以全部为钢板。钢板厚度为1～2mm。

（2）与墙体的连接

钢门的安装均采用塞口方式，门框尺寸每边比洞口小15～30mm，具体视洞口处墙面饰面材料的厚薄而定。钢门与墙体的连接是通过门框上的燕尾铁脚伸入墙上的预留孔，用水泥砂浆锚固（砖墙时）或将铁脚与墙上的预埋件焊接。

2. 钢窗的构造

钢窗洞口尺寸不大时，可采用基本钢窗，直接安装在洞口上。较大的窗洞口则需用标准的基本单元和拼料拼接而成，拼料支承着整个窗，以保证钢窗的刚度和稳定性。

基本单元的组合方式有三种，即竖向组合、横向组合和横竖向组合。基本钢窗与拼料间用螺栓牢固连接，并用油灰嵌实。

12.3.2 铝合金门窗

铝合金门窗特点

铝合金是在铝中加入镁、锰、铜、锌、硅等元素形成的合金材料。其型材为薄壁结构，型材断面中留有不同形状的槽口和孔。它们分别具有空气对流、排水、密封等作用。

目前节能规范要求铝合金门窗框料采用断热铝合金型材。所谓断热铝合金型材是由三部分组成的复合材料，即外部铝合金框、内部铝合金框、中间连接内外的隔热材料。中间连接部分叫"断热冷桥"，它不仅结构强度和抗老化性能应满足门窗的要求，而且必须是一种良好的隔热材料，形成在冬天时热量不向外流失、夏天时外部热量不流向内部的屏障。

采用断热冷桥后，能克服铝合金固有的高热导率，同时保持了铝合金易挤压成型、易加工、抗腐蚀、美观坚固、经久耐用、重量轻等特点，与中空玻璃和密封材料相结合，可设计出高性能的隔热、保温门窗。

12.3.3 塑料门窗

塑料窗是采用 PVC 工程塑料为原料，经专用挤压机具挤压，形成空心型材，并用该型材作为窗的框料。其主要特性是刚性强、耐冲击、耐腐蚀性能好、使用寿命长，且具有很好的气密性、水密性和电绝缘性。

PVC 工程塑料

塑料窗必须采用后塞口的方法安装，即先做好窗洞口，并在墙体内预埋木砖或铁件，在内外墙大面积抹灰后，再安装塑料窗框。

塑料窗框尺寸比洞口小 20~30mm，缝隙不能用水泥砂浆等刚性材料封填，而是采用矿棉等软质材料填缝，再用密封胶封缝，以提高其密封性和绝缘性能。

12.4 建筑遮阳

遮阳是为了防止阳光直接射入室内，避免夏季室内温度过高和产生眩光而采取的构造措施。建筑遮阳措施有三种：一是绿化遮阳；二是简易设施遮阳；三是建筑构造遮阳。

（1）绿化遮阳

对于低层建筑来说，绿化遮阳是一种经济而美观的遮阳措施，可利用搭设棚架、种植攀缘植物或阔叶树来遮阳。

（2）简易设施遮阳

简易遮阳设施可用苇席、篷布、百叶窗、珠帘、塑料等材料制成。其特点是制作简易、经济、灵活、拆卸方便，但耐久性差。

（3）建筑构造遮阳

建筑构造遮阳主要是指设置各种形式的遮阳板，使遮阳板成为建筑物的组成部分。遮阳板有活动遮阳板和固定遮阳板两种。固定遮阳板的形式一般有水平式、垂直式、综合式和挡板式。

在实际工程中，遮阳可由基本形式演变出造型丰富的其他形式。如为避免单层水平式遮阳板的出挑尺寸过大，可将水平式遮阳板重复设置成双层或多层；当窗间墙较窄时，可将综合式遮阳板连续设置；挡板式遮阳板结合建筑立面处理，或连续或间断。选择和设置遮阳设施时，应尽量减少对房间的采光和通风的影响。采用各种形式的遮阳板时，需与建筑的立面相协调。

【例 12-3】 一个漂亮舒适的阳光房，是很多人理想中的精致生活需求之一。阳光房不仅仅限于豪宅，在普通住宅的阳台、露台、庭院也可打造。阳光房的顶部选择安全抗冲击的夹胶双层钢化玻璃，更加安全；阳光房的立面则采用中空玻璃，能够达到更好的隔热、隔声、保温效果，让阳光房的舒适度得以体现。

结合上文分析遮阳的作用及分类。

素质拓展案例

古代的窗

最早的直棂窗在汉墓的陶屋明器中就有出现，唐、宋、辽、金的砖、木建筑和壁画也有大量表现。从明代起，它在重要建筑中逐渐被槛窗取代，但在民间建筑中仍有使用。唐代以前仍以直棂窗为多，固定不能开启，因此功能和造型都受到限制。宋代起开关窗渐多，在类型和外观上都有很大发展。宋代大量使用格子窗，除方格之外还有球纹、古钱纹等，改进了采光条件，增加了装饰效果。支摘窗最早见于汉陶楼明器。清代北方的支摘窗也用于槛墙上，可分为两部分，上部为支窗，下部为摘窗，两者面积相等。南方建筑因夏季需要较多通风，支窗面积较摘窗面积大一倍左右，窗格的纹样也很丰富。

原始朴素的纸糊窗也同样充满生活的意趣，清代著名画家郑板桥就是静观月色映照在纸窗上的树影而挥洒出满纸的墨竹成为传世之作。古代的门窗不只是在建筑中扮演重要角色，还是文人墨客与艺术家灵感的来源之一。

古建窗

本章小结

通过学习本章的内容，了解门窗的形式与尺度，掌握木门窗及新型门窗的构造，了解建筑遮阳的作用及类型，同学们可以对门窗有一个基本的认识，为以后继续学习相关知识打下坚实的基础。

实训练习

一、单项选择题

1. 满足分隔要求，如隔声、隔视线等的是（　　　）。
   A. 木门　　　　　B. 钢门　　　　　C. 内门　　　　　D. 外门
2. 具有特殊的功能，构造复杂，通常用于对门有特别的使用要求的场所，例如保温隔声门、防火门、防盗门、人防门、防爆门、防 X 射线门等，它们属于（　　　）。
   A. 一般门　　　　B. 特殊门　　　　C. 手动门　　　　D. 传感控制自动门
3. 由上框、下框、中横框（中横档）、中竖框、边框等木料榫接而成的是（　　　）。
   A. 窗框　　　　　B. 窗扇　　　　　C. 五金零件　　　D. 窗芯
4. 低层建筑可利用搭设棚架、种植攀缘植物或阔叶树来遮阳，这种遮阳措施是（　　　）。
   A. 绿化遮阳　　　B. 简易设施遮阳　C. 建筑构造遮阳　D. 活动遮阳
5. 其特点是制作简易、经济、灵活、拆卸方便，但耐久性差的遮阳措施是（　　　）。
   A. 绿化遮阳　　　B. 简易设施遮阳　C. 建筑构造遮阳　D. 活动遮阳

二、多项选择题

1. 外门的围护要求有（　　　）。
   A. 保温　　　　　B. 隔热　　　　　C. 防风沙　　　　D. 耐腐蚀
   E. 隔声
2. 按所用材料的不同，门可分为（　　　）。
   A. 木门　　　　　B. 铁门　　　　　C. 铝合金门　　　D. 塑料门
   E. 塑钢门
3. 按所用框架材料的不同，窗可分为（　　　）。
   A. 铁窗　　　　　B. 钢窗　　　　　C. 铝合金窗　　　D. 塑料窗
   E. 塑钢窗

4. 常用的五金零件有（　　）。
   A. 铰链　　　　　B. 拉手　　　　　C. 插销　　　　　D. 风钩
   E. 插板
5. 建筑遮阳的措施有（　　）。
   A. 绿化遮阳　　　B. 简易设施遮阳　C. 建筑构造遮阳　D. 活动遮阳
   E. 固定遮阳

三、简答题
1. 门窗的分类有哪些？
2. 简述三种遮阳措施。
3. 遮阳的分类有哪些？

实训工作单

班级		门窗		
教学项目		建筑防火构造措施		
学习项目	木门窗的形式与尺度、木门窗及新型门窗的构造以及建筑遮阳		学习要求	了解门窗的形式与尺度，掌握木门窗及新型门窗的构造，了解建筑遮阳的作用及类型
相关知识			木门窗的形式与尺度、木门窗构造、新型门窗的构造、建筑遮阳	
其他内容				
学习记录				
评语			指导老师	

第13章

屋顶、变形缝

【学习目标】

1. 了解屋顶是什么。
2. 掌握平屋顶与坡屋顶的构造。
3. 掌握变形缝的基本知识。

【素质目标】

了解地域差异对建筑设计的影响，尊重文化差异，文化认同，爱家乡。

【教学要求】

本章要点	掌握层次	相关知识点
屋顶概述	了解屋顶的功能及设计要求	屋顶的组成与形式
平屋顶和坡屋顶的构造	1. 掌握平屋顶的基本构造 2. 掌握坡屋顶的基本构造	平屋顶与坡屋顶的基本构造
变形缝的概述与构造	1. 了解变形缝的概念 2. 掌握变形缝的基本构造	伸缩缝、沉降缝、防震缝的构造

【项目案例导入】

某平屋顶如图13-1所示，室内外高差450mm，檐高9.0m，屋面做法为：1∶6水泥炉渣找坡（最薄处70mm），上铺加气混凝土（厚100mm），水泥砂浆找平（厚20mm），SBS改性沥青卷材防水。

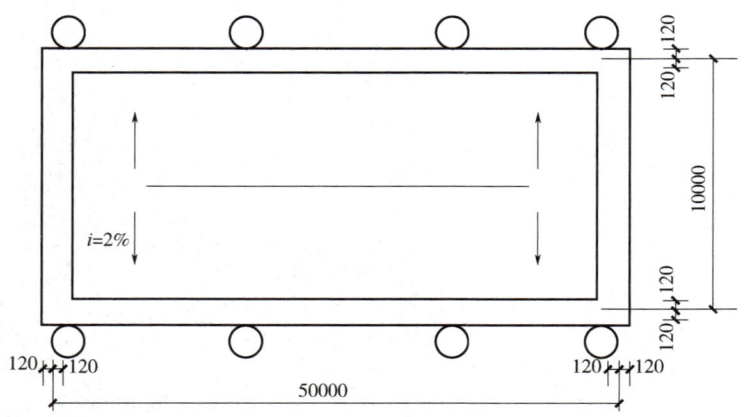

图13-1　平屋顶示意图

第 13 章 屋顶、变形缝

【项目问题导入】

试计算屋面的工程量（坡度为 2%，坡度系数为 $C = 1.0002$）

13.1 屋顶概述

屋顶是建筑物最上层，是起承重和覆盖作用的构件。它的作用主要有以下三个方面：一是防御自然界的风、雨、雪、太阳辐射产生的热和冬季低温的影响；二是承受自重及风、沙、雨、雪等荷载及施工或屋顶检修人员的活荷载；三是建筑物的重要组成部分，对建筑形象的美观起着重要的作用。

1. 屋顶的设计要求

因为屋顶是建筑物最上层的覆盖外围护结构，所以屋顶设计必须满足坚固、耐久、防水、排水、保温（隔热）、抵御侵蚀等要求，同时还应做到自重轻、构造简单、施工方便、便于就地取材等。在这些要求中，防水、排水最为重要，如屋顶积水（积雪）以后，应尽快排除，以防渗漏。同时，屋顶也是建筑造型的重要组成部分，在解决屋顶构造做法时，应兼顾技术和艺术两方面。

2. 屋顶的类型

由于屋面材料和承重结构形式不同，因此屋顶有多种类型，有平屋顶、坡屋顶、曲面屋顶等，如图 13-2 所示。

屋顶类型的具体介绍

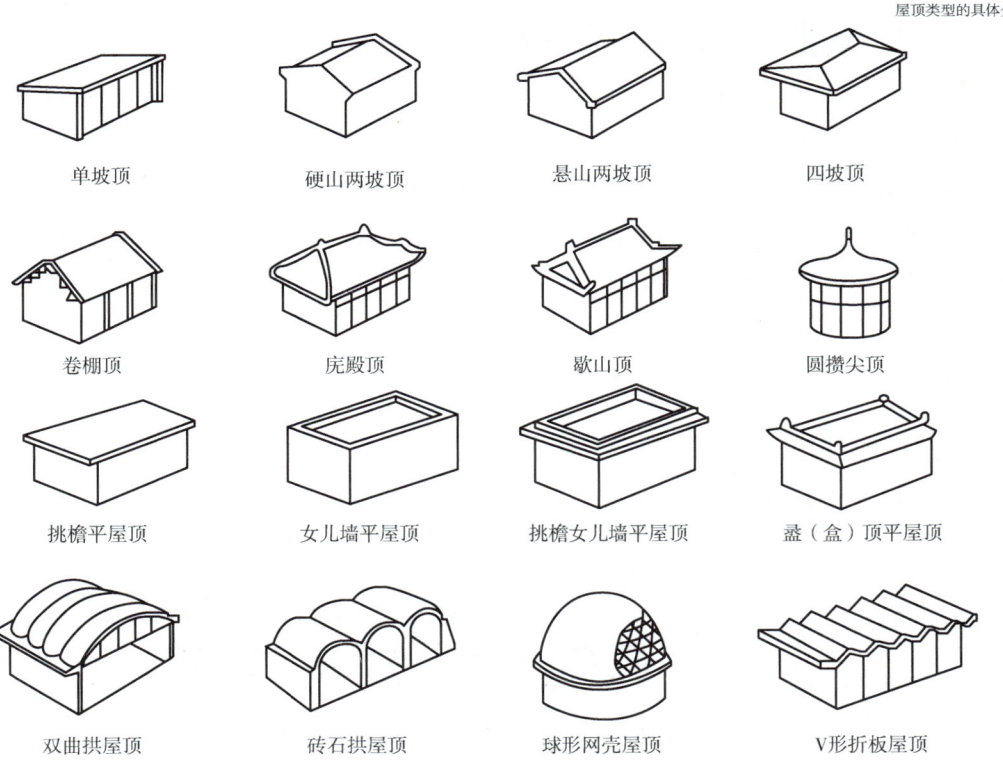

图 13-2 屋顶的形式

 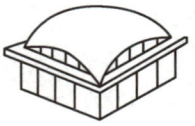 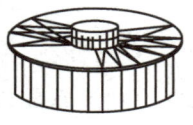  

|筒壳屋顶|扁壳屋顶|车轮形悬索屋顶|鞍形悬索屋顶|降雨量与坡度的关系|

图 13-2　屋顶的形式（续）

3. 屋顶的坡度

屋顶的坡度大小是由多方面因素决定的，它与屋面材料、屋顶形式、当地气候条件、结构选型、构造方法、经济条件等相关，坡度过小容易渗漏，坡度过大会造成材料和空间的浪费，常用屋顶坡度的范围见表 13-1。

表 13-1　常用屋顶坡度

屋面防水材料及构造做法	屋顶坡度范围
卷材防水、刚性防水	≥1∶50（2%）
水泥瓦、黏土瓦无望板及基层	≥1∶2（50%）
水泥瓦、黏土瓦有望板及油毡基层	≥1∶2.5（40%）
波形石棉瓦	≥1∶3（33%）
波形金属瓦	≥1∶4（25%）
压型钢板	≥1∶7（14%）

13.2　平屋顶和坡屋顶的构造

13.2.1　平屋顶的构造

平屋顶的排水　　平屋顶的排水方式图

平屋顶是屋顶外部形式的一种，屋面较平缓，坡度小于 10%，常用的坡度范围为 2%～5%，其一般构造是用现浇或预制的钢筋混凝土屋面板作基层，上面铺设卷材防水层或其他类型防水层，如图 13-3 所示。

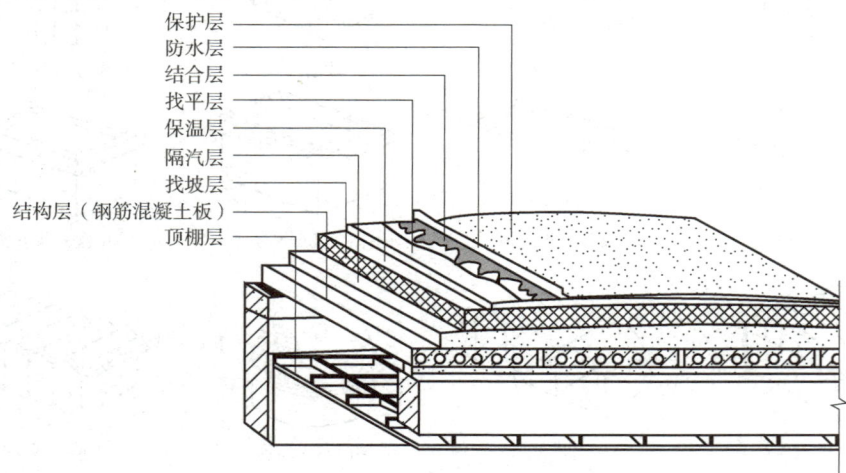

图 13-3　平屋顶的基本构造示意图

1. 顶棚层

顶棚层在结构层的下方，起美观和装饰作用，也可以将部分管线敷设于悬吊顶棚之内，用来增强顶棚的美观性。

2. 结构层

结构层承受屋顶上部的所有荷载，并把这些荷载传递给墙体、梁、柱。目前平屋顶的结构层一般采用现浇式钢筋混凝土结构，要求具有足够的承载力和刚度，以减少板的挠度和形变。

3. 找坡层

平屋顶的排水坡度分结构找坡和材料找坡。结构找坡要求屋面结构按屋面坡度设置；材料找坡常利用屋面保温铺设厚度的变化完成，如1:6水泥焦砟或1:8水泥膨胀珍珠岩。

4. 隔汽层

隔汽层是指为了防止室内水蒸气渗入保温层，影响保温效果，并且易使卷材起鼓，而在屋面铺设一层气密性、水密性的防护材料。一般采用防水性、水密性好的防水卷材或防水涂料等。《屋面工程技术规范》（GB 50345—2012）中规定：在纬度40°以北地区且室内空气湿度大于75%，或其他地区室内空气湿度常年大于80%时，保温屋面应设置隔汽层。

5. 保温（隔热）层

保温（隔热）层应设在屋顶结构层与面层之间，一般采用松散材料、板（块）状材料或现场整体浇筑三种，如膨胀珍珠岩、加气混凝土块、硬质聚氨酯泡沫塑料等，纤维材料因容易产生压缩变形而较少采用。

6. 找平层

找平层使平屋面的基层平整，以保证防水层平整，使排水顺畅、无积水。

7. 结合层

结合层是在找平层与防水层之间涂刷的一层黏结材料，又称基层处理剂，以保证防水层与基层更好地结合。

8. 防水层

屋顶通过面层材料的防水性能达到防水的目的。目前在北方地区多采用沥青卷材的屋面面层，称柔性防水层；在南方地区常采用水泥砂浆或混凝土浇筑的整体屋面面层，称刚性防水层。

（1）柔性防水层

柔性防水层是指采用有一定韧性的防水材料隔绝雨水，防止雨水渗漏到屋面下层。由于柔性材料允许有一定变形，所以在屋面基层结构变形不大的条件下可以使用。柔性防水层的材料主要有防水卷材和防水涂料两类。

1）防水卷材。防水卷材有沥青防水卷材、高聚物改性沥青防水卷材和合成高分子防水卷材三种。

2）防水涂料。防水涂料有合成高分子防水涂料和高聚物改性沥青防水涂料两种。

（2）刚性防水层

刚性防水层是指采用密实混凝土现浇而成的防水层。刚性防水层的材料有普通细石混凝土防水层、补偿收缩防水混凝土防水层、块体刚性防水层和配筋钢纤维刚性防水层。

9. 保护层

当柔性防水层置于最上层时,为防止阳光的照射使防水材料日久老化,或为上人屋顶时,应在防水层上加保护层。

【例 13-1】 某开发商准备在南方开发一处房地产,据前期调查可知该地区室内空气湿度常年大于 80%,并且多雨。该建筑的建筑设计要求规定要设置成平屋顶。请根据所学知识回答该屋顶是否需要设置隔汽层及保温层?

13.2.2 坡屋顶的构造

坡屋顶也是屋顶形式的一种。坡屋顶的坡度大于 10%,且坡屋顶在承重结构上设置保温、防水层等构造层,坡屋顶中常用的承重结构有横墙承重、屋架承重和梁架承重。因为屋顶防水材料的种类较多,有平瓦、波形瓦、小青瓦、金属瓦和彩色压型钢板等,这里主要介绍平瓦屋顶的构造。

坡屋顶的承重结构 1

坡屋顶的承重结构 2

平瓦屋顶是目前常用的一种形式。平瓦外形是根据排水要求设计的。平瓦屋顶根据用材不同和构造不同有冷摊瓦屋顶、木望板瓦屋顶、钢筋混凝土挂瓦板平瓦屋顶和钢筋混凝土板瓦屋顶四种构造。

1. 冷摊瓦屋顶构造

冷摊瓦屋顶是在檩条上钉椽条,在椽条上钉挂瓦条并直接挂瓦,如图 13-4 所示,冷摊瓦屋顶的构造简单,但雨雪易从瓦缝中飘入室内,保温效果差,通常用于南方地区质量要求不高的建筑。

2. 木望板瓦屋顶构造

木望板瓦屋顶是在檩条上铺钉 15~20mm 厚的木望板(屋顶板),木望板可采取密铺法或稀铺法,在木望板上铺设保温材料,然后平行于屋脊方向铺卷材,再设置顺水条,然后在顺水条上面设挂瓦条并挂瓦,挂瓦条的截面和间距与冷摊瓦屋顶相同,如图 13-5 所示。木望板瓦屋顶的防水、保温隔热效果较好,但耗用木材多、造价高,多用于质量要求较高的建筑。

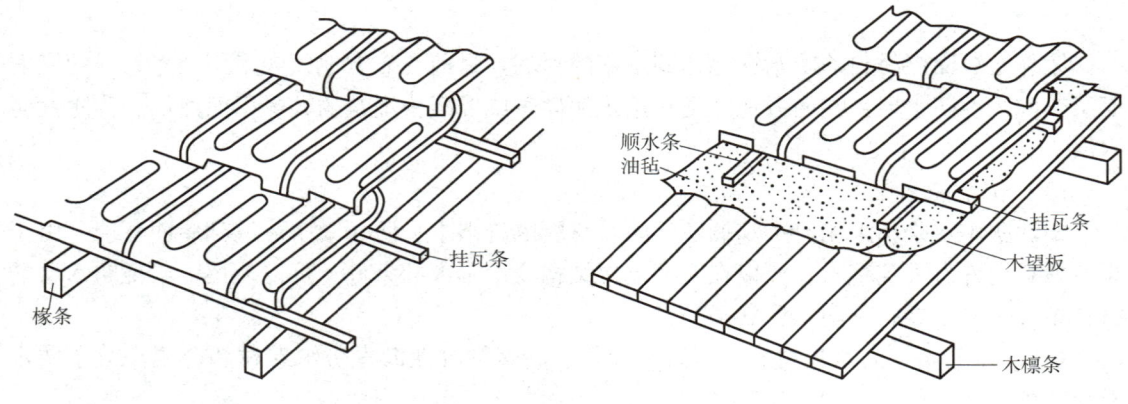

图 13-4 冷摊瓦屋顶示意图　　图 13-5 木望板瓦屋顶示意图

3. 钢筋混凝土挂瓦板平瓦屋顶构造

挂瓦板是把檩条、屋面板、挂瓦条几个功能结合为一体的预制钢筋混凝土构件。基本形式有双 T 形、单 T 形和 F 形三种。这种屋面构造简单、省工省料、造价经济,但易渗漏,多用于标准要求不高的建筑中,如图 13-6 所示。

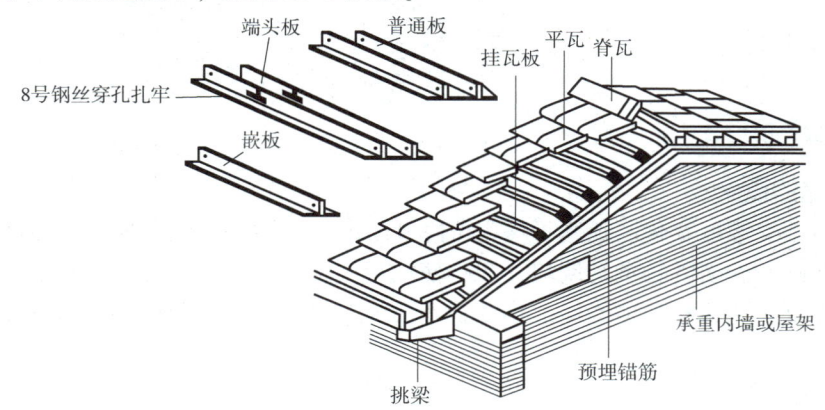

图 13-6　钢筋混凝土挂瓦板平瓦屋顶示意图

4. 钢筋混凝土板瓦屋顶

钢筋混凝土板瓦屋顶主要是满足防火或造型的需要,在预制钢筋混凝土空心板或现浇平板上面盖瓦。钢筋混凝土板瓦屋顶是在找平层上铺油毡一层,用压毡条钉在嵌在板缝内的木楔上,再钉挂瓦条挂瓦;或者是在屋顶板上直接粉刷防水水泥砂浆并贴瓦,如图 13-7 所示。这种屋顶常常在仿古建筑中使用。

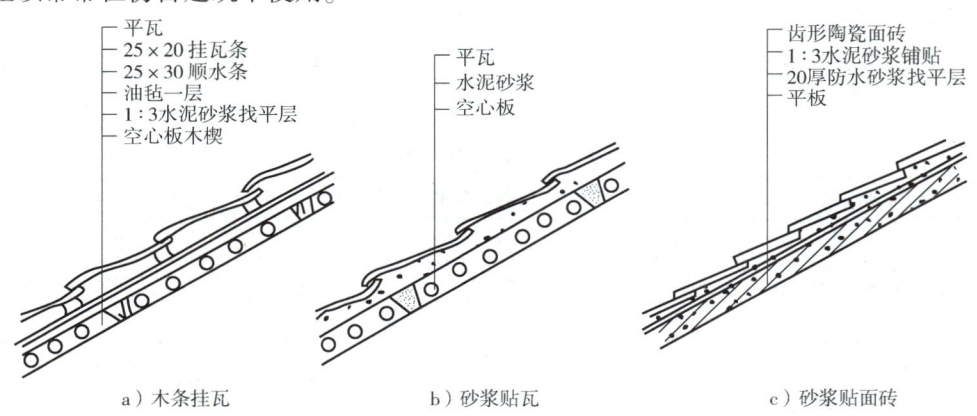

图 13-7　钢筋混凝土板瓦屋面构造示意图

【例 13-2】某建筑物平瓦屋顶尺寸如图 13-8 所示,屋面坡度为 1/3,坡度系数 $C = 1.0541$,求屋面面积。

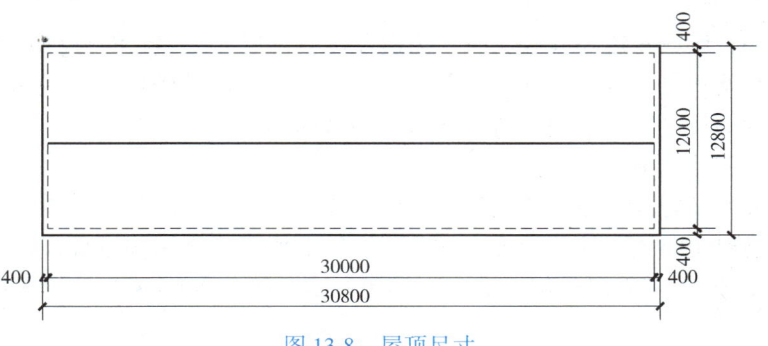

图 13-8　屋顶尺寸

13.3 变形缝

13.3.1 概述

关于变形缝的盖缝处理

沉降缝、防震缝和伸缩缝的区别与应用

1. 变形缝的概念

建筑物由于受温度变化、地基不均匀沉降及地震等因素的影响，使结构内部产生附加应力和变形，轻则产生裂缝、重则倒塌，影响使用与安全，因此在设计时，有意将建筑物分为若干独立的部分，预留的缝隙能保证建筑物有足够的变形空间，允许其自由变形而设置的这种构造缝称为变形缝。

2. 变形缝的分类

目前我们所接触到的变形缝有三种：沉降缝、伸缩缝、防震缝。

（1）沉降缝

为了预防建筑物各部分由于地基不均匀沉降产生裂缝或造成破坏，而沿建筑物高度方向设置的变形缝，称为沉降缝。沉降缝与伸缩缝的区别是：伸缩缝应保证建筑物在水平向自由伸缩变形；沉降缝应满足建筑物各部分（单元）在垂直方向的自由沉降变形，故应将建筑物从基础到屋顶全部断开。

注意：沉降缝可以兼作伸缩缝，而伸缩缝不能兼作沉降缝。

沉降缝的宽度随地基情况和房屋高度的不同而定，或根据有关规范由单项设计确定，其宽度详见表13-2。

表13-2 沉降缝的宽度

地基性质	房屋高度/m	沉降缝宽度/mm
一般地基	<5	30
	5~10	50
	10~15	70
软弱地基	2~3层	50~80
	4~5层	80~120
	6层及6层以上	>120
湿陷性黄土地基	—	30~70

（2）伸缩缝

当建筑物的长度或宽度尺寸较大时，为避免由于温度变化引起的材料的热胀、冷缩导致构件开裂，而沿建筑的高度方向设置在基础以上的缝隙，称伸缩缝（温度缝）。为此，通常在建筑物适当的部位设置伸缩缝，自基础以上将房屋的墙体、楼板层、屋顶等构件断开，将建筑物沿垂直方向分离成几个独立的部分。

伸缩缝的最大间距与房屋的结构类型、房屋或楼盖的类别以及使用环境等因素有关，砌体结构与钢筋混凝土结构伸缩缝的最大间距的设置根据《砌体结构设计规范》（GB 50003—2011）及《混凝土结构设计标准》（GB/T 50010—2010），见表13-3、表13-4。

表 13-3　砌体结构伸缩缝的最大间距

屋盖或楼盖类别		间距/m
整体式或装配整体式钢筋混凝土结构	有保温层或隔热层的屋盖、楼盖	50
	无保温层或隔热层的屋盖	40
装配式无檩体系钢筋混凝土结构	有保温层或隔热层的屋盖、楼盖	60
	无保温层或隔热层的屋盖	50
装配式有檩体系钢筋混凝土结构	有保温层或隔热层的屋盖	75
	无保温层或隔热层的屋盖	60
瓦材屋盖、木屋盖或楼盖、轻钢屋盖		100

表 13-4　钢筋混凝土结构伸缩缝的最大间距

结构类别		室内或土中/m	露天/m
排架结构	装配式	100	70
框架结构	装配式	75	50
	现浇式	55	35
剪力墙结构	装配式	65	40
	现浇式	45	30
挡土墙、地下室墙壁	装配式	40	30
	现浇式	30	20

（3）防震缝

建筑物在地震力作用下，会产生上下、左右、前后多方向的震动，从而导致建筑物产生裂缝。因此为了防止建筑物的各部分在地震时相互撞击遭到变形和破坏而沿高度方向设置的变形缝，称防震缝。防震缝应将建筑物分成若干体型简单、结构刚度均匀的独立单元，以减少地震的破坏。

防震缝的最小宽度与地震设防烈度、房屋的高度有关，详见表 13-5。

表 13-5　防震缝的宽度

房屋高度 H/m	设计烈度	防震缝宽度/mm
$H \leqslant 15$	7	70
	8	70
	9	70
$H > 15$	7	高度每增加 4m 缝宽增加 20mm
	8	高度每增加 3m 缝宽增加 20mm
	9	高度每增加 2m 缝宽增加 20mm

防震缝应沿建筑物全高设置，缝的两侧应布置双墙或双柱，或一墙一柱，使各部分结构都有较好的刚度。防震缝应与伸缩缝、沉降缝协调布置，要求相邻的房屋的上部结构完全断开，并留有足够的缝隙，以保证在水平方向地震波的影响下，房屋相邻部分不会因碰撞而造成破坏。一般情况下，防震缝基础可不断开，但与沉降缝合并设置时，基础应断开。

13.3.2 变形缝构造

1. 沉降缝的构造

沉降缝与伸缩缝的最大区别在于伸缩缝只需保证建筑物在水平方向的自由伸缩变形，而沉降缝主要应满足建筑物各部分在垂直方向的自由变形，故应将建筑物从基础到屋顶全部断开。同时沉降缝也可兼顾伸缩缝的作用，在构造上应满足伸缩与沉降的双重要求。这里主要讲三种类型的沉降缝，墙体沉降缝、基础沉降缝、屋顶沉降缝。

（1）墙体沉降缝构造

墙体沉降缝的盖缝处应满足水平伸缩和垂直变形的要求，同时也要满足抵御外界影响以及美观的要求。墙体沉降缝常用镀锌薄钢板、铝合金板和彩色薄钢板等盖缝。墙体沉降缝构造如图13-9所示。

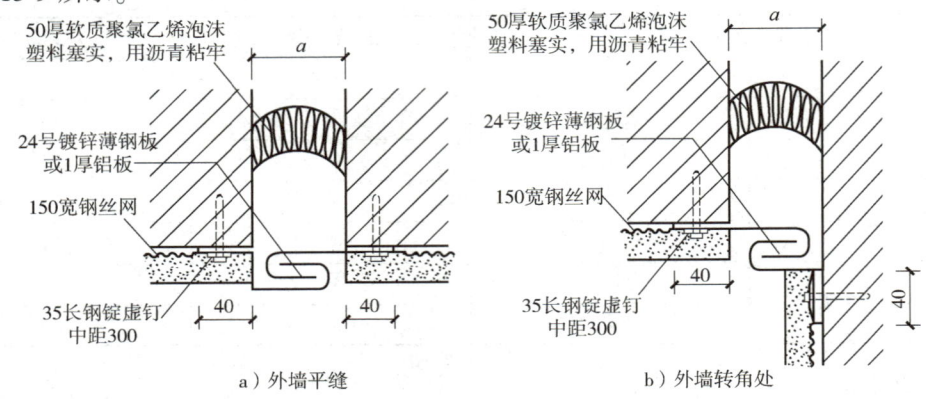

图 13-9　墙体沉降缝构造

（2）基础沉降缝构造

基础也必须设置沉降缝，以保证缝两侧能自由沉降。常见的基础沉降缝的处理方案有双墙偏心式、交叉式和悬挑式三种，如图13-10所示。

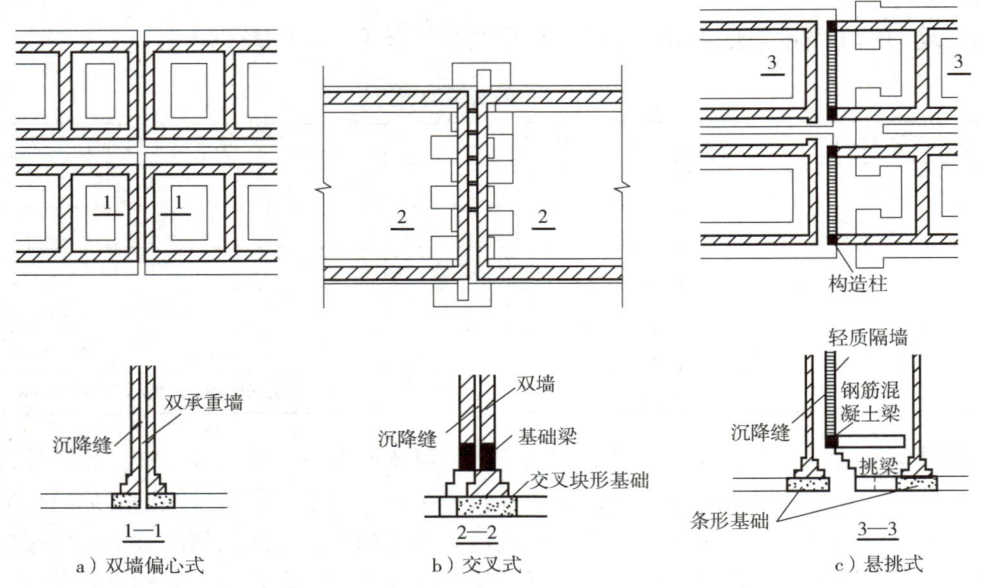

图 13-10　基础沉降缝处理示意图

（3）屋顶沉降缝构造

屋顶沉降缝应充分考虑不均匀沉降对屋面防水和泛水带来的影响，泛水薄钢板或其他构件应考虑沉降变形与维修的需要，如图 13-11 所示。

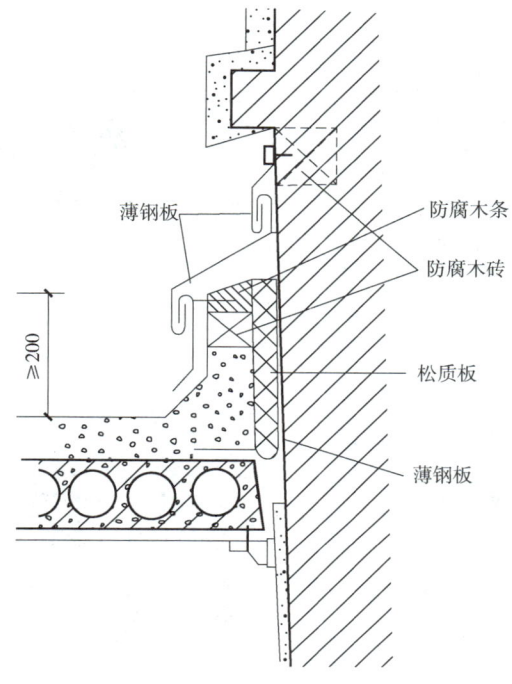

图 13-11　屋顶沉降缝构造

2. 伸缩缝的构造

伸缩缝是将基础以上的建筑构件全部分开，并在两个部分之间留出适当空隙，以保证伸缩缝两侧的建筑构件能在水平方向自由伸缩。缝宽一般为 20~40mm。

（1）墙体伸缩缝构造

墙体在伸缩缝处断开，为了避免风、雨对室内的影响和避免缝隙过多传热，伸缩缝外墙一侧，缝口处应填以防水、防腐的弹性材料，如图 13-12 所示。

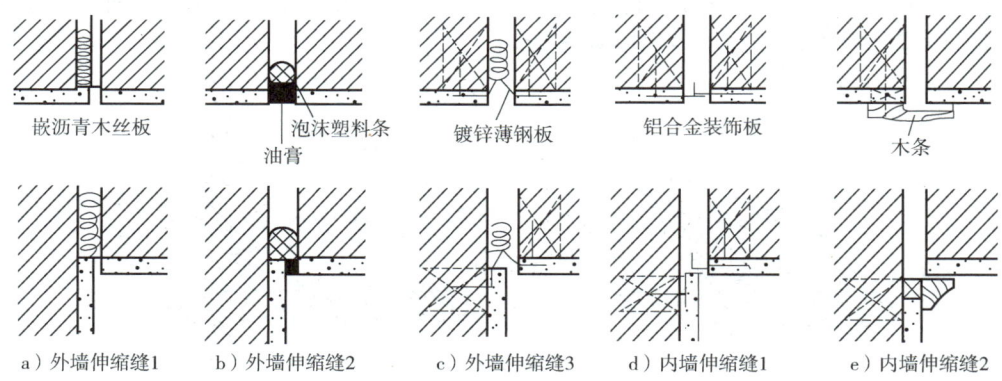

图 13-12　墙体伸缩缝构造

（2）楼板与地面伸缩缝构造

楼板与地面伸缩缝的位置和缝宽尺寸应与墙体、屋顶伸缩缝相对应，缝内也要用弹性材料做封缝处理。在构造上既应保证地面面层和顶棚美观，又应使缝两侧的构造能自由伸缩，如图13-13所示。

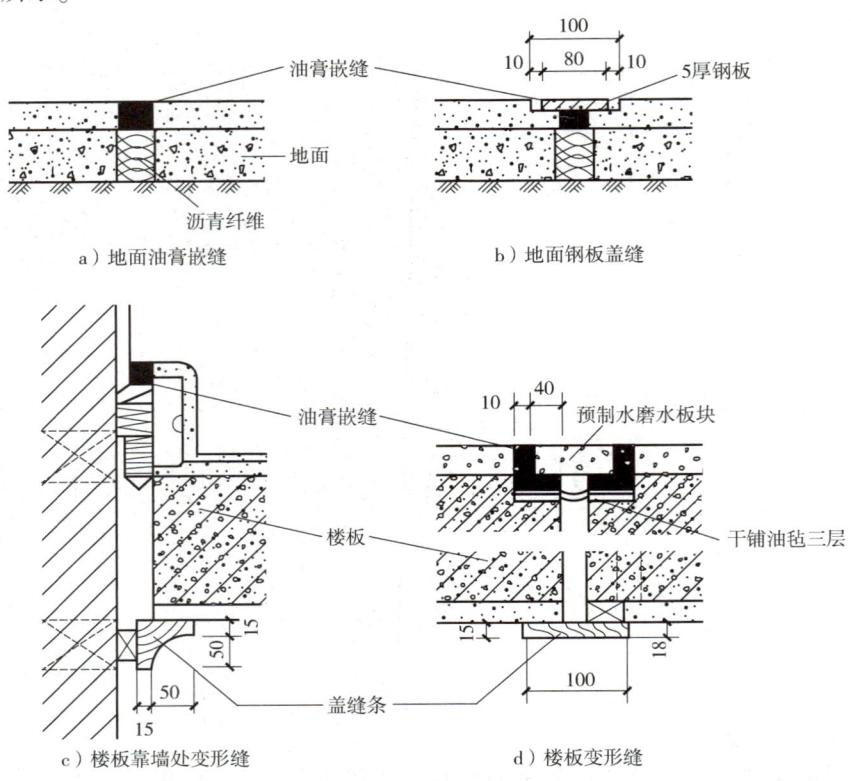

图 13-13 楼板与地面伸缩缝构造

（3）屋顶伸缩缝构造

屋顶伸缩缝常见的位置在同一标高屋顶处或墙与屋顶高低错落处。不上人屋面，一般可在伸缩缝处加砌矮墙，并做好屋面防水和泛水处理，其基本要求同屋顶泛水构造，不同之处在于盖缝处应能允许自由伸缩而不造成渗漏。上人屋面则用嵌缝油膏嵌缝并做好泛水处理。常见屋面伸缩缝构造如图13-14~图13-16所示。

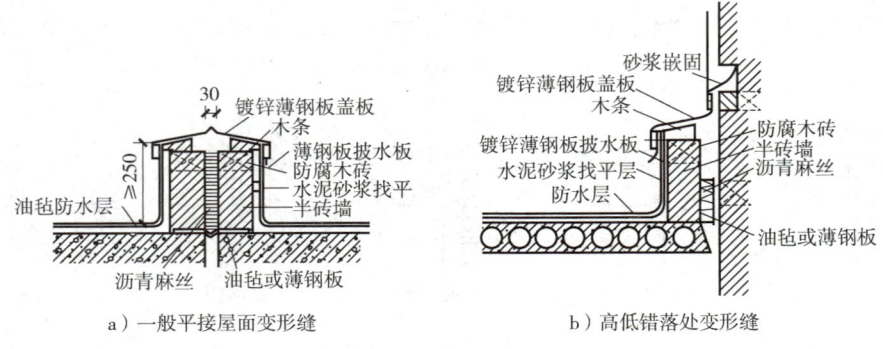

图 13-14 卷材防水屋面伸缩缝构造

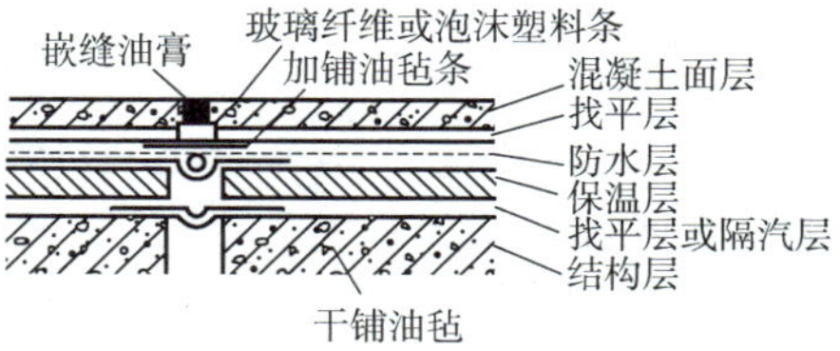

c）上人屋面变形缝

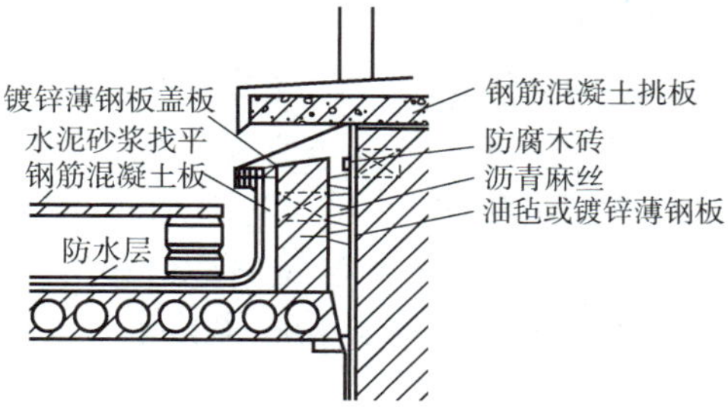

d）进出口处变形缝

图 13-14　卷材防水屋面伸缩缝构造（续）

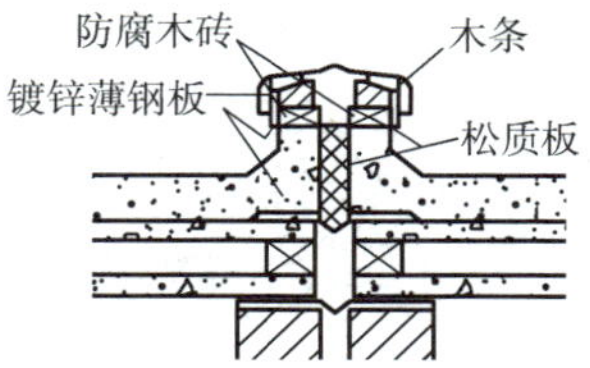

a）刚性屋面变形缝 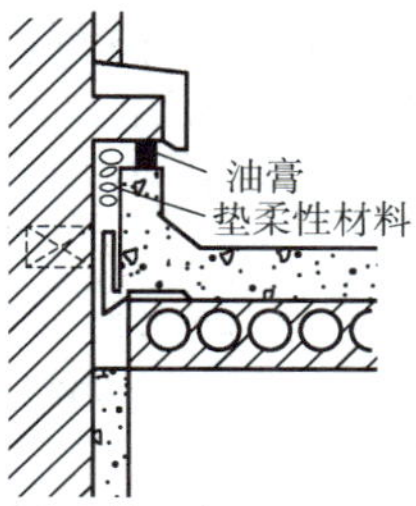　　b）高低错落处变形缝1 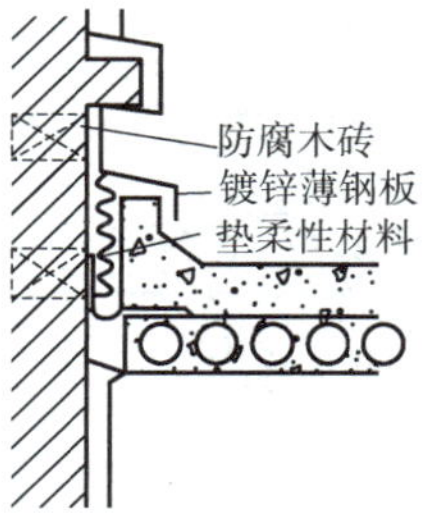　　c）高低错落处变形缝2

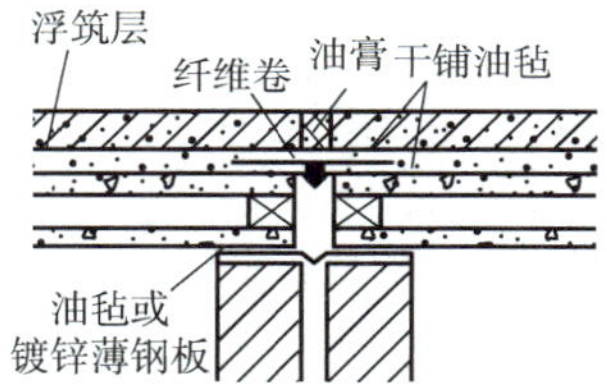

d）上人屋面变形缝

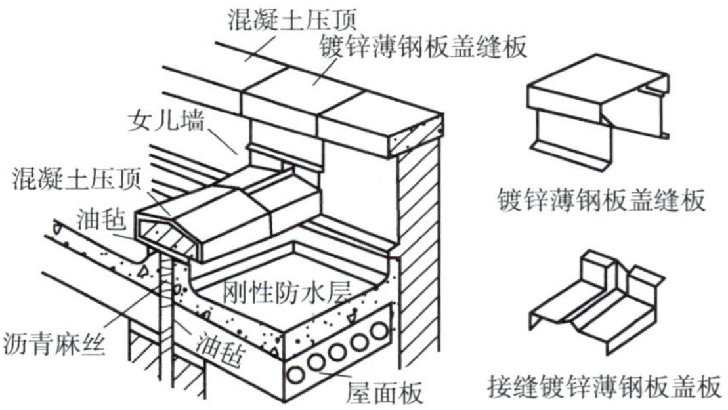

e）变形缝立体图

图 13-15　刚性防水屋面伸缩缝构造

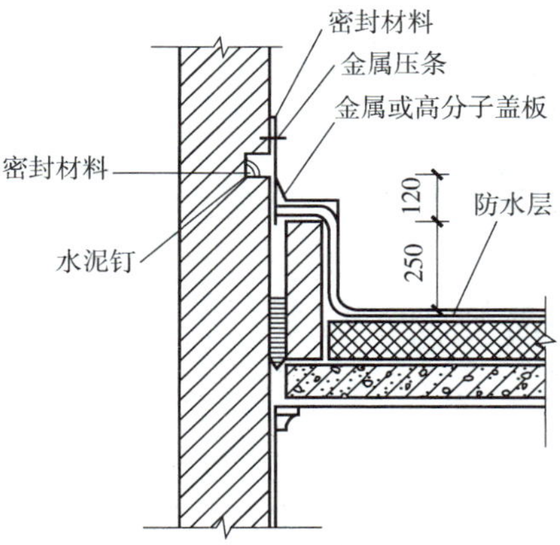

a）高低跨变形缝 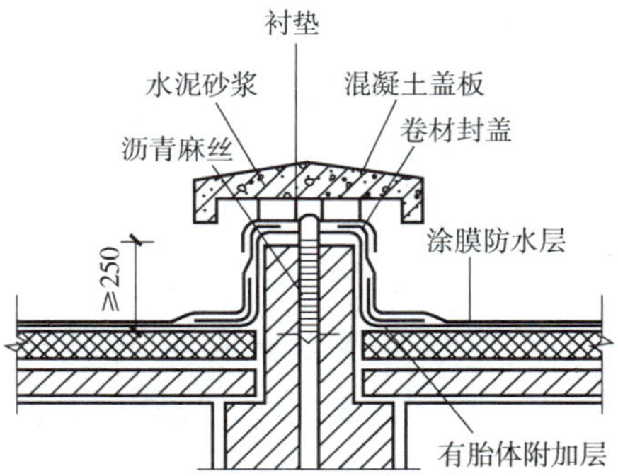　　b）变形缝防水构造

图 13-16　涂膜防水屋面伸缩缝构造

3. 防震缝构造

防震缝应同伸缩缝、沉降缝协调布置，相邻上部结构完全断开，并留有足够的缝隙，以保证在水平方向地震波的影响下，房屋相邻部分不致因碰撞而造成破坏。墙体防震缝构造如图 13-17 所示。

关于建筑物的设防烈度

【例 13-3】根据以上所学知识画出如图 13-18 所示二层屋面与十层外墙之间的节点构造详图，沉降缝净宽 100mm，二层屋面为刚性防水。

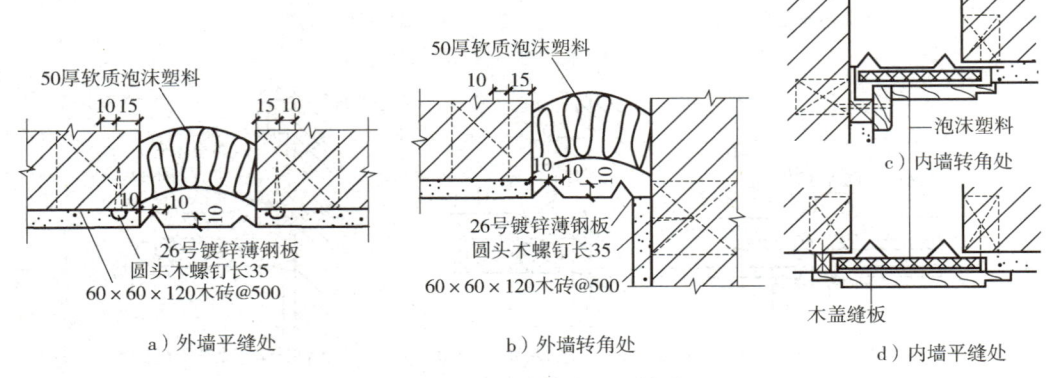

图 13-17　墙体防震缝构造

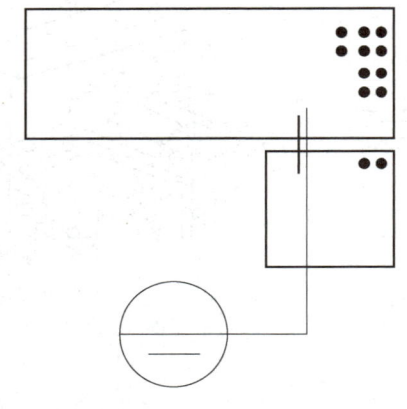

图 13-18　屋顶平面图

素质拓展案例

南北方屋顶

我国北方和南方由于气候因素、地形地貌因素以及人文因素的不同造成了建筑物的差异。对于屋顶而言，从北到南，民居的屋顶坡度逐渐增大，房檐逐渐加宽，房屋进深逐渐加大，南方建筑多有前廊用以避雨。北方普遍采用平屋顶，南方普遍采用坡屋顶。想一想，南北方的屋顶构造为什么不同？

在屋顶的设计方面，有一句话说得好：南尖北平，南敞北封。

南方的建筑以徽州民居、江南水乡和苏州园林为代表，屋顶坡度相对较大，高而且尖，因为南方雨水季降水多，气候又炎热，这样既可以防雨水渗漏，又利于通风和散热；屋檐也很宽，在屋檐下劳作、休憩、就餐、会客都可以，既防晒又防雨。

而北方建筑在屋顶的设计方面，坡度较小，多数建成平屋顶，防渗隔热方面功能就较弱，但这种做法可以节省建筑材料，还可以将屋顶当作农作物的晾晒场地，南方为棚、多敞口，北方为窝、多封闭，南方注重通风散热，北方注重保温保暖。

北方屋顶

本章小结

通过本章的学习，学生们主要学习了屋顶的概述，平屋顶和坡屋顶的构造，以及变形缝的基本构造，能够对屋顶以及变形缝有一个全面的了解，然后举一反三，学以致用。

实训练习

一、单项选择题

1. 平屋顶是坡度小于（　　）的屋顶。
   A. 1%　　　　　　B. 3%　　　　　　C. 5%　　　　　　D. 10%
2. 屋顶设计最重要的要求是（　　）。
   A. 屋顶结构的布置　B. 屋顶坡度的形成　C. 防水和排水　　D. 面层处理
3. 一栋3层建筑的软弱地基沉降缝的宽度应设为（　　）mm。
   A. 50～80　　　　B. 90　　　　　　C. 40　　　　　　D. 30
4. 屋面防水材料采用波形石棉瓦的，屋顶坡度范围为（　　）。
   A. ≥1:50（2%）　B. ≥1:2（50%）　C. ≥1:2.5（40%）　D. ≥1:3（33%）
5. 下列选项中不属于挂瓦板的基本形式的是（　　）。
   A. 双T形　　　　B. L形　　　　　C. 单T形　　　　D. F形

二、多项选择题

1. 变形缝的分类有（　　）。
   A. 防裂缝　　　　B. 沉降缝　　　　C. 防震缝　　　　D. 伸缩缝
   E. 后浇带
2. 下列属于基础沉降缝的处理方案的有（　　）。
   A. 双墙偏心式　　B. 悬挑式　　　　C. 交叉式　　　　D. 平行式
   E. 重叠式
3. 平瓦屋顶根据用材和构造的不同可分为（　　）。
   A. 金属瓦屋顶　　　　　　　　　　B. 冷摊瓦屋顶
   C. 木望板瓦屋顶　　　　　　　　　D. 钢筋混凝土挂瓦板平瓦屋顶
   E. 钢筋混凝土板瓦屋顶
4. 屋顶的类型有（　　）。
   A. 尖屋顶　　　　B. 圆屋顶　　　　C. 平屋顶　　　　D. 坡屋顶
   E. 曲面屋顶

5. 下列关于沉降缝的说法中正确的有（　　）。
   A. 沉降缝是为了预防地基产生不均匀沉降
   B. 沉降缝应满足建筑物各部分在垂直方向的自由沉降变形
   C. 沉降缝可以兼作伸缩缝
   D. 伸缩缝可以兼作沉降缝
   E. 沉降缝是沿建筑物水平方向设置的变形缝

三、简答题

1. 简述屋顶的设计要求。
2. 简述什么是变形缝。
3. 简述伸缩缝、沉降缝以及防震缝之间的不同之处。

实训工作单

班级		姓名		日期	
教学项目		屋顶、变形缝			
学习项目	屋顶以及变形缝的构造		学习要求	掌握平屋顶、坡屋顶的构造以及三种变形缝的构造	
相关知识				屋顶的分类，三种变形缝的设置宽度及位置	
其他内容				屋顶面积的计算	
学习记录					
评语				指导老师	

第 14 章
建筑防火构造措施

【学习目标】

1. 了解建筑防火的基本知识。
2. 掌握民用建筑防火。
3. 掌握高层民用建筑防火。

【素质目标】

强调防火在行业中的重要性,增强学生防火意识,学习古代文化智慧,增加民族文化自信。

【教学要求】

本章要点	掌握层次	相关知识点
建筑防火的基本知识	了解建筑防火的基本知识	建筑物耐火等级、防火分区与防烟分区、防火间距、安全疏散、防火构造
民用建筑防火	掌握民用建筑防火	民用建筑最多允许层数、防火分区最大允许建筑面积
高层民用建筑防火	掌握高层民用建筑防火	高层民用建筑的分类和耐火等级

【项目案例导入】

某市一家五星级宾馆,地上 16 层,地下 2 层,建筑高度 60m。由于客人将烟蒂不小心掉在了地毯上,引燃了房间的地毯,在不到 1min 的时间内大火迅速蔓延,整个房间都被点燃。发现火灾后有近百名顾客涌向一个安全出口,部分顾客在火灾初期,没有及时逃生,在房间内观望或收拾个人行李物品,或者在熟睡,在火势较大的情形下才开始逃生,贻误了最佳逃生时机。当地消防大队接警后及时到达现场,抢救出 15 名被困人员,并将火势扑灭。火灾共造成 12 人死亡、20 人受伤,火灾烧毁的电视机、空调以及其他物资所造成的直接财产损失达 87650 元。

【项目问题导入】

建筑物发生火灾时的安全疏散要求有哪些?

第14章 建筑防火构造措施

14.1 建筑防火的基本知识

14.1.1 建筑物的耐火等级

常用的建筑构件的燃烧性能和耐火极限

楼板耐火极限

划分建筑物耐火等级是建筑设计防火规范防火技术措施中最基本的措施。它要求建筑物在火灾高温的持续作用下，墙、柱、梁、楼板、屋盖、吊顶等基本建筑构件能在一定时间内不破坏，不传播火灾，从而起到延缓和阻止火灾蔓延的作用，并为人员疏散、抢救物资和扑灭火灾及为火灾后的结构修复创造条件。一般来说：一级耐火等级建筑是钢筋混凝土结构或砖墙与钢筋混凝土结构组成的混合结构；二级耐火等级建筑是钢结构屋架、钢筋混凝土柱或砖墙组成的混合结构；三级耐火等级建筑物是木屋顶和砖墙组成的砖木结构；四级耐火等级是木屋顶、难燃烧体墙壁组成的可燃结构。建筑物的耐火等级取决于房屋的主要构件的燃烧性能和耐火极限。

1. 建筑构件的燃烧性能

建筑构件的燃烧性能反映了建筑构件遇火烧或高温作用时的燃烧特点，它由制成建筑构件的材料的燃烧性能而定。不同燃烧性能的建筑材料制成的建筑构件可分为三类。

（1）不燃烧体

不燃烧体是用不燃材料做成的建筑构件。不燃烧材料是在空气中受到火烧或高温作用时不起火、不微燃、不碳化的材料，如建筑中采用的金属材料和天然或人工的无机矿物材料。

（2）难燃烧体

难燃烧体是用难燃材料做成的建筑构件或用可燃材料做成而用不燃材料做保护层的建筑构件。难燃烧材料是在空气中受到火烧或高温作用时难起火、难微燃、难碳化，当火源移走后燃烧或微燃立即停止的材料，如沥青混凝土、经过防火处理的木材、用有机物填充的混凝土和水泥刨花板等。

（3）燃烧体

燃烧体是用可燃材料做成的建筑构件。可燃烧材料是在空气中受到火烧或高温作用时立即起火或微燃，且火源移走后仍继续燃烧或微燃的材料，如木材等。

2. 耐火极限

建筑构件的耐火极限是指在标准耐火试验条件下，建筑构件、配件或结构从受到火的作用时起，到失去稳定性、完整性或隔热性时止的这段时间，用小时表示。

建筑构件的耐火极限是划分建筑耐火等级的基础数据，也是进行建筑物构造防火设计和火灾后制订建筑物修复方案的科学依据。

3. 耐火等级

各类建筑物除对构件的耐火极限有规定外，对构件组成材料的燃烧性能也有明确的规定：一级耐火等级建筑物的重要建筑构件，全部为不燃性构件；二级耐火等级建筑物除吊顶为难燃性构件外，其余为不燃性构件；三级耐火等级建筑物屋顶承重构件为可燃性构件，其余为不燃性构件或难燃性构件；四级耐火等级建筑物除防火墙为不燃性构件外，其余为难燃性构件或可燃性构件。

建筑物构件的燃烧性能和耐火极限

14.1.2　建筑物的防火分区和防烟分区

1. 防火分区

防火分区是在建筑内部采用防火墙、耐火楼板及其他防火分隔设施分隔而成的，是能在一定时间内防止火灾向同一建筑的其余部分蔓延的局部空间。在建筑物内采取划分防火分区这一措施，可以在建筑物一旦发生火灾时，有效地把火势控制在一定的范围内，减少火灾损失，同时可以为人员安全疏散、消防扑救提供有利条件。防火分区示意图如图 14-1 所示。

防火分区的分隔设施

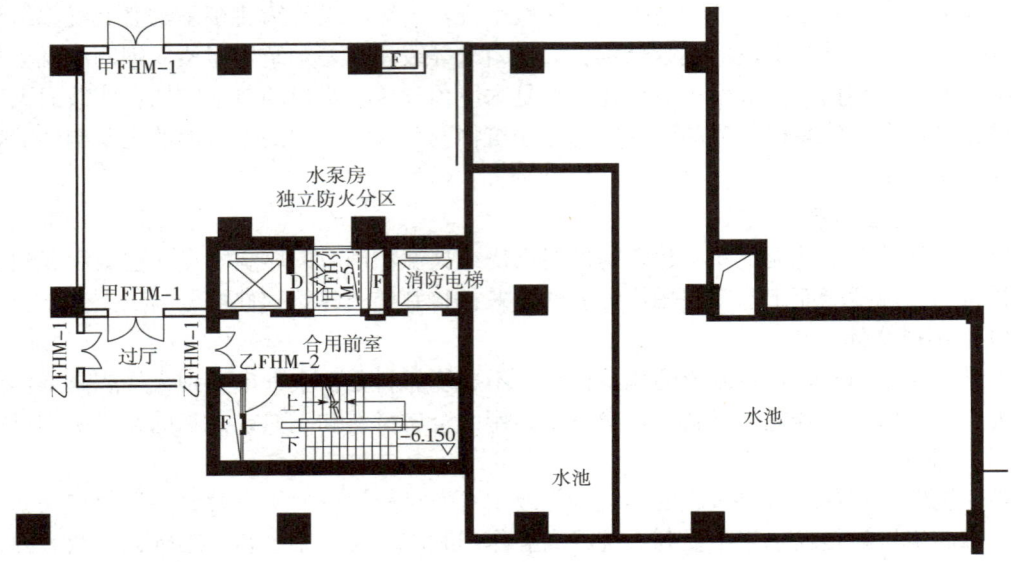

图 14-1　防火分区示意图

（1）防火分区的种类

防火分区按防止火灾向防火分区以外扩大蔓延的功能可分为两类，即水平防火分区和垂直防火分区。

1）水平防火分区：水平防火分区是指在同一水平面上，利用防火墙、甲级防火门、水幕带等防火分隔物将建筑平面分为若干个防火区域或单元。

2）垂直防火分区：垂直防火分区是指采用耐火楼板、上下楼层之间的窗间墙、封闭防烟楼梯间等防火分隔构件将上下层隔开。

（2）防火分区面积的影响因素

防火分区的划分，既要从限制火势蔓延、减少损失方面考虑，又要顾及便于平时使用管理，以节省投资。从防火角度看，防火分区划分越小，越有利于保证建筑物的防火安全，但如果防火分区过小，势必会影响建筑物的使用功能，这样做显然是行不通的。防火分区面积大小的确定应考虑建筑物的使用性质、建筑物的重要性、火灾危险性、建筑物高度、消防扑救难度以及火势蔓延的速度等因素。

2. 防烟分区

防烟分区是在建筑内部屋顶或顶板、吊顶下采用具有挡烟功能的构件进行分隔所形成的，具有一定蓄烟能力的空间。对于某些建筑物需用挡烟构件，如挡烟梁、挡烟垂壁等划分防烟分区，将烟气控制在一定范围内，以便用排烟设施将其排出，保证人员的安全疏散和便于消防扑救工作的顺利进行。

防烟分区分隔构件包括隔墙、屋顶挡烟隔板、防火卷帘、挡烟垂壁或从顶棚向下凸出不小于500mm的结构梁。挡烟垂壁构造示意图如图14-2所示。

防烟分区的设置应遵循以下原则：设置排烟系统的场所或部位应划分防烟分区。防烟分区不宜大于2000m²，长边不应大于60m。当室内高度超过6m，且具有对流条件时，长边不应大于75m。

【例14-1】某单层堆垛储物仓库，耐火等级为二级，占地面积为2500m²，储存物质为用塑料瓶盒包装的成品罐装饮料，储物高度为4m，其塑料瓶盒包装质量超过本身质量的1/4（包装）。仓库内设有自动喷水灭火系统，划分为1个防火分区。

该仓库的防火分区划分是否恰当？为什么？

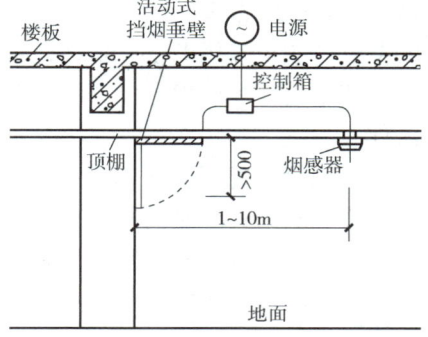

图14-2 挡烟垂壁构造示意图

14.1.3 建筑物的防火间距

建筑物的防火间距的一般原则如下：

1）建筑物之间的防火间距应按相邻建筑外墙的最近水平距离计算，当外墙有凸出的可燃或难燃构件时，应从其凸出部分外缘算起。

2）建筑物与储罐、堆场的防火间距，应为建筑外墙至储罐外壁或堆场中相邻堆垛外缘的最近水平距离。

3）储罐之间的防火间距应为相邻两储罐外壁的最近水平距离。

4）储罐与堆场的防火间距应为储罐外壁至堆场中相邻堆垛外缘的最近水平距离。

5）堆场之间的防火间距应为两堆场中相邻堆垛外缘的最近水平距离。

6）变压器之间的防火间距应为相邻变压器外壁的最近水平距离。

7）变压器与建筑物、储罐或堆场的防火间距，应为变压器外壁至建筑外墙、储罐外壁或相邻堆垛外缘的最近水平距离。

8）建筑物、储罐或堆场与道路、铁路的防火间距，应为建筑外墙、储罐外壁或相邻堆垛外缘距道路最近一侧路边或铁路中心线的最小水平距离。

14.1.4 安全疏散

主要的安全疏散设施有安全出口、疏散楼梯、走道和门等，辅助的安全疏散设施有疏散阳台、缓降器和救生袋等，高度超过100m的公共建筑还设有避难层（间）、屋顶直升机停机坪等安全疏散设施。

救生袋

安全疏散的基本要求如下：

1. 安全疏散流程

按照火灾时疏散过程中人员所处位置的不同，安全疏散可分为三个阶段：第一阶段，人员位于房间内，需通过房门疏散到走道；第二阶段，人员位于疏散走道内，通过走道疏散到疏散楼梯；第三阶段，人员位于楼梯间内，通过疏散楼梯到达首层，然后经直通室外的安全出口疏散到室外安全区域。

2. 保证人员双向疏散

建筑内发生火灾时，即使其中有一个或多个安全出口被烟火阻挡，也要保证有其他出口可供安全疏散和消防救援使用。因此，在进行安全疏散设计时，一是保证房间疏散门、安全出口等要分散布置，同时尽量减少袋形走道的使用，满足房间内最远点到疏散门、疏散门到安全出口的距离要求；二是结合建筑的使用功能选用合适的疏散楼梯形式，且其疏散宽度要能保证不出现拥堵现象，并设置相应的疏散指示和应急照明设施，为人员疏散提供有利的条件。

3. 设置应急照明和疏散指示标志

考虑到火灾时时间紧迫，为便于人员快速找到疏散设施，并提高疏散效率，疏散路线要简洁，易于辨认，并设置简明易懂、醒目的疏散指示标志。同时，在进行安全疏散设计时，要分析不同建筑物中人在火灾条件下的心理状态及行动特点，疏散路线设计要符合人的习惯要求。

14.1.5 建筑物的防火构造

1. 防火墙

防火墙是由不燃烧体构成，耐火极限不低于3h。为减小或避免建筑、结构、设备遭受热辐射危害和防止火灾蔓延，设置的竖向分隔体或直接设置在建筑物基础上或钢筋混凝土框架上具有耐火性的墙。

防火墙能在火灾初期和灭火过程中，将火灾有效地限制在一定空间内，阻断火灾在防火墙一侧而不蔓延到另一侧。防火墙应从建筑基础部分就与建筑物完全断开，独立建造。为保证防火墙在火灾时真正发挥作用，就应保证防火墙的结构安全且从上至下均应处在同一轴线位置，相应框架的耐火极限要与防火墙的耐火极限相适应。防火墙构造示意图如图14-3所示。

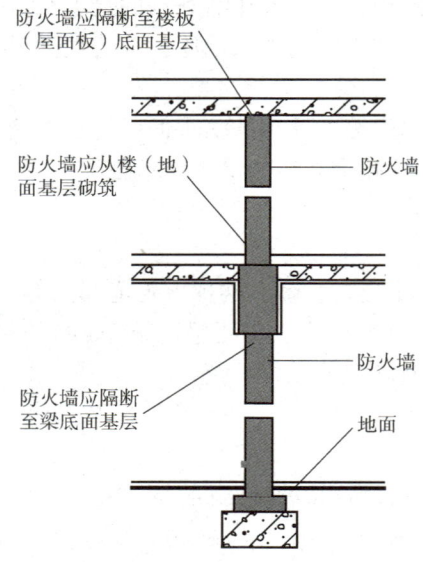

图14-3 防火墙构造示意图

2. 防火门

防火门是指在一定时间内能满足耐火稳定性、完整性和隔热性要求的门。它设在防火分区间、疏散楼梯间、垂直竖井等地方，具有一定耐火性的防火分隔物，有阻止火势蔓延和烟气扩散的作用，可在一定时间内阻止火势的蔓延，确保人员疏散。防火门构造示意图如图14-4所示。

防火门

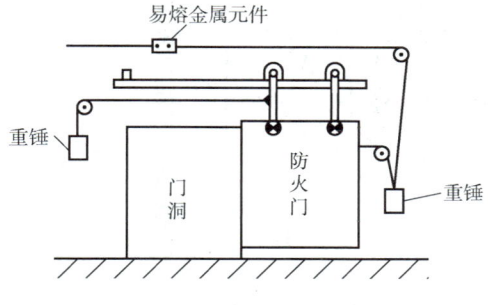

图14-4 防火门构造示意图

设置防火门的要求：

1）设置在建筑内经常有人通行处的防火门宜采用常开防火门。常开防火门应能在火灾时自行关闭，并应具有信号反馈的功能。

2）疏散通道上的防火门应向疏散方向开启，并在关闭后应能从任一侧手动开启。设置防火门的部位，一般为房间的疏散门或建筑某一区域的安全出口。防火门的开启方式、开启方向等均要保证在紧急情况下人员能快捷开启，不会导致阻塞。

3）除管井检修门和住宅的户门外，防火门应具有自行关闭功能。双扇防火门应具有按顺序自行关闭的功能。

4）除允许设置常开防火门的位置外，其他位置的防火门均应采用常闭防火门。常闭防火门应在门扇的明显位置设置"保持防火门关闭"等提示标志；为方便平时经常有人通行而需要保持常开的防火门，在发生火灾时，应具有自动关闭和信号反馈功能，如设置与报警系统联动的控制装置和闭门器等。

5）为保证分区间的相互独立，设在变形缝附近的防火门，应设在楼层较多的一侧，且门开启后不应跨越变形缝，防止烟火通过变形缝蔓延。

3. 防火间隔墙

建筑内的隔墙应从楼地面基层隔断至顶板底面基层。住宅分户墙和单元之间的墙应砌至屋面板底部，屋面板的耐火极限不应低于0.5h。

4. 防火卷帘

防火卷帘是一种适用于建筑物较大洞口处的防火、隔热设施，产品在设计上采用了卷轴内藏，具有结构合理紧凑的特点。其按帘板形式分为普通型和复合型。

防火卷帘一般设置在电梯厅、自动扶梯周围、中庭与楼层走道、过厅相通的开口部位，生产车间中大面积工艺洞口以及设置防火墙有困难的部位等。

需要注意的是，为保证安全，除中庭外，当防火分隔部位的宽度不大于30m时，防火卷帘的宽度不应大于10m；当防火分隔部位的宽度大于30m时，防火卷帘的宽度不应大于该防火分隔部位宽度的1/3且不应大于20m。防火卷帘构造示意图如图14-5所示。

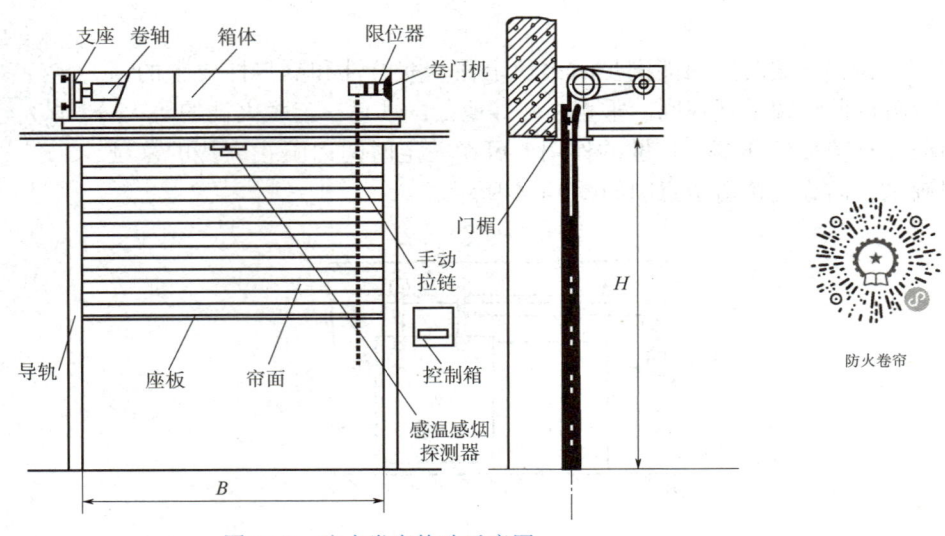

图 14-5　防火卷帘构造示意图

14.2　民用建筑防火

14.2.1　民用建筑的耐火等级、最多允许层数和防火分区最大允许建筑面积

对于不同耐火等级的民用建筑，其最多允许层数限制是不一样的。耐火等级越高的建筑物，其最多允许层数越多；耐火等级越低的建筑物，其最多允许层数越少。

对于耐火等级高，着火后倒塌的可能性小的建筑物，如一级耐火等级建筑物，重要建筑构件全部为不燃烧体，其对限制火势蔓延、安全疏散和扑救火灾有利，建筑物的防火分区最大允许建筑面积可大些；反之，耐火等级低的建筑物的防火分区最大允许建筑面积要小些。

耐火等级为一、二级的防火分区建筑面积的限制为2500m²；耐火等级为三级的最多允许层数为5层，防火分区最大允许建筑面积为1200m²；耐火等级为四级的最多允许层数为2层，防火分区最大允许建筑面积为600m²。

【例14-2】某高层建筑，耐火等级一级，建筑高度为88.0m。高层主体每层的建筑面积为3600m²，每层划分为1个防火分区；首层至二层为上、下连通的大堂，三层以上用于办公；建筑附建了4层裙房，并采用防火墙及甲级防火门与高层主体建筑进行分隔；高层主体建筑和裙房的地下均设有3层的地下室，每层层高4m。地下一层设置了餐饮、超市和一个儿童游乐场。地下二层设置了柴油发电机房、消防水泵房等设备房及汽车库，设备房用耐火极限2.0h的防火隔墙和乙级防火门与其他区域分隔，房间门开向车库，经过车库通向疏散楼梯。地下三层设置汽车库。裙房的一至三层为商店，四层为展览厅，全部使用不燃材料装修。首层的建筑面积为7500m²，划分为1个防火分区；二至四层的建筑面积均为6600m²，分别划分为2个建筑面积不大于4000m²的防火分区；一至四层设置了一个上、下连通的中庭，首层采用符合要求的防火卷帘分隔，二至四层的中庭与周围连通空间的防火分隔为耐火完整性1.0h的非隔热性防火玻璃墙。高层主体建筑设置了1部消防电梯，从首层大堂直通至顶层，从首层到顶层的运行时间为65s，消防电梯前室与防烟楼梯间前室合用，使用面积

为 $8m^2$，消防电梯的前室在各层采用乙级防火门与其他区域分隔。高层建筑内的办公室沿"一"字形疏散走道双面布置，疏散走道宽度为 1.3m。两部疏散楼梯其中一部设置在走道尽头，另一部距离走道另一尽头 20m。走道的这一尽头有一间面积为 $180m^2$ 的办公室，由于在走道尽头，只设置了一个疏散门，宽度为 1.2m，该房间室内最远点距离房间门 16m。该建筑内办公室疏散门离最近疏散楼梯间的距离均不大于 40m。该高层建筑按要求设置了室内消火栓系统、自动喷水灭火系统和火灾自动报警系统等消防设施。

指出该高层建筑在防火分区与防火分隔方面的问题，并给出正确的做法。

14.2.2 民用建筑的防火间距

民用建筑耐火等级一、二级之间的防火间距不少于 6m，耐火等级三级之间的防火间距不少于 8m，耐火等级四级之间的防火间距不少于 12m，耐火等级一、二级与耐火等级三级之间的防火间距不少于 7m，耐火等级一、二级与耐火等级四级之间的防火间距不少于 9m，耐火等级三级与耐火等级四级之间的防火间距不少于 10m。民用建筑防火间距示意图如图 14-6 所示。

民用建筑防火间距

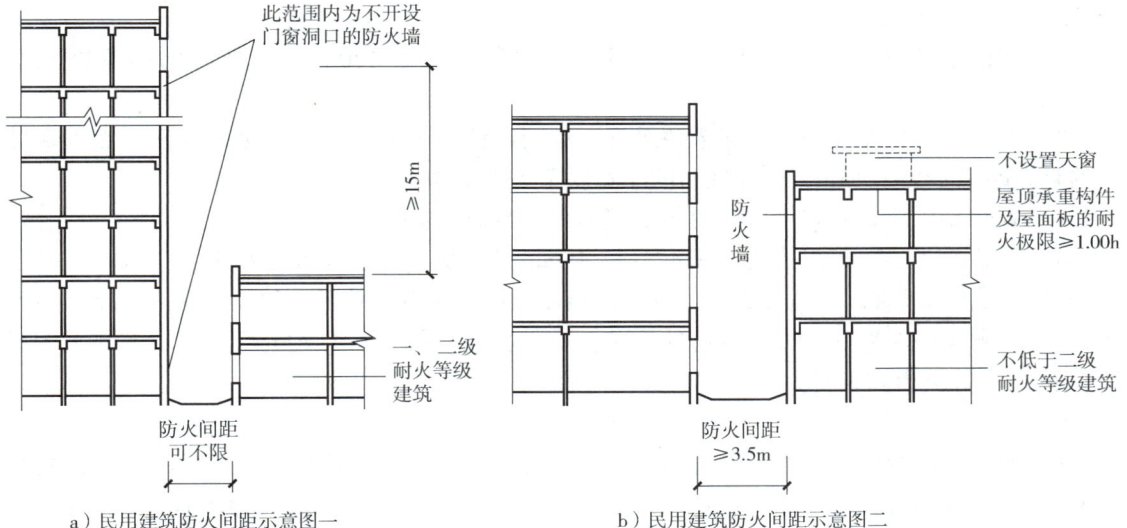

a) 民用建筑防火间距示意图一　　b) 民用建筑防火间距示意图二

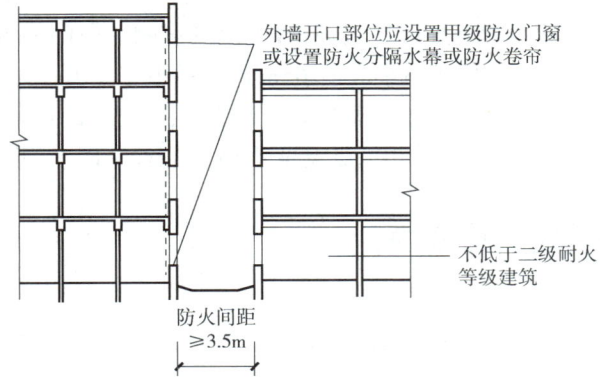

c) 民用建筑防火间距示意图三

图 14-6　民用建筑防火间距示意图

【例 14-3】 某服装厂，共 2 层，层高为 6m，每层建筑面积为 4000m²，且每层划分为 1 个防火分区。该厂房的正北面是耐火等级为二级的 4 层铝粉厂房，层高为 4.5m，正南面是耐火等级为二级的 3 层食用油仓库，西面是耐火等级为三级的 2 层印染厂，东面是耐火等级为二级的 6 层包装厂。该服装厂共设置 4 部不靠外墙且疏散楼梯净宽度均为 1.10m 的防烟楼梯间；除首层外门净宽度为 1.20m 外，其他门的净宽度均为 0.90m；厂房内任一点到最近安全出口的距离均不大于 40m，同时按有关国家工程建设消防技术标准配置了室内外消火栓给水系统、自动喷水灭火系统等消防设施及器材。

若该服装厂受选址条件限制，与已建 40 年耐火等级为二级的 4 层铝粉厂房之间的防火间距仅为 11m，通常情况下，两者之间的防火间距不应小于多少米？如防火间距不足，可采取哪些措施解决并说明原因。

14.2.3　民用建筑的安全疏散

1. 安全出口数量

公共建筑和通廊式非住宅类居住建筑中各房间疏散门的数量应经计算确定，且不应少于 2 个，当符合下列条件之一时，可设置 1 个：

1）房间位于两个安全出口之间，且建筑面积不大于 120m²，疏散门的净宽度不小于 0.9m。

2）除托儿所、幼儿园、老年人建筑外，房间应位于走道尽端，且房间内任一点到疏散门的直线距离不大于 15m，其疏散门的净宽度不小于 1.4m。

3）歌舞娱乐放映游艺场所内建筑面积不大于 50m² 的房间。

4）不超过 3 层、每层建筑面积不大于 500m² 且二层、三层人数之和不大于 100 人的耐火等级为一、二级时；不超过 3 层、每层建筑面积不大于 200m² 且二层、三层人数之和不大于 50 人的耐火等级为三级时；不超过两层、每层建筑面积不大于 200m² 且二层人数不大于 30 人的耐火等级为四级时。

2. 安全出口宽度

1）剧院、电影院、礼堂、体育馆等人员密集的公共场所，其观众厅内的疏散走道的净宽度应按其通过人数每 100 人不小于 0.6m 计算，且不应小于 1m，边走道不宜小于 0.8m。

2）学校、商店、办公楼、候车（船）室、民航候机厅、展览厅及歌舞娱乐放映游艺场所等民用建筑中的疏散走道、安全出口、疏散楼梯以及房间疏散门的各自总宽度为：耐火等级为一、二级时，一层、二层宽度不小于 0.65m，三层不小于 0.75m，四层及以上不小于 1m；耐火等级为三级时，一层、二层宽度不小于 0.75m，三层不小于 1m，四层及以上不小于 1.25m；耐火等级为四级时，一层、二层宽度不小于 1m。（以上为每百人的净宽度。）

14.3　高层民用建筑防火

14.3.1　高层民用建筑的分类和耐火等级

1. 高层民用建筑的分类

高层民用建筑根据其使用性质、火灾危险性、疏散和扑救的难度主要分为两类，19 层级及以上的普通住宅为一类，10～18 层的普通住宅为二类。归为一类的公共建筑有：①医院；②高级旅馆；③建筑高度超过 50m 或每层的建筑面积超过 1000m² 的商业楼、展览楼、综合楼、电信楼、财贸金融楼；④建筑高度超过 50m 或每层的建筑面积超过 1500m² 的商住楼；⑤中央级和省级（含计划单列市）广播电视楼；⑥省级（含计划单列市）电力调度楼；⑦省级（含计划单列市）邮政楼、防灾指挥调度楼；⑧藏书超过 100 万册的图书馆、书库；⑨重要的办公楼、科研楼、档案楼；⑩建筑高度超过 50m 的教学楼和普通的旅馆、办公楼、科研楼、档案楼等。归为二类的公共建筑有：①除一类建筑以外的商业楼、展览楼、综合楼、电信楼、财贸金融楼、商住楼、图书馆、书库；②省级以下的邮政楼、防灾指挥调度楼、广播电视楼、电力调度楼；③建筑高度不超过 50m 的教学楼和普通的旅馆、办公楼、科研楼、档案楼等。

2. 高层民用建筑的耐火等级

根据高层民用建筑功能复杂、起火因素多，发生火灾时火势蔓延途径多、速度快，安全疏散困难，扑救难度大等特点，将高层建筑的耐火等级分为一、二两级。

一类高层民用建筑，如：医院病房楼、大型商业楼、电信楼、大型的藏书楼等，对此类建筑物的耐火等级应比二类建筑物高，故规定一类高层民用建筑的耐火等级为一级，二类高层民用建筑的耐火等级不应低于二级。

与高层民用建筑相连的裙房的耐火等级不应低于二级。

14.3.2　高层民用建筑的防火间距

高层建筑之间的防火间距不小于 13m，高层建筑与裙房之间的防火间距不小于 9m，高层建筑与耐火等级为一、二级的民用建筑之间的防火间距不小于 9m，与耐火等级为三级的民用建筑之间的防火间距不小于 11m，与耐火等级为四级的民用建筑之间的防火间距不小于 14m。

裙房之间的防火间距不小于 6m，裙房与耐火等级为一、二级的民用建筑之间的防火间距不小于 6m，与耐火等级为三级的民用建筑之间的防火间距不小于 7m，与耐火等级为四级的民用建筑之间的防火间距不小于 9m。高层民用建筑防火间距示意图如图 14-7 所示。

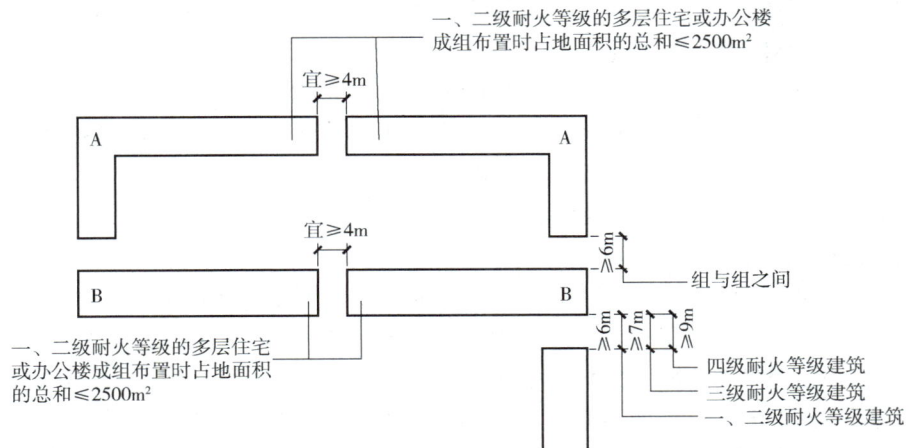

图 14-7　高层民用建筑防火间距示意图

14.3.3　高层民用建筑的防火分区和防烟分区

1. 防火分区

一类建筑无自动灭火系统每个防火分区建筑面积最大为 1000m^2，有自动灭火系统每个防火分区建筑面积最大为 2000m^2（一类建筑的电信楼可增加 50%）；二类建筑无自动灭火系统每个防火分区建筑面积最大为 1500m^2，有自动灭火系统每个防火分区建筑面积最大为 3000m^2；地下室无自动灭火系统每个防火分区建筑面积最大为 500m^2，有自动灭火系统每个防火分区建筑面积最大为 1000m^2；裙房无自动灭火系统每个防火分区建筑面积最大为 2500m^2，有自动灭火系统每个防火分区建筑面积最大为 5000m^2。

2. 防烟分区

设置排烟设施的走道、净高不超过 6m 的房间，应采用挡烟垂壁或从顶棚下凸出不小于 0.5m 的梁划分防烟分区。高层建筑多用垂直排烟道排烟，一般是在每个防烟分区设 1 个垂直烟道。规定每个防烟分区的建筑面积不宜超过 50m^2，且防烟分区不应跨越防火分区。

14.3.4　高层民用建筑的安全疏散

1. 安全出口的数量

安全出口标志

高层建筑每个防火分区的安全出口不应少于 2 个。当符合下列条件之一的，可设 1 个安全出口：

1）18 层及 18 层以下，每层不超过 8 户、建筑面积不超过 650m^2，且设有一座防烟楼梯间和消防电梯的塔式住宅。

2）18 层及 18 层以下，每个单元设有一座通向屋顶的疏散楼梯，单元之间的楼梯通过屋顶连通，单元与单元之间设有防火墙，户门为甲级防火门，窗间墙宽度、窗槛墙高度大于 1.2m，且为不燃烧体墙的单元式住宅。

超过 18 层，每个单元设有一座通向屋顶的疏散楼梯，18 层以上部分每层相邻单元楼梯通过阳台或凹廊连通（屋顶可以不连通），18 层及 18 层以下部分单元与单元之间设有防火墙，且户门为甲级防火门，窗间墙宽度、窗槛墙高度大于 1.2m，且为不燃烧体墙的单元式住宅。

3）公共建筑中位于 2 个安全出口之间的房间，当其建筑面积不超过 60m^2 时，可设置 1 个安全出口，出口门的净宽不应小于 1.4m。

4）高层建筑地下室、半地下室，有 2 个或 2 个以上的防火分区，且相邻防火分区之间的防火墙上设有防火门时，每个防火分区可分别设 1 个直通室外的安全出口；房间面积不超过 50m^2，且经常停留人数不超过 15 人的房间。

安全出口应分散布置，两个安全出口之间的距离不应小于 5m。

2. 安全出口的宽度

1）高层建筑内走道的净宽，应按通过人数每 100 人不小于 1m 计算；高层建筑首层疏散外门的总宽度，应按人数最多的一层每 100 人不小于 1m 计算。首层疏散外门和走道的净宽如下：医院外门净宽 1.30m，单面布房的走道净宽 1.40m，双面布房的走道净宽 1.50m；居住建筑外门净宽 1.10m，单面布房的走道净宽 1.20m，双面布房的走道净宽 1.30m。

2）疏散楼梯间及其前室的门的净宽应按通过人数每 100 人不小于 1m 计算，但最小净宽不应小于 0.9m。单面布置房间的住宅，其走道出垛处的最小净宽不应小于 0.9m。

素质拓展案例

中国古代建筑防火

建筑的防火问题并不是在现代才出现的,而是随着建筑行业的兴起而逐步形成的,有着非常悠久的历史,也是在社会上经常引起注意的问题。从古至今防火就是我国在住宅设计以及施工方面的一个重要因素,所以在进行房屋防火构造设计时一定要选择好防火措施。在进行房屋防火构造设计时都有哪些防火措施呢?我们来看看古代是怎么防火的。

(1)加强人工巡查。"天干物燥,小心火烛!"还记得在古装影视剧里,我们经常看到的"打更人"在夜里打更时喊的这句话吗?古时候,没有广播,没有网络,没有先进的设施,要做好防火工作只能依靠人工巡查,提醒人们注意用火安全。

(2)增设防火配件。为了应对火灾和防患于未然,古代人还从建筑设施上,设置了预防措施。

一是设置"山墙",也就是防火墙,在建筑之间用砖石结构修建比较高大,甚至高过建筑侧面的墙,把建筑护在内,可以阻止火势蔓延。在古徽州民居中,常见这种阶梯状的封火山墙,又称马头墙。

二是设置水缸,为灭火提供水源。例如,故宫里面摆放的一口口大缸,又叫"吉祥缸",可作为储水池,用以灭火。

古建筑防火设施

本章小结

通过学习本章的内容,同学们可以了解建筑防火的基本知识,掌握民用建筑防火与高层民用建筑防火,对建筑防火构造措施有一个基本的认识,为以后继续学习相关知识打下坚实的基础。

实训练习

一、单项选择题

1. 建筑物的耐火等级取决于房屋的主要构件的( )和耐火极限。
   A. 燃烧性能　　　　B. 不燃烧体　　　　C. 难燃烧体　　　　D. 燃烧体
2. 防火分区分为水平防火分区和( )。
   A. 纵向防火分区　　B. 垂直防火分区　　C. 交叉防火分区　　D. 其他防火分区
3. 耐火等级为一、二级的防火分区建筑面积的限制为( ) m^2。
   A. 100　　　　　　B. 1500　　　　　　C. 2000　　　　　　D. 2500
4. 民用建筑耐火等级一、二级与耐火等级四级之间的防火间距为不少于( ) m。
   A. 6　　　　　　　B. 7　　　　　　　　C. 8　　　　　　　　D. 9
5. 高层民用建筑根据消防火灾危险性和扑救难度分为( )。
   A. 一类　　　　　　B. 二类　　　　　　C. 一类和二类　　　D. 其他

二、多项选择题

1. 不同燃烧性能的建筑材料制成的建筑构件可分为（　　）。
   A. 不燃烧体　　　　B. 难燃烧体　　　　C. 燃烧体　　　　D. 易燃烧体
   E. 极易燃烧体

2. 建筑的防火构造有（　　）。
   A. 防火墙　　　　　B. 防火门　　　　　C. 防火间隔墙　　D. 防火卷帘
   E. 防火通道

3. 主要的安全疏散设施有（　　）等，辅助的安全疏散设施有疏散阳台、缓降器和救生袋等，高度超过100m的公共建筑还设有避难层（间）、屋顶直升机停机坪等安全疏散设施。
   A. 安全出口　　　　B. 疏散楼梯　　　　C. 疏散走道　　　D. 疏散门
   E. 疏散窗

4. 建筑物的耐火等级有（　　）。
   A. 一级　　　　　　B. 二级　　　　　　C. 三级　　　　　D. 四级
   E. 五级

5. 防火分区面积大小的确定应考虑建筑物的（　　）以及火势蔓延的速度等因素。
   A. 使用性质　　　　B. 建筑物的重要性　C. 火灾危险性　　D. 建筑物高度
   E. 消防扑救难度

三、简答题

1. 什么是耐火等级？
2. 什么是防烟分区？
3. 建筑的防火构造有哪些？

实训工作单

班级		姓名		日期	
教学项目		建筑防火构造措施			
学习项目	建筑防火的基本知识、民用建筑防火、高层民用建筑防火	学习要求		了解建筑防火的基本知识、掌握民用建筑防火和高层民用建筑防火	
相关知识			建筑物耐火等级、建筑物防火分区与防烟分区、建筑物防火间距与安全疏散		
其他内容					
学习记录					
评语				指导老师	

参 考 文 献

[1] 中华人民共和国住房和城乡建设部. 建筑制图标准：GB/T 50104—2010［S］. 北京：中国计划出版社，2010.
[2] 中华人民共和国住房和城乡建设部. 房屋建筑制图统一标准：GB/T 50001—2017［S］. 北京：中国建筑工业出版社，2017.
[3] 闫继臣，刘文娟. 建筑识图与构造［M］. 哈尔滨：东北林业大学出版社，2019.
[4] 焦欣欣，高琨，肖霞. 建筑识图与构造［M］. 北京：北京理工大学出版社，2018.
[5] 罗雪，高露. 建筑识图与构造［M］. 北京：北京理工大学出版社，2017.
[6] 张虎伟. 建筑识图与构造［M］. 北京：北京理工大学出版社，2017.
[7] 夏玲涛，邬京虹. 建筑构造与识图［M］. 北京：机械工业出版社，2019.
[8] 申琳，王雪妮，贾青. 建筑构造与识图［M］. 成都：西南交通大学出版社，2016.
[9] 韩建绒，张亚娟. 建筑识图与房屋构造［M］. 重庆：重庆大学出版社，2015.
[10] 陈乔. 建筑工程识图与构造［M］. 上海：上海交通大学出版社，2015.